国家社科基金
GUOJIA SHEKE JIJIN HOUQI ZIZHU XIANGMU
后期资助项目

守本纳新：辽金赦宥制度研究

Innovation Withing the Tradition: A Study on the Pardon Systems of Liao and Jin Dynasties

孙建权 著

中国社会科学出版社

图书在版编目（CIP）数据

守本纳新：辽金赦宥制度研究／孙建权著．—北京：中国社会科学出版社，2017.10

ISBN 978 - 7 - 5203 - 1147 - 2

Ⅰ.①守… Ⅱ.①孙… Ⅲ.①赦宥—司法制度—研究—中国—辽金时代 Ⅳ.①D929.46

中国版本图书馆 CIP 数据核字(2017)第 244756 号

出 版 人　赵剑英
责任编辑　孙　萍
责任校对　季　静
责任印制　李寡寡

出　　版　中国社会科学出版社
社　　址　北京鼓楼西大街甲 158 号
邮　　编　100720
网　　址　http://www.csspw.cn
发 行 部　010 - 84083685
门 市 部　010 - 84029450
经　　销　新华书店及其他书店

印　　刷　北京君升印刷有限公司
装　　订　廊坊市广阳区广增装订厂
版　　次　2017 年 10 月第 1 版
印　　次　2017 年 10 月第 1 次印刷

开　　本　710 × 1000　1/16
印　　张　15.75
插　　页　2
字　　数　283 千字
定　　价　68.00 元

国家社科基金后期资助项目

出版说明

后期资助项目是国家社科基金设立的一类重要项目，旨在鼓励广大社科研究者潜心治学，支持基础研究多出优秀成果。它是经过严格评审，从接近完成的科研成果中遴选立项的。为扩大后期资助项目的影响，更好地推动学术发展，促进成果转化，全国哲学社会科学规划办公室按照“统一设计、统一标识、统一版式、形成系列”的总体要求，组织出版国家社科基金后期资助项目成果。

全国哲学社会科学规划办公室

自　　序

这是我的第一部学术著作。

从事历史学研究，是我在大学期间选择的路。大约在十年前，我还是一名工科大学生，学习的专业为化学工程与工艺。时常听闻有人总结说，学习文科的人，绝大多数是因为理科学得不那么出色，而被迫转向文科。我颇疑心这类言论是发自某些文科生的自卑之心。愚以为，文理科的差异只是表现在作用不同而已。不论是重文轻理，抑或是重理轻文，都是时代的风气体现，二者并无轩轾之分。我改学历史，完全是发自内心之追求。历史是一门广博的学科，其包罗万象，其千变万化，都是其他学科所不能及的。这正是它吸引我之处。

从事辽金史研究，也是我自己的选择。2007 年第二次跨专业考研，第一志愿再度失利，我被调剂到了安徽大学历史系就读。我本打算学习中国近现代史，但命运却阴差阳错地将我调剂到了中国古代史方向。不过，至今仍令我感到幸运的是，我遇到了一位好导师——周怀宇教授。周老师为人宽厚豁达，让我自选研究方向，不必拘泥于他的研究领域。我最终选择了辽金史。因为我虽祖籍河北，但出生于内蒙古牙克石市，小学的大多数时间、初中、高中都在内蒙古度过，自幼便对耶律阿保机和完颜阿骨打的故事很感兴趣，而且喜欢热热闹闹的纷乱局面，所以选择了宋辽金时期作为我的研究区间。

中国古代有三次长期的“乱世”，第一次是春秋战国时期，第二次是魏晋南北朝时期，第三次便是宋辽金夏时期。公元 10—12 世纪，游牧在“松漠之间”草原的契丹族和渔猎于“白山黑水”地带的女真族，先后建立起辽、金两个强大政权，它们相继与两宋、西夏对峙，并且在政治、军事上处于优势地位。辽朝立国 210 年（916—1125，不含西辽），金朝立国 120 年（1115—1234），二者为推动中华文明的发展与华夏民族的融合做出过巨大贡献。但学术界对辽金两个王朝的研究成果却相当有限，这与它们在中国历史上的地位极不相称。此种现象之发生，一是辽金史料十分缺乏，影响了研究的开展，导致许多青年学者望而却步；二是学者们的头脑长期受“正统”观念影响，易于忽视辽金两个少数民族王朝。时至今日，尽管辽金史研究已经取得了前所未有的长足进步，但倘若与其他断代史研究相比，辽金史研究仍旧处于劣势。这种劣势表现在：研究队伍规模小，研究薄弱环节多，学术界影响有限。

不过，从另一个角度说，这种劣势实际上也正是我们的优势。诚如刘浦江先生所言：“正是由于辽金史的冷僻，所以尽管史料非常匮乏，但留给我们这一代学人的活动空间还绰有余裕。至今做辽金史研究，仍不时有一种垦荒的感觉。”① 我对此深有同感。辽金史和秦汉史有一个很相似的地方，那便是史料数量的规模相差无几，都很容易读遍。只不过，秦汉史研究几乎已经持续了两千年，其开拓难度委实太大。辽金史则不然，还存在着许多亟待开垦并颇具学术价值的领域，辽金赦宥制度便是这片领域里亟待开垦并颇具学术价值的课题之一。

本书的选题缘起于 2011 年的“药家鑫案”和“李昌奎案”。两案在当年都轰动一时。同属恶性杀人，嫌疑人同是犯罪后都有自首行为，且药家鑫的自首时间比李昌奎还要早，但法庭二审在判决两人罪行时，陕西省高级人民法院和云南省高级人民法院做出的裁定却大不相同——药家鑫维持原判，判处死刑；李昌奎则改判死缓。这其中涉及了“自首”的问题。陕西高院认为药家鑫的自首不足以减轻其刑罚，故维持一审的死刑判决；云南高院则认为李昌奎的自首认罪态度良好，所以改判死缓。尽管云南高院的二审判决最终因民愤四起而在云南省检察院的抗诉下被撤销，但曾经的死缓判决仍令我内心十分震动。这让我想到了中国古代的自首减罪制度。在中国古代，自首往往可以得到一定程度的赦免。载诸典籍，班班可考。那么，在当今社会中，赦宥是否还有它的立身之所、用武之地呢？不妨看看古人是如何运用赦免的。这便是本书的最初来历。

本书题名“守本纳新”，是我对辽金赦宥制度特点的一个四字总结。四字指的是辽金两朝的少数民族统治者在面对较为先进的汉文化时的两种反应。一方面，他们需要在面对汉文化的时候坚守民族传统文化以免民族特性丧失，此为“守本”；另一方面，他们又不得不为了巩固统治而吸纳新的汉文化，此为“纳新”。在构建赦宥制度的过程中，我们都能清晰地看到，“守本纳新”是辽金赦宥制度的共同特点。具体而言，辽朝“守本”的情况更多，金朝则在“纳新”的路上走得更远。

---

① 刘浦江：《辽金史论》自序，辽宁大学出版社 1999 年版，第 2 页。

我从事辽金史研究的时间不长，且才识俱浅，因此书中一定会存在若干不当之处，敬祈读者谅解，同时也热忱欢迎各位同人学友批评指正。

谨以此书纪念刘浦江老师！

孙建权

2017 年 5 月 28 日

大连市，西山湖畔，天颂阁

目　　录

绪 论

第一节 选题意义

“赦宥”，即赦免、宽恕。对于“赦免”，《中国大百科全书（法学卷）》的解释是：“指免除或减轻罪犯的罪责或刑罚。它是中国封建时代的一种刑法措施。”[①] 而英国《简明不列颠百科全书》则解释为：“在法律上，指免除罪责或免除刑罚。”[②] 两种解释大体近似而稍有不同：前者强调赦免的时段性，即赦免是中国封建时代的一种刑法措施；而后者的定义则强调赦免是法律制度的一项内容。在免除和减轻方面，二者也有差异，《大不列颠百科全书》没有提到“减轻”。

“赦宥”与“赦免”，在中国古代文献中都有出现，但古人使用“赦宥”的频率更高，今人则多使用“赦免”一词。今之辞典多将赦宥等同于赦免，恐不尽然。“赦免”更多强调的是全部免除，赦宥则还有着“宽”和“缓”的寓意。概括起来，古今赦宥（免）存在着很大不同：今日赦免专指免除或减轻罪犯的刑罚，只属于法律范畴，而在古代赦宥中，除了对罪犯予以宽宥减刑外，往往同时还附加着对普通官民的恩赐——人们或得以加官晋爵，或得以蠲免租税[③]。因此，赦宥在古代的含义远较今日为广，实际包含了“宥罪”和“恩赐”两大内容，这就决定了古代赦宥既是法律行为的一部分，又是国家政治经济行为的一

---

① 中国大百科全书总编辑委员会《法学》编辑委员会、中国大百科全书出版社编辑部：《中国大百科全书（法学卷）》，中国大百科全书出版社 1984 年版，第 522 页。

② 中国大百科全书出版社《简明不列颠百科全书》编辑部：《简明不列颠百科全书》，中国大百科全书出版社 1986 年版，第 7 卷，第 134 页。

③ 需要明确：恩赐官民，是赦宥的附加内容，所以唯有那些伴随着赦宥罪犯而发生的对官民的恩赐，才在古代赦宥制度的范围之内；其他普通意义上的蠲免赋税、加官晋爵等恩赐，因未与赦宥罪犯并发，故不划入赦宥范围。

部分。

中国的赦宥制度自从汉代建立以来，一直得到了后世王朝的继承。这显示出赦宥制度拥有强大的生命力。几乎历代封建帝王都注重利用它来彰显恩德，安抚民心，缓解内部矛盾，维护社会稳定，并且收到了很好的功效。事实上，不仅汉族君主对赦宥制度信赖有加，即便是少数民族皇帝也对这项制度颇为青睐。少数民族王朝在接触汉文化时，也将汉族王朝的赦宥制度吸收进来，并且在运用赦宥的过程中，融入了自身的民族特色，使得它们的赦宥制度与汉族王朝相比，呈现出另一番景象。

中国是一个统一的多民族国家，中国历史是由中国境内所有民族共同创造的。其中，少数民族，尤其是北方少数民族，在中国历史的大舞台上，扮演过重要角色。在诸多北方少数民族之中，契丹和女真是影响力比较突出的两支。公元10—12世纪，游牧在“松漠之间”的契丹族和渔猎于“白山黑水”地带的女真族，先后建立起辽、金两个强大政权，它们相继与两宋对峙，并且在政治、军事上处于优势地位。辽朝立国210年（916—1125，不含西辽），金朝立国120年（1115—1234），二者为推动中华文明的发展进步做出过不可磨灭的贡献。但学术界对辽金两个王朝的研究成果却相当有限，这与它们在中国历史上的地位极不相称。此种现象之发生，一是由于辽金史料十分缺乏，影响了研究的开展，许多研究者望而却步；二是学者们的头脑长期受“正统”思想影响，容易忽视辽金两个少数民族王朝。1999年，刘浦江先生在他的《辽金史论·自序》（辽宁大学出版社1999年版）中这样说道：“毋庸讳言，在宋辽金史这个领域中，辽金史研究者历来是处于下风的。……辽金史研究至今仍未走出萧条。”不过从纵向来讲，近年来辽金史研究还是取得了长足的进步。首先是论文数量有了大幅度增长。刘浦江先生编撰的《20世纪辽金史论著目录》（上海辞书出版社2003年版）共收论著9216条，其中80年代以来的辽金史论著明显占据绝大比例；而周峰先生所编的2009年《辽金史论著目录》则显示2009年一年之内问世的辽金史论著便已多达740种。其次是以前鲜有利用的考古资料和民族古文字，现今已经成为学者们释读辽金历史的重要依据之一。重视考古发现与民族古文字，是当今辽金史研究者的共识。另外值得一提的是，由北京大学中国古代史研究中心承担、刘浦江教授主持的教育部人文社会科学重点项目“契丹文字与辽史、契丹史：跨学科的民族史研究”，已于2011年11月16日正式结项，并取得了丰硕成果[①]。2011 年年末，宋德金先生展望道："从目前辽金史研究形势来看，这个领域在不久的将来定会有长足的进展。"[②] 然而毋庸讳言的是，倘若与其他断代史研究相比，辽金史研究仍旧处于劣势。辽金史研究还存在着不少亟待开垦并颇具学术价值的处女地，辽金赦宥制度便是其中一处。

赦宥制度，既关乎辽金法律制度的运行，又能够反映辽金政治、经济的状况，还可体现出这两个王朝具有的民族特色。因此，研究辽金赦宥制度，有着特殊的意义。第一，作为北方少数民族建立的两个王朝，辽金在采纳中原王朝的赦宥制度时，经历了怎样的发展过程？赦宥制度在这两个王朝中又发生了什么改变？有哪些是与中原王朝赦宥制度不同的地方？这些都是可以管中窥豹的问题。从一定程度上说，赦宥的发生往往与社会变动有着千丝万缕的联系，所以，通过研究辽金赦宥制度，能够加深人们对辽金两个王朝发展历程的了解。第二，与唐宋多赦相比，辽金属于少赦的两个王朝。那么如此强烈的对比，反映了怎样的历史现象？个中原因是什么？辽代赦宥又与金代赦宥有何异同？以上问题，我们可以透过研究赦宥制度去寻找答案。第三，辽金王朝的少数民族帝王通过一系列赦宥，将自己塑造成为儒家理论中的"仁慈"之主，在一定程度上缓和了国内矛盾、政派斗争，纠正了部分冤假错案，巩固了自身统治；另外，赦宥在短期内的频繁施行，也在一定程度上造成了法制的混乱，尤其在末世，滥赦严重干扰了司法制度的正常运行。从这个层面上讲，研究辽金赦宥制度，不仅有利于加强我们对辽金法律的研究深度，还可以为我们提供一个新的视角来感知这一时期的法律制度，更加全面地解析它。

同时，辽金赦宥制度史也是中国古代赦宥制度史中不可或缺的一环。赦宥作为一种长期存在的社会现象，源远流长。《尚书·尧典》中便有"眚灾肆赦"的记载。赦宥的对象最初只限于过失犯、不具有责任能力的罪犯，而非如后世之不问一切，只要犯在赦前，便雨露均沾，俱蒙宽宥[③]。不过，迨至两汉，赦宥开始正式成为国家制度，成为封建帝王巩固

① 参见北京大学中国古代史研究中心"基地重大项目'契丹文字与辽史、契丹史：跨学科的民族史研究'结项报告会议纪要"，网址：http：//www. zggds. pku. edu. cn/005/001/205. htm。

② 宋德金：《陈述与当前辽金史研究的进展》，《中国社会科学报》2011 年 11 月 17 日第 18 版。

③ 参见陈俊强《中国古代恩赦制度的起源、形成与变化》，载《中华法系国际学术研讨会文集》，中国政法大学出版社 2007 年版，第 178—188 页。

统治的必备良方。唐宋以后，赦宥制度逐渐稳固成型，元明清沿袭不替。毫不夸张地说，赦宥制度在我国有几乎两千年的历史，占据着十分重要的地位。宋人张知白如此陈述赦宥存在的必要性："古人所谓数则不可，无之实难，斯为确论也。"[①] 二十四史之内关于赦宥的记载俯拾即是，也反映了赦宥在中国古代法制进程中一直发挥着巨大影响。正是鉴于赦宥在中国古代社会上有着重要地位，学者们对赦宥制度的研究十分关注。尤其是进入21世纪以来，研究中国赦宥制度史的论著不断涌现。然而美中不足的是，当前学术界对中国古代赦宥制度史的研究成果还多盘桓于汉、唐、宋三代，对辽金元明清时期的赦宥制度则鲜有问津。值得注意的是，辽金赦宥制度很有可能是中国古代赦宥制度史上的一个转折点。纵观中国古代的大赦频率，我们可以发现一个值得玩味的现象：自汉迄两宋，大赦频率都很高，而从辽金至明清，大赦的频率都很低[②]。直观可见，中国古代大赦频率由高到低的转捩点就在辽金两朝。也就是说，当南方的两宋赦宥频率居高不下之时，与之对峙的北方辽、金二朝的赦宥频率却异乎寻常地低。那么，赦宥制度在辽金时期究竟发生了什么变化，会导致这一转折呢？辽金赦宥制度又对当时和后世产生了怎样的影响？这些都是饶有兴趣的问题。辽、金两朝，立国时间先后衔接，且皆立国于北方，与宋、夏对峙，因此本书将辽金赦宥制度合为一体，进行统一考量，希望可以弥补这方面的研究不足，从而完善中国古代的赦宥制度史。

除了学术意义之外，研究辽金赦宥制度，还有着深刻的现实意义。

虽然古今赦宥含义不同，但赦宥既是人类社会中经常发生的一个现象，它的现实意义也就不容低估。尽管历史上关于赦宥利弊的争论从未停歇，且以反对赦宥者居多，但赦宥的积极作用还是不容抹杀的。赦宥讲究宽恕，刑罚力主严惩。宽恕与惩罚是一对矛盾结合体，在维持社会稳定方面，它们都能起到对方无法取代的作用，片面强调任何一方都将导致失衡。不可否认：即便是依法断案，也无法杜绝冤假错案的发生。因为有的案件在审理过程中，所用的证据本身就是不可靠的，若执法者不察，就有可能酿成冤案。这是令人十分痛心的事。但赦宥主张"罪疑

---

① （宋）李焘：《续资治通鉴长编》卷89，天禧元年三月辛酉，中华书局2004年版，第4册，第2052页。按，下文引用《续资治通鉴长编》，简称《长编》。

② 参见田红玉《唐代大赦研究》，表六"历代大赦频率表"，硕士学位论文，首都师范大学，2002年，第22页。

惟轻”，疑案从无，所以一旦出现证据不足的情况，被审判者理应被减轻惩罚或者免于惩罚。这样来看，虽然赦宥在表面有碍法律公正，可能会放走真凶，但也极有可能避免冤案的发生。因此，赦宥在一定程度上可以救济法律的不足，纠正部分司法错误。况且赦宥的本质也是给予罪犯一次洗心革面的机会，体现出以人为本的精神①。在中国，几乎历代封建王朝都注重利用赦宥制度以纠正司法错误，平反冤狱，并且也确实取得过重大成功。前揭《中国大百科全书（法学卷）》认为赦免“是中国封建时代的一种刑法措施”，这个观点现在看来是可以商榷的。因为赦宥制度虽生长、繁荣于封建社会，但进入现代以来，仍充满着活力。中华民国时期，政府就曾多次实行大赦。如1924年，段祺瑞就任临时执政，宣布大赦；1926年，张作霖入京，就任大元帅，大赦；1931年、1932年，国民政府进行过两次大赦②。此外，目前世界大多数国家和地区都保留着赦免制度，并十分强调对赦免权的使用。这从某种程度上表明，赦免制度具有其他社会调整手段所无法替代的调整功能，是必要的。反观我国大陆的当前法律，只有宪法、刑法与刑事诉讼法对赦免制度稍有涉及，而缺乏一部真正的《赦免法》。虽然我国当前处于经济变革的时代，社会上犯罪比较多，刑罚压力比较大，群众对于犯罪者无法宽容，但这并不能说明赦免制度与我国社会格格不入。赦免与刑罚的根本目的都是消灭犯罪现象。在这一点上，两者是一致的。古今中外的赦免制度能够长期存在，已经向世人揭示了赦免制度存在的合理性。质言之，“杀一儆百”是刑罚追求的终极目标；而俗语谓“得饶人处且饶人”“冤家宜解不宜结”，却是为了避免报复的循环发生，蕴含着宽恕原免的思想。因此，在建设有中国特色社会主义的过程中，赦免制度也理应占据一席之地，为司法公正提供更多保障，为社会稳定提供更大支持③。所以，研究辽金赦宥制度，对构建符合当今社会要求的赦免制度，是很有借鉴意义的。

---

① 关于赦免制度的存在意义与本质，可参见王娜《刑事赦免制度》，法律出版社2008年版。

② 参见徐式圭《中国大赦考》，“附录”，商务印书馆1934年版。

③ 关于赦免制度在我国现代社会的重新构建，法学界已有多人关注。可参见陈东升《赦免制度研究》，中国人民公安大学出版社2004年版；阴建峰《现代赦免制度论衡》，中国人民公安大学出版社2006年版。

第二节 研究综述

从明清至今，研究中国古代赦宥制度的论述相当丰富，它们是本书得以展开的学术基础，下面择要述之。

一 对赦宥的总体研究

人们对我国古代赦宥的研究，是从史料整理开始的。北宋初编撰的类书《册府元龟》卷八二至卷九六，以 15 卷的宏大篇幅，记录了自西汉讫后周的大赦情况，其中收有多份赦书，对后人研究宋以前的赦宥，大有助益。宋末元初的马端临《文献通考》卷一七一至卷一七三（《刑考十下》至《刑考十二》），也对此前中国历代的赦宥情况作了汇总，其统计下限为南宋宁宗朝。马端临同时还编列了一些前人关于赦宥的议论文字。明代进士丘濬《大学衍义补》卷一〇九《慎刑宪·慎眚灾之赦》收集了一些明以前的历代赦例及议论，并附按了自己的看法。他的许多观点富有洞见，对后人研究中国古代的赦宥制度很有启发。明代王圻《续文献通考》卷一七一《刑考·赦宥》和清代嵇璜《续文献通考》卷一四〇《刑考·赦宥》，上承马端临《文献通考》的下限，进一步完备了对中国古代赦宥的统计，前者讫明神宗万历二十五年（1597），后者讫明神宗万历十二年。清末著名法学家沈家本撰有《历代刑法考》[①] 一书，其中的《赦考》部分对我国古代明代以前（含明代）的赦宥作了翔实的考述。沈家本在统计历朝赦宥时，还常常提出自己的见解，为后人进一步研究指明了方向。不过需要注意的是，沈家本的统计偶有讹误，因此在研究具体问题时，应严密考证。吴刚先生《中国古代赦宥制度的历史考察》（《中南政法学院学报》1988 年第 3 期）对我国赦宥制度的发展历程、利弊作了考察，认为：一、赦宥的起源大约在原始社会末期，汉代是赦宥之制的形成阶段，宋代达到巅峰，郊赦是宋代赦制的特色之一，明清对赦宥控制较严；二、古代“天人合一”的自然观念、儒家德主刑辅的思想、佛教的不杀生，是赦宥制度的理论依据和存在理由。吴先生另一篇文章《中国古代非赦思想述评》（《中南政法学院学报》1991 年第 2 期）则评析了我国古代的非赦思想，认为非赦思想本身的矛盾与混乱导致它们对赦宥的批判很不彻

---

① （清）沈家本：《历代刑法考》，中华书局 1985 年版。

底，这是赦制盛行不衰的一个思想根源。董念清先生《论中国古代的赦免制度》（《兰州大学学报》（社科版）1996 年第 3 期）探讨了我国古代赦免的变化，认为赦免与治乱关系很大，政局稳定则赦少，反之则赦多。作者同时认为赦免的利弊在于统治者如何利用，若能审时度势，则赦免可以发挥积极作用，如果一味滥赦，则只能加深社会矛盾。沈厚铎先生《试析中国古代的赦》（《中外法学》1998 年第 2 期）讨论了中国古代赦的起源、赦的分类、赦的程序与仪式、赦的意义，有较大的学术价值，然而其中也有不少需要商讨的地方。例如，“曲赦”一名最早出现在晋武帝泰始五年（269），“曲赦交趾、九真、日南五岁刑”①，而非沈先生所谓的出现在晋惠帝永平元年（291）；再如，“常赦所不原”类似的表述在北朝已经出现，如北周大象二年（580）四月的赦书中便有“其反叛恶逆不道，及常赦所不免者，不在降例”② 的字样，而非沈先生所谓的初见于明律中。近年来，赦宥制度也已成为法学界的研究热点，一批著作相继问世，如陈东升《赦免制度研究》（中国人民公安大学出版社 2004 年版），阴建峰《现代赦免制度论衡》（中国人民公安大学出版社 2006 年版），王娜《刑事赦免制度》（法律出版社 2008 年版），阴建峰、王娜合著的《现代赦免制度重构研究》（中国人民公安大学出版社 2011 年版），等等。一系列探讨赦宥制度的硕士学位论文也纷纷出现，如宋军占《论赦免制度》（中国政法大学 2002 年），胡静《赦免制度研究》（中国政法大学 2005 年），杨冬敏《赦免制度探析》（中国政法大学 2007 年），彭艳霞《赦免制度之程序考察及构建》（中国政法大学 2007 年），吴江《论赦免制度》（华东政法大学 2008 年），宫贵钊《论我国赦免制度的完善》（厦门大学 2008 年），侯晓琳《赦免制度研究》（内蒙古大学 2008 年），等等。

国外学者对中国古代赦宥的总体研究也取得了不少成果。日本德川幕府（1603—1866）晚期，芦野德林《无刑录》③ 一书中记述了中国各代刑法制度，其中第九卷“赦宥”，收录了中国历朝关于赦宥的思想和议论，并夹叙夹议，提出了自己的看法。美国学者 Brain E. McKnight（汉名马伯良）先生的 *The Quality of Mercy: Amnesties And Traditional Justice*（汉译名

---

① 《晋书》卷 3《武帝纪》，中华书局 1974 年点校版，第 59 页。注：本文所引二十五史，如未特殊标明，均为通行的中华书局竖排繁体点校本，以下引用之时，不再标注作者和出版信息。

② 《周书》卷 7《宣帝纪》，第 123 页。

③ 《无刑录》一书于 1877 年由日本元老院首次刊行，1927 年由东京刑务协会再版，并附入佐伯夏堂的译注。

《慈悲的力量——恩赦与中国传统司法》，夏威夷大学出版社 1981 年版）是欧美学者研究中国古代赦宥制度的一部代表性论著。全书共分六章：古代中国、早期帝国、中国古代的赦宥（220－907AD）、宋代中国的赦宥、帝国晚期——转变的重要性、赦宥的作用。马伯良首次发现中国大赦频率在历史长时段中的转变：自两汉迄宋亡，帝王肆赦频率相当高，几乎是二年一赦；辽金元明清时期，肆赦频率却突然降低了。作者认为这个转变发生的原因在于：中国古代后期，官府办事效率低下，多数冲突纠纷均由民间私了，很少诉诸司法，所以国家监狱中的囚徒减少，因而朝廷也就不需要频繁赦宥了。马伯良的解释是从微观角度出发的，可备一说，但情况是否当真如此，或者有无其他更为主要的原因，还值得进一步探讨。

二　对赦宥制度的断代史研究

1. 对两汉赦宥制度的研究。台湾地区学者对汉代赦宥制度关注较早，1992 年，便有两篇硕士学位论文面世[①]。大陆方面，邬文玲先生《汉代赦免制度研究》（中国社科院研究生院 2003 年博士学位论文）全面考察了汉代赦免制度，包括汉代赦免的类型、赦免的程序与适用范围、大赦制度的效力、赦免的理念及其争议、赦免与汉代社会的关系等方面。其中第七章“赦免制度与汉代社会”认为赦免制度使得中央政权在应对社会危机、调整统治政策、平衡政治斗争、选拔有用人才、缓解刑律严苛等方面表现出极大的灵活性和高效性。此外，关于两汉赦宥制度的硕士学位论文还有杨国誉的《试论秦汉刑罚中的赦与减免》（南京师范大学 2004 年）、刘璐的《论汉朝的赦免制度》（西南政法大学 2007 年）和谢芝华的《两汉赦宥研究》（南昌大学 2008 年）等。日本学者佐竹昭《中国古代における赦について－日中比较のための一试论》（见《地域文化研究》，《广岛大学综合科学部纪要》1 第 7 卷，1982 年）一文，也考察了两汉赦制的情况。宫宅潔《秦汉时代の恩赦と劳役刑——特に「复作」をめぐって》（原载京都大学《东方学报》第 85 册，2010 年，后收入氏著《中国古代刑制史研究》，杨振红等译，广西师范大学出版社 2016 年版）以“复作”刑罚为中心，探讨了秦汉时期赦宥对劳役刑的影响。

2. 对魏晋南北朝赦宥制度的研究。与汉代赦宥制度研究的兴盛相比，魏晋南北朝赦宥制度的研究要平静得多。台湾学者陈俊强先生《魏晋南

---

① 分别是陈宗乞：《两汉赦宥制度考察》，硕士学位论文，台湾大学；杜钦：《汉代大赦制度试释》，硕士学位论文，东海大学。

朝恩赦制度的探讨》（台湾文史哲出版社 1998 年版）梳理了魏晋南朝赦宥的概况，并从具体问题出发，探究了魏晋南朝恩赦的效力及作用。陈俊强的另一部著作《皇权的另一面：北朝隋唐恩赦制度研究》（北京大学出版社 2007 年版）则系统考察了北魏、北齐、北周的恩赦情况，并以较大篇幅考察了赦宥与北朝政治的关系[①]。王辉的硕士学位论文《赦宥制度与魏晋南北朝政治》（上海师范大学 2009 年）对魏晋南北朝时期的赦宥类型、利弊等问题展开了讨论，着重探析了赦宥与魏晋南北朝时期的政治之间的关联。

3. 对隋唐赦宥制度的研究。隋朝立国短暂，有关其赦宥制度的研究不多。唐代是中国古代赦宥制度发展成熟的一个重要阶段，故学术界对唐代赦宥制度的研究成果最为丰富。日本学者根本诚《唐代の大赦に就にて》（《早稻田大学大学院文学研究科纪要》6，1960 年）对唐代大赦的刑罚免除职能作了探讨。韩国学者任大熙《从恩赦实施看唐代政治》（《大丘史学》第 40 辑，1990 年），则以恩赦为视角，考察了唐代政治的演变。田红玉硕士学位论文《唐代大赦研究》（首都师范大学 2002 年）探讨了唐代大赦的规格与程序、大赦频率等问题，并论述了唐代放赦的意义。韩国留学生禹成旼先生《唐代赦文研究》（北京大学历史系 2002 年博士学位论文）对唐代赦文本身变化以及唐代赦文的立法作用作了探讨，她认为唐代赦文在不断增添新内容，这种变化一直发展到唐末。唐初赦书一般仅具有颁布原因、赦宥内容、赐爵物以及减免税收等内容，从武则天时期《改元载初赦》开始，赦文中出现了对律令的发布和修改的内容，使得赦文成了制敕的集合体，因而具有立法性质。安史之乱后，皇帝更替频繁，社会也动荡不安，赦书中对于律令的更改更多。禹成旼先生的另一篇论文《唐代德音考》（《中国史研究》2006 年第 2 期）认为，南北朝以来“德音”是皇帝言语、命令的泛称，至迟在唐贞元、元和以后，“德音”成为了唐代皇帝诏书的一个新种类。作为诏书的德音，有制、敕两种形式，赏赐、蠲免和赦宥等是德音的主要内容；其中一部分德音含有“降”的内容，宋朝相对明确的德音概念，即在此基础上发展而来。魏斌先生《唐代赦书内容的扩展与大赦职能的变化》（《历史研究》2006 年第 4 期）认为，在唐代，大赦的性质发生了较大变化，赦书中开始大量出现

① 《皇权的另一面：北朝隋唐恩赦制度研究》一书最早由台湾五南图书出版有限公司在 2005 年出版，名为“皇恩浩荡：皇帝统治的另一面”，2007 年，北京大学出版社得到台湾五南图书出版有限公司授权，在大陆出版此书，更今名。

与朝廷行政有关的申明和禁令，远远超出了“推恩”的范畴；唐代赦书内容的扩展，是唐代“王言”系统中出现的一种“差遣”做法，是为应对现实政治问题而采取的“权宜之法”，具有制度变迁和政治控制两方面的意义。邵治国先生《论唐太宗的慎赦思想》（《湛江师范学院学报》2006 年第 4 期）认为唐太宗的慎赦思想同他高度的史鉴意识，自觉的法律意识，制法、守法、执法的思想相关，由此确立的完善严格的法律制度和由此形成的整个社会普遍的守法背景，也是太宗期间赦宥较少的深层原因；社会生产的发展和犯罪率的下降也是赦宥减少的条件之一。陈俊强先生《皇权的另一面：北朝隋唐恩赦制度研究》考察了唐代大赦对民间私人债务的放免、大赦中关于量移的规定、唐代皇帝躬亲录囚、大赦举行礼仪的目的、唐代赦文与国家政策的推行等问题，并指出：赦宥制度发展至唐代，除了是人君的恩德外，更是皇帝借以贯彻意志的一种重要手段。关于唐代赦宥制度研究的论文还有很多①，限于篇幅，这里不再一一展开。

4. 对宋代赦宥制度的研究。在探讨宋代赦宥制度方面，郭东旭先生《论宋代赦降制度》（载氏著《宋朝法律史论》，河北大学出版社 2001 年版）是较早的一篇论文。该文概述了宋代赦降制度的大致状况，把宋代赦降种类分为大赦、曲赦、德音和录囚四种。范立舟、蒋启俊二位先生《两宋赦免制度新探》（《暨南学报（人文社科版）》2005 年第 1 期）认为两宋赦免频繁的原因有三，一是统治者“宽仁为治”的法律思想，二是“内忧外患”的压力，三是士大夫的崛起和推动。文章同时分析了两宋赦免频施的影响：加重了“冗费”、破坏了法制。戴建国先生《唐宋大赦功能的传承演变》（《云南社会科学》2009 年第 4 期）认为，宋代继承了唐代大赦中的申禁职能，但大赦的申禁职能有所减弱，宋代将始于武则天的南郊和明堂大赦制度，进一步完善和固定化。宋鑫鑫硕士学位论文《宋代赦宥制度研究》（山东大学 2009 年）对宋代赦宥的种类、赦宥与法律的关系等问题作了研究。作者从皇权司法出发，以赦宥问题为视角来考虑

---

① 邵治国：《浅析唐代赦宥的原因及对其利弊的讨论》，《阴山学刊》2002 年第 2 期；邵治国：《浅析唐代赦宥实施的仪式、程序及赦书》，《常德师范学院学报》（社科版）2002 年第 2 期；［韩］禹成旼：《唐代赦文颁布的演变》，载《唐史论丛》第 8 辑，三秦出版社 2006 年版；何荣：《唐代赦免与降减制度探析》，硕士学位论文，中国政法大学，2007 年；印娟：《武则天时期的大赦》，硕士学位论文，暨南大学，2011 年；黄卫东：《唐代录囚制度研究》，专业硕士学位论文，郑州大学，2011 年；冯凤芳：《唐代的虑囚制度》，硕士学位论文，浙江大学，2011 年；刘艳丽：《唐代赦免制度研究》，硕士学位论文，重庆大学，2013 年；陈晨：《唐代赦免制度法律分析》，硕士学位论文，湘潭大学，2015 年。

宋代皇权政治强化的历史趋势。日本学者久保田和男《关于宋代地方赦书的传达——以出迎和宣读为中心》（2010年"文书·政令·信息沟通国际学术研讨会"论文）以宋代地方官员对赦书的出迎和宣读为中心，细致考察了赦书从中央到乡村的传播过程。郭艳艳先生《宋代赦书研究》（河南大学2011年博士学位论文）考察了宋代赦宥的基本状况及赦书内容的变化，并深入探究了宋代赦书的制定与执行情况，文章最后分析了宋代赦宥对社会的影响。作者认为从北宋中期开始，宋代赦书逐渐增加了"约束或申饬"内容。在赦书执行过程中，赦书中"对百官及军人的恩赏""对罪犯罪刑的减免"在基层执行得很顺利，"政务处分内容""约束与蠲免内容"执行得不太彻底。这种现象的出现，既与赦书本身内容的不完善有关，也有地方路县财政困窘和各级胥吏对赦书层层阻挠的原因。与戴建国先生的观点不同，她认为宋代不仅继承了晚唐以来的大赦申禁职能，并且强化了这种申禁职能，赦书通过申饬法令约束禁止某些违法行为。陈照红《宋代赦降制度的法律分析》（复旦大学2012年硕士学位论文）以现代法学理论为指导，将宋代赦降划分为"大赦"和"特赦"两大类，还考察了宋代保证赦宥正常运行的法律制度，探讨了宋代赦宥的法律效力和法律效果。

5. 对元明清赦宥制度的研究。张帆先生《元朝诏敕制度研究》（《国学研究》第10卷，北京大学出版社2002年版）对元代赦诏有所论述。王敬松先生在2004年"元代社会文化暨元世祖忽必烈国际学术讨论会"上提交的《浅谈元代的赦》一文，对元代大赦及频赦的原因进行了考察。郑鹏先生《元代大赦与政治关系论析》（《史学月刊》2014年第12期）则就大赦与元代政治的关系作了分析。尤韶华先生《明代司法初考》（厦门大学出版社1998年版）第三章总结了明代15朝的大赦情况，并将明代的45次大赦按原因分为开国即位复位、恤刑、生皇子、册立皇后皇子、建成殿庙、灾祸、其他喜庆、皇后忌辰圣母违和，共八类，该章还简要探讨了明代赦书的内容与执行情况。宋学斌《明代大赦研究》（东北师范大学2014年硕士学位论文）从明代的大赦法规、大赦的实施情况、大赦的法理分析、明代大赦的特点四个方面，较为系统地研究了明代大赦制度，认为明代大赦原因骤减、大赦频率降低、大赦仪式简化，是大赦制度走向成熟的标志。有关清代赦宥的专门论著，笔者管见所及，尚未发现。

6. 对辽金赦宥制度的研究。对辽金赦宥制度的研究成果很少，不过亦非完全空白，许多论述已经对辽金赦宥有所涉及。人们对辽金赦宥的研究，起初是从材料汇总开始的。在这方面，明代王圻和清代嵇璜的贡献尤为突出。王圻《续文献通考》卷一七一《刑考·赦宥》和嵇璜《续文献通考》卷一四〇《刑考·赦宥》，都胪列了辽金两朝的赦宥情况。对照二书可知，在搜寻材料所下的工夫方面，它们各有千秋。王氏《续文献通考》引文较全，而嵇氏《续文献通考》则对辽金各帝的赦宥种类以及次数作了统计，为后人的使用提供了便利。另外，二书《王礼考》都依据《金史》抄录了金代赦仪（辽代赦仪《辽史》中无载，故阙），为后人研究金代赦仪，免去了检索之繁。清代布商施国祁撰写的《金史详校》是一部研究《金史》的重要著作，其中对金代的一些赦宥史实进行了考证，可资参考。沈家本《历代刑法考·赦考》第五卷《述赦四》中对辽金两个王朝的赦宥中“大赦”“赦”“曲赦”“别赦”的次数做了详细统计，在《述赦五》中又对辽金两个王朝的“曲赦”做了全面汇总。沈家本取王圻、嵇璜之长，对辽金赦宥情况的统计又全又细。辽代的“八议”制度蕴含着赦宥的思想，当代学者对此关注较多。如嵇训杰先生《辽代刑法概述》（《民族研究》1982 年第 1 期）认为辽刑法列有“八议”“八纵”之条，对大贵族、官僚实行有罪判无、重罪轻判。再如武玉环先生《辽代刑法制度考述》（《中国史研究》1999 年第 1 期）论述了辽代刑法制度产生、发展、破坏的过程，以及番律与汉律的主要内容，认为辽朝沿用唐朝实行的八议之法，贵族或官僚犯罪，可用此法申请减刑；“八议”之法用于契丹、奚、汉贵族之中。杨黛先生《辽代刑法与唐律比较研究》（《杭州大学学报》1998 年第 2 期）通过对辽代刑例的整理，将其与《唐律疏议》对照，发现辽代“十恶”最初可用“八议”减罪，到圣宗时，才下令契丹人犯“十恶”罪，也依律处断。张志勇先生是国内研究辽代法律史的一名重要学者。他在《辽代法律史研究》（高等教育出版社 2002 年版）第八章第二节第三部分“死刑的执行”中简要介绍了辽代的“赦免罪犯之法”。文章认为辽代统治者执法随意性很大，因而赦宥罪犯的现象屡见不鲜，且种类较多。同时，他还认为辽代一般不赦免死囚。此外，张志勇先生对辽代的赦宥持否定意见：“辽代赦免罪犯，一方面说明是统治者用来标榜功德，拢［笼］络人心的一种手段，目的还是为了巩固其政治统治地位；另一方面也说明案件执行的随意性，不够严格。这必然导致破坏法制的严重后果。”[①] 李桂芝先生《辽金简史》（福建人民出版社 1996 年版）也认为：“辽代法律在执行中，同罪不同罚的

---

① 以上引文，见张志勇《辽代法律史研究》，高等教育出版社 2002 年版，第 278—280 页。

现象比较常见。……兴宗时也常因请托减免罪行。有法不依，任情用法的现象颇为普遍。”① 另外，李先生还发现：辽朝的民族歧视也导致契丹人较其他民族人民更容易得到宽宥。宋黎黎硕士学位论文《论“常赦所不原”》（中国政法大学 2006 年）在探讨历代“常赦所不原”时，也对辽金赦宥制度作了分析。作者认为辽朝由契丹人建立，其赦宥制度也体现出了独有的民族特色，表现为因“再生礼”而赦；对于金代大赦，作者则注意到了金初赦文多“赦中外”，金宣宗朝则多“赦国内”，并用王朝国势兴衰来解释这一变化。宋黎黎先生注意到了金代大赦的这一变化，可谓细心。不过这个变化是否就是因为赦文本身的变化如此呢？恐不尽然。例如对于金哀宗即位大赦的同一事，《金史·宣宗纪下》云：“壬辰，宣遗诏。是日，诏赦中外。”而《金史·哀宗纪上》则云：“辛卯，奉遗诏即皇帝位于柩前。壬辰，诏大赦。”一记作“赦中外”，一记作“大赦”。所以“赦中外”“赦国内”等等字眼，恐怕都不是赦书中的内容，而是元人修史时的不同笔法。韩国学者金渭显先生《辽代自然灾害与虫害》（2011 年“辽金历史与考古国际学术研讨会”论文）一文系统梳理了辽代的自然灾害，最后得出结论：契丹皇帝与唐宋皇帝不同，他们在旱灾时，除了祷天祈雨以外，没有谨身的痕迹，只是免除租赋及出粟赈恤而已。以此可以看出，契丹皇帝没有天子的面貌，只有人君的态度。这一结论为我们研究辽代赦宥制度的特点提供了新的思路。张博泉先生主编的《金史论稿（第二编）》（吉林文史出版社 1992 年版）首次对金代赦宥作了简明扼要的论述。该书第六编第四章讲述了金朝的立法过程，并讨论了金世宗对“八议”之法的异议。该书认为，金律吸收唐律的精神，“十恶”遇赦而不原。在分析金代的祈福与免灾时，该书论述了金代的赦宥，认为金代的帝王常常因天降灾异而下诏清理讼狱，而且越到后期越频繁；金代的赦分三种，即大赦、曲赦和特赦。该书还举例分析了儒家的“孝悌”思想在金代法制中的体现：如子孙犯死罪，而父母、祖父母无所养，一般可以上请从轻处罚。这一部分为傅百臣先生执笔，故早在傅先生《金代法制初探》（《史学集刊》1986 年第 4 期）一文中，便已有类似的表述。叶潜昭先生《金律之研究》（台北商务印书馆 1972 年版）从元代《刑统赋解》《元典章》等书中辑录出了部分金代律令，其中有不少条目都涉及赦宥，体现

① 李桂芝：《辽金简史》，福建人民出版社 1996 年版，第 57 页。又，白寿彝先生主编之《中国通史》第 11 册丙编第十章第四节“辽代的法律”，乃李桂芝先生执笔，故与此叙述相同。

了金律对赦宥的限定。龙威先生《金代法律的渊源及其运用》（中国政法大学2002年硕士学位论文）对金代的“八议”赦宥有所探究。我国旅美的香港学者陈学霖先生《金宋史论丛》（香港中文大学出版社2003年版）收录的第二篇文章《金朝的旱灾、祈雨与政治文化》认为金代帝王因天旱遣使审决狱囚等举措，反映出金代皇帝深受汉族政治传统的影响。曾代伟先生《金律研究》是目前为止研究金代法律的一部扛鼎之作。该书全面深入地剖析了金朝法律的发展和执行情况，观点新颖独到，很有参考价值。全书分六章，第一章为总论，其余五章分别探讨了金朝的行政法、刑事法、民事法、经济法、司法组织与诉讼制度。第三章中的“刑法原则的变化”一节，认为金朝刑法适用的原则，在沿袭唐宋刑法原则的基础上，发生了三大变化，即限制“八议”特权、留养制度的变革、宽宥“不识典法者”。这三个变化，从广义上说，都属于金朝赦宥制度的范畴。此外，该书第六章中的“监狱管理制度”还简要介绍了金代的录囚制度。

三　对赦宥具体问题的研究

1. 对大赦的研究。民国时期的福建地方教育家徐式圭先生撰有《中国大赦考》一书，1934年由商务印书馆出版。该书是我国首部以大赦为研究对象的著作。徐式圭相较于沈家本，对中国历代大赦的整理更为清晰明了，但眼光却逊色不少，而且因他的正统思想太过严重，导致漏计了蜀、吴、十六国、北朝、辽、金、蒙古国（1206—1260）的大赦，此实为本书最大不足。钱健夫先生《论大赦及赦典》（《东方杂志》1948年第44卷第10期）揭示了我国大赦与欧美大赦的不同之处在于：欧美大赦，多有法律规定，我国大赦，初盖起于偶然，并认为秦二世二年冬的大赦天下，“当为我国大赦之权舆”。因此，钱先生主张建立赦典，以便国家可以依律行赦。同时，钱先生对赦宥如何使用也提出了深刻的见解：赦宥应注意两事，一为客观的标准，二为术与势之分别。刘令舆先生《中国大赦制度》（载《中国法制史论文集》，台北“中国”法制史学会出版委员会编印，1981年）一文对大赦的形成与发展、大赦的效力、大赦之作用、大赦理论之赞成与否、大赦的程序等问题，作了探讨。作者在沈家本《历代刑法考》的基础上，进一步旁征博引，考察层面较为广阔。陈云生先生《大赦经纬》（《国家检察官学院学报》2010年第1期）对大赦的概念、性质和意义作了深入探讨，认为大赦的价值与功能体现在：封建帝王的统治工具、实现社会正义、施政补救、刑罚纠错、缓解社会矛盾、促进社会和解、节约司法资源、促进社会革新和政治进步等几个方面。讨论大赦问题的相关文章还有胡晓明先生《大赦渊源考论》（《南京社会科学》2002 年第 4 期），甘杰升先生《大赦制度若干问题探析》（《经济与社会发展》2009 年第 5 期）等。

2. 对金鸡的研究。关于大赦的象征金鸡，也有学者关注。赵克生先生《金鸡、青衣与赦免》（《华夏文化》2001 年第 2 期）认为唐代赦仪为金鸡肆赦，赦仪对金鸡的使用一直延续至明代。于赓哲、吕博两位先生《中古放赦文化的象征——金鸡考略》（《陕西师范大学学报（哲社版）》2010 年第 3 期）对中古时期大赦的象征——“金鸡”作了详细考察。文章认为，金鸡赦礼始于后凉吕光时期，是从五行思想中“巽为鸡”“巽，君子以申命行事”的观念中演化而来；金鸡不仅具有礼仪功能，同时也蕴含着独特的政治、文化意义；南宋以后，“金鸡”作为辟邪之物继续存在，而“金鸡放赦”功能则逐渐消失，体现出中国古代礼制的一个特点，即三礼正典之外的礼制往往兴亡无定。杨高凡先生《宋代金鸡肆赦制度研究》（《焦作师范高等专科学校学报》2011 年第 2 期）认为宋代的金鸡肆赦赦文分为《首词》和《尾词》两部分，宋代祭天大礼实施金鸡肆赦制度是宋代祭天礼制完善、恤刑思想发达的体现，也是宋代祭天大礼世俗性突出的象征。

3. 对抵赦条款的研究。霍存福先生《敦煌吐鲁番借贷契约的抵赦条款与国家对民间债负的赦免——唐宋时期民间高利贷与国家控制的博弈》（《甘肃政法学院学报》2007 年第 2 期）一文，对唐宋时期民间借贷契约中出现抵赦条款的现象作了仔细剖析。作者认为：民间借贷契约中的各种抵赦条款，是民间社会对抗国家赦免私债的契约表现。契约中抵赦条款的反复出现与国家免除民间债负赦令的频繁发布密切相关，反映了民间高利贷与国家控制的长时间博弈。直至明清，国家不再以赦令形式免除私债，契约中的抵赦条款也随即消失。

四　前人的成绩与存在的问题

综上所述，学者们对赦宥制度的渊源、演变、影响、利弊争论，赦书的制定、内容变化、执行力等问题进行了相当充分的研究，成绩斐然，为后人拓展创新赦宥制度史研究开辟了道路。特别值得一提的是，王圻、嵇璜、沈家本三位学者，都较为系统地梳理了辽金的赦宥情况；前辈们对于辽金“八议”制度的研究也已经相当充分。这些已有的研究成果，是笔者开展研究辽金赦宥制度的牢固基石，前人的筚路蓝缕之功，不可埋没。

但是我们也要看到前人研究的缺憾。第一，当前学术界对辽金元明清时期的赦宥制度研究相当薄弱。从中国赦宥制度史这一角度来说，学术界对汉、唐、宋三代的赦宥制度研究远比对元、明、清三代充分；对北朝赦宥制度的研究，也比对辽金赦宥制度的研究进展得迅速。这一面貌亟须改变。第二，对辽金赦宥史料挖掘得还不够。明清两部《续文献通考》和沈家本《历代刑法考·赦考》，均只从《辽史》《金史》的本纪部分里搜索材料，而忽视了对列传，宋辽金元时期的笔记、文集、石刻史料的收集整理。第三，前人的一些观点还有修正和深入的必要。如前所述，前人对于辽金赦宥的研究，多侧重于材料汇总，有真知灼见的议论屈指可数，有的观点还不够客观，还很缺乏深入系统的分析。第四，部分法学界同人往往仅将我国古代赦宥视作法律的有机组成部分，而忽视了赦宥在法律之外的其他含义，从而在讨论辽金赦宥问题时，向“降罪”“录囚”这两类赦宥严重倾斜，而对大赦、曲赦的研究还很薄弱。这导致了他们对辽金赦宥制度难以建立完整、立体的认识。虽然已有历史学界的学者意识到了这个问题，但还应继续努力。本书将就以上缺憾做出尝试，以丰富、完善中国古代赦宥制度史的研究。

第一章　辽金赦宥的渊源与分类

赦宥是人类社会长期存在的现象，辽金两朝自然也概莫能外。然而辽金赦宥制度亦非无源之水，因此本书第一章将首先探讨辽金赦宥的渊源。接下来，本章还对辽金赦宥进行了概念界定与分类，最后又对辽金总体的赦宥情况进行了初步统计，以便我们对辽金赦宥有一个宏观的印象。

第一节　辽金赦宥的渊源

概言之，辽金赦宥制度有两个来源：一是中原王朝的赦宥制度，二是本民族的传统习俗。在二者相结合的基础上，辽金建立了各自的赦宥制度。

一　中原王朝的赦宥制度

"赦"，《说文解字》释曰："赦，置也。"段玉裁注："网部曰：'置，赦也。'二字互训。'赦'与'舍'音义同，非专谓赦罪也。后'舍'行而'赦'废，'赦'专为赦罪矣。"[①] 即"赦"的本义是"置之不问"，后演变为赦罪。"宥"，《说文解字》释曰："宥，宽也。"段玉裁注："宥为宽，故贯罪曰宥。"[②] 即"宥"的本义为"宽恕"。因此，"赦"与"宥"有着程度的差别："赦"比"宥"的免罪程度更深。"赦"和"宥"两字连署，最早见于《左传》："凡我同盟，小国有罪，大国致讨，苟有以藉手，鲜不赦宥。"[③] 赦和宥相结合，决定了中国古代赦宥的特点：免和减。

---

① （汉）许慎撰，（清）段玉裁注：《说文解字注》，上海古籍出版社 1988 年版，第 124 页。

② （汉）许慎撰，（清）段玉裁注：《说文解字注》，第 340 页。

③ 杨伯峻：《春秋左传注》，襄公十一年，中华书局 1990 年版，第 991 页。

我国赦宥思想起源很早。据学者们研究，原始赦宥只适用于族内成员犯罪，对族外则采用酷刑进行镇压；上古赦宥也非如后世之无条件免除刑罚，而是以流刑或罚金替代[①]。

进入先秦时代，赦宥的对象逐渐严格起来，人们通常认为只有过失犯才可以得到赦宥。在先秦典籍中，这类思想有很多。《易经·解卦》:“象曰：雷雨作，解。君子以赦过宥罪。”[②]《尚书·尧典》:“眚灾肆赦。”[③]都指若非有意为之、过失而致祸害，才可以赦免。入周以后，赦宥的对象越发明确。《周礼·秋官·司刺》有“三宥”“三赦”之说：“一宥曰不识，再宥曰过失，三宥曰遗忘。一赦曰幼弱，再赦曰老耄，三赦曰蠢愚。”[④]从“三宥”“三赦”中不难看出：此时的赦宥对象，除“过失”犯罪之外，还考虑到了行为人的“责任能力”，即幼弱、老耄、愚蠢等无责任能力的人犯罪，应当从轻处罚。除了赦宥过失、无责任能力的罪犯以外，先秦还存在着其他几种应当赦宥的情况。其一为“有疑当赦”，即遇到因证据不足而存有疑问的案子，也应当对被审判者施行赦宥。如《尚书·吕刑》曰：“五刑之疑有赦，五罚之疑有赦，其审克之。”[⑤]明代学者丘濬对此解释说：“此所谓有赦者，赦其有疑者耳，非若后世不问有疑无疑，一概蠲除之也。”[⑥]其二为巡幸而赦。《周礼·地官·司市》云：“国君过市则刑人赦。”[⑦]对此，郑玄注曰：“市者，人之所交利而行刑之处，君子无故不游观焉。若游观，则施惠以为说也，国君则赦其刑人。”[⑧]此为后来帝王“巡幸而赦”之权舆。

春秋战国是中国古代第一次百家争鸣的时期。人们对赦宥存在的合理性进行了深入思考，并得出了两种相反的意见：儒家支持赦宥，法家反对赦宥。以孔子为代表的儒家学者力主“德主刑辅”，一般赞成赦宥，主张

---

① 陈俊强：《皇权的另一面：北朝隋唐恩赦制度研究》，北京大学出版社2007年版，第12—13页。

② （商）姬昌撰，佚名编：《易经》卦十四《解》，中国文史出版社2003年版，第128页。

③ 姜建设注说：《尚书》，河南大学出版社2008年版，第132页。

④ （清）孙诒让：《周礼正义》卷68《秋官·司刺》，中华书局1987年版，第11册，第2842—2843页。

⑤ 姜建设注说：《尚书》，第285页。

⑥ （明）丘濬：《大学衍义补》卷109《慎刑宪·慎眚灾之赦》，京华出版社1999年版，第939页。

⑦ （清）孙诒让：《周礼正义》卷27《地官·司市》，中华书局1987年版，第4册，第1073页。

⑧ 同上。

通过赦宥达到“以德化民”的目的。孔子论政，曰：“先有司，赦小过，举贤才。”[①] 法家反对赦宥的态度则十分坚决，如春秋时期的管仲认为：“凡赦者，小利而大害者也，故久而不胜其祸。毋赦者，小害而大利者也，故久而不胜其福。故赦者，奔马之委辔；毋赦者，痤疽之砭石也。”[②]战国之际的商鞅、韩非等法家代表人物，更是激烈地反对赦宥，商鞅甚至断言：“不宥过，不赦刑，故奸无起。”[③] 韩非云：“明君无偷赏，无赦罚。赏偷，则功臣堕其业；赦罚，则奸臣易为非。”[④]

秦扫灭六国，以法家思想强化统治，赦宥思想自然遭遇冷落，跌入低谷。秦始皇在位期间，甚至出现了“久者不赦”[⑤] 的情形。公元前 209 年秋，大泽乡起义爆发，并迅速扩展。数月后，周文率领的一支起义军攻入关中，逼近都城咸阳，秦王朝已经到了生死关头。次年冬，秦二世胡亥面对风起云涌的农民起义，宣告“大赦天下”[⑥]，赦免骊山囚徒，以抵抗西征的农民起义军，从此打破了长期不赦的僵局。西汉建立后，统治者汲取了秦朝因暴政而速亡的教训，秉承秦末赦宥之法，并总结先秦时期的赦宥思想，开始全面建立、完善赦宥制度。胡三省在总结古代赦宥制度建立的过程时说：“赦，自古有之，至于大赦，则始于秦。（汉）高祖既并天下，即皇帝位，大赦天下，后事因之为永制。”[⑦] 从西汉开始，赦宥正式成为了封建帝王统治国家的一项重要制度，以后的历朝历代均沿用不废[⑧]。

两汉时期的赦宥，起因众多，已远超先秦之时。据沈家本《历代刑

---

① （春秋）孔丘著，杨伯峻、杨逢彬译注：《论语译注》第 13《子路篇》，岳麓书社 2009 年版，第 149 页。

② 赵守正：《管子注译·法法第十六》，广西人民出版社 1982 年版，第 139 页。

③ （战国）商鞅：《商君书》卷 4《赏刑第十七》，上海人民出版社 1974 年版，第 57 页。

④ （战国）韩非：《韩非子》，山西古籍出版社 2003 年版，第 18 页。

⑤ （汉）司马迁：《史记》卷 6《秦始皇本纪》，修订本，中华书局 2014 年版，第 306 页。近来邬文玲先生《试析秦始皇“于是急法，久者不赦”》（载中国政法大学法律古籍整理研究所：《中国古代法律文献研究》第 9 辑，社会科学文献出版社 2015 年版，第 132—142 页）一文，对《史记》关于秦始皇在位期间“于是急法，久者不赦”的记载作了重新梳理。她根据云梦睡虎地秦简和岳麓书院藏秦简中的相关资料，认为“统一之前秦国的赦免举措似乎是一种常态化的做法，且有相应的制度，秦王政时期亦曾多次颁布赦令”，《史记》的记载，“意指秦始皇统一六国之后的十余年间未行赦免，并不是说秦始皇在位的三十多年里不曾颁布过任何赦令”。其说当得其实。

⑥ （汉）司马迁：《史记》卷 6《秦始皇本纪》，第 342 页。

⑦ （宋）司马光：《资治通鉴》卷 28，汉元帝永光二年六月，胡注，中华书局 2011 年版，第 936 页。

⑧ 这或许也与汉武帝“独尊儒术”以后，历朝历代皆以提倡赦宥的儒学作为治国的指导思想有关。

法考·赦考》总结，两汉赦宥的原因包括践祚、改元、立后、建储、后临朝、大丧、帝冠、郊、祀明堂、临雍、封禅、立庙、巡狩、徙宫、定都、从军、克捷、年丰、祥瑞、灾异、劭农、饮酎、遇乱等[①]。此外，减等、曲赦、录囚、赦徒等赦宥种类也开始萌芽。需要补充的是，两汉的赦宥，除了对罪犯进行免罪之外，又新增了对普通官民的恩赐，包括赐诸侯黄金，赐吏民爵，赐牛酒布帛粟，免百姓租税、逋贷，诏举人才等[②]。总体来说，在汉代，由于中国古代的赦宥制度刚刚建立，所以制度化并不强，皇帝颁布赦宥的随意性很大，一个明显的例子就是并非每次践祚、改元都会有大赦降下。

魏晋南北朝时期，中国古代的赦宥制度得到了进一步发展。这一时期的赦宥，宏观上看，北方由于少数民族政权众多，呈现出“从少赦到多赦”的趋势，南方则大体延续了两汉以来的多赦传统。不过需要指出的是，两汉以来多赦的风气，在东汉末三国初也遭到了一定程度的抑制。如建安元年（196）九月，曹操迁汉献帝于许昌，挟天子以令诸侯，主政25载，未见有一次大赦。诸葛亮治蜀，也尚刑不尚赦。诸葛亮曾说：“治世以大德，不以小惠，故匡衡、吴汉不愿为赦。先帝亦言：吾周旋陈元方、郑康成间，每见启告治乱之道悉矣，曾不语赦也。若刘景升、季玉父子，岁岁赦宥，何益于治!”[③] 相比之下，只有孙吴的赦宥稍显频繁。至两晋南朝，多赦之风重新抬头。以大赦为例，两晋有国150多年，大赦121次；南朝共170年，大赦149次，频率都超过了0.8次/年，可见大赦频率之高[④]。

在这一时期，两汉以来的许多赦例得到了巩固，如即位、改元、灾异、祥瑞等大赦赦例。不过，魏晋南北朝时期的赦宥还出现了一些新的变化，除了陈俊强先生所发现的“赎刑”这种原始赦宥在西晋时被写入法律之外，还体现在许多方面，今举四条。第一，诞生了许多新的赦例，如皇太子纳妃大赦、皇太子加元服大赦、为皇子取名大赦、因皇女生而大赦，等等。第二，矫诏大赦时有发生，这反映了当时门阀士族权力的膨

---

① （清）沈家本：《历代刑法考·赦考二》，第529—567页。

② 对汉代赦宥中恩赐的研究，参见邬文玲《汉代赦免制度研究》，博士学位论文，中国社会科学院研究生院，2003年，第49—58页。

③ （晋）陈寿：《三国志》卷33《蜀书第三·后主传》，裴松之注引《华阳国志》，第2版，中华书局1982年版，第1023页。

④ 对于魏晋南朝赦宥制度的研究，参见陈俊强《魏晋南朝恩赦制度的探讨》，台北文史哲出版社1998年版，第39—104页。

胀。第三，十六国大赦最突出的特点是少数民族君主即位大赦，称天王（或大单于）也大赦，称皇帝仍然大赦。第四，金鸡肆赦的赦仪，也在北朝初具雏形。

隋唐时代，中国古代的赦宥制度继续向前发展，并走向成熟。隋朝国祚短促，赦宥不多。唐代赦宥最重要的一个变化便是大赦"申禁"职能的出现。从武则天《改元载初赦》开始，唐代赦书在传统赦宥囚徒、推恩万民的基础上，又增加了一些申明制度、禁断弊政的条令。这些条令被后世学界称作大赦的"申禁"内容[①]。此外，受尊号大赦、帝王圣节大赦等赦例也在此时开创；《唐律疏议》对赦宥的具体执行，有着相当细致的规定；金鸡肆赦的赦仪在唐代也日渐完备。

北宋上承唐末五代之乱，"太祖、太宗颇用重典，以绳奸慝，岁时躬自折狱虑囚，务底明慎，而以忠厚为本。海内悉平，文教浸盛。士初试官，皆习律令。其君一以宽仁为治，故立法之制严，而用法之情恕。狱有小疑，覆奏辄得减宥"[②]。正是在这种宽厚的治国理念下，宋代成为了中国古代赦宥制度发展的巅峰期。宋代赦宥（赦降）的次数之多、名目之繁，历代罕见其匹[③]。宋代赦宥最突出的特点是郊赦成型，即"三岁遇郊则赦"[④]。前世的赦例在宋代亦有渐渐消亡者，如皇帝（或皇太子）加元服肆赦、皇帝受尊号肆赦等。

中原王朝赦宥制度的发展与成熟，为周边少数民族政权建立赦宥制度提供了现成的模板，对辽金也是如此。例如大同元年（947）辽灭后晋，辽太宗在开封举行登基仪式之后曾向后晋遗臣询问："今兹所行，何事为先？"众人回答："王者初有天下，应大赦。"[⑤] 辽太宗于是颁布大赦。这是中原王朝赦宥制度对辽朝赦宥制度产生影响的一个突出例证。绍兴九年（1149）正月，宋高宗以与金国通和，大赦[⑥]。赦书传至金朝，金右副元

---

① 相关研究参见魏斌《唐代赦书内容的扩展与大赦职能的变化》，《历史研究》2006 年第 4 期，第 21—35 页。

② 《宋史》卷 199《刑法志一》，第 4961 页。

③ 对两宋赦宥次数的统计，学术界有两种结果：其一为郭东旭先生《宋朝法律史论》（河北大学出版社 2001 年版，第 378—379 页）为代表的，共 694 次；其二为郭艳艳博士《宋代赦书研究》（博士学位论文，河南大学，2011 年）为代表的，共 359 次。在笔者看来，因南宋史料散佚太多，故两宋赦宥次数的统计很难彻底，不过这两个数字都足以说明宋代赦宥的频繁性。

④ 《宋史》卷 201《刑法志三》，第 5029 页。

⑤ （宋）司马光：《资治通鉴》卷 286，后汉高祖天福十二年，第 9467 页。

⑥ 《宋史》卷 29《高宗纪六》，第 538 页。

帅完颜宗弼“责赦文载割河南事不归德于金”[①]，则反映了金代女真统治阶层对中原王朝赦书的关注。质言之，中原王朝的赦宥制度是辽金构建赦宥制度的主要基础。

辽、金先后与两宋对峙，双方虽时常互派使节，但彼此皆有防范之心，故而通过正常的渠道（例如书籍的流通、学者的交流、互派学生等），中原文化是很难传入辽金的。中原王朝的制度传播到辽金，主要的媒介是通过非正常途径北来的汉人。这当中多数是被俘的中原士人，还有一少部分是因出使而被扣押的使者，譬如辽初的韩延徽、韩知古、康默记，金初的宇文虚中、吴激、高士谈等。上述人物中，特别值得一提的是宇文虚中，他对金初各项制度的设计，可谓是功不可没。按宇文虚中，天会六年（1128）使金被扣，得到金帝重用，积迁至礼部尚书、翰林学士承旨[②]。皇统三年（1143），宇文虚中的官衔是“翰林学士承旨、知制诰兼太常卿、修国史、详定内外制度仪式”[③]，可见其参与了熙宗朝几乎所有重要制度的改革。宋人谓金朝“官制禄格、封荫谥讳，皆出宇文虚中，参用国朝及唐法制而增损之”[④]，其言非虚。中原的赦宥制度，自然也主要是由这些人带到辽金王朝的。

二　契丹和女真的民族传统习俗

辽金赦宥制度的另一个来源是契丹和女真的民族传统习俗。

契丹属东胡族系，其传统习俗也与其他东胡民族相近，如乌桓、鲜卑、吐谷浑、室韦等。以财物赎罪是人类迈入文明社会后最早出现的赦宥行为之一。史载乌桓存在着赎死的习俗：“若相贼杀者，令部落自相报，不止，诣大人告之，听出马牛羊以赎死。”[⑤] 鲜卑“言语习俗与乌桓同”[⑥]，也有类似的习俗。建国二年（339），拓跋鲜卑建立的代国出台了一部成文法，其中规定：“当死者，听其家献金马以赎。……民相杀者，

---

① （宋）李心传：《建炎以来系年要录》卷127，绍兴九年三月丙申，中华书局1988年版，第2062页。

② 《金史》卷79《宇文虚中传》，第1791—1792页。

③ （金）宇文虚中：《时立爱墓志铭》。墓志铭全文见于罗平、郑绍宗《河北新城县北场村金时立爱和时丰墓发掘记》，《考古》1962年第2期。

④ （宋）徐梦莘：《三朝北盟会编》卷221，引《金国文具录》，上海古籍出版社2008年版，第1595页上栏A面。

⑤ 《后汉书》卷90《乌桓鲜卑列传》，第2980页。

⑥ 同上书，第2985页。

听与死家马牛四十九头，及送葬器物以平之。"[①] 慕容鲜卑的一支吐谷浑，也有"杀人及盗马者罪至死，他犯则征物以偿"[②] 的风俗。北朝时的室韦，同样有着"杀人者责马三百匹"[③] 的习惯法。可见东胡民族普遍存在着"赎"这种原始的赦宥形式。辽朝建立后，也继承了这种赎罪的做法，并将其写入法律："品官公事误犯，民年七十以上、十五以下犯罪者，听以赎论。赎铜之数，杖一百者，输钱千。"[④] 兴宗时又进一步规定："职事官公罪听赎，私罪各从本法。"[⑤]

另外值得一提的是，阻午可汗在契丹族法制的创设中发挥了很大作用。他在担任联盟长期间，"知宗室雅里之贤，命为夷离堇以掌刑辟"[⑥]，于是雅里"始立制度，置官属，刻木为契，穴地为牢"[⑦]。直至此时，契丹的法制才开始建立。另外，阻午可汗创制的柴册、再生仪，也对日后辽朝赦宥制度的形成产生了很大影响。

女真的民族传统习俗对金代赦宥制度的影响较之契丹有所不逮。对于女真的先世挹娄，《后汉书》作者范晔称其是东夷中"法俗最无纲纪者"[⑧]，但这已是很早以前的情形。可以明确的是，女真在建国前用法严峻。康宗七年（1109，辽乾统九年），"岁不登，民多流莩，强者转而为盗。欢都等欲重其法，为盗者皆杀之。太祖曰：'以财杀人，不可。财者，人所致也。'遂减盗贼征偿法为征三倍"[⑨]。沈家本在分析这条史料时说："金之征偿法不传，减之而犹征三倍，旧法之重可知矣。"[⑩] 此言甚是。不过女真族建国前也存在着"赎罪"的做法。关于女真族的赎罪情形，《金史·刑志》记载道："金国旧俗，轻罪笞以柳葼，杀人及盗劫者，击其脑杀之，没其家赀，以十之四入官，其六偿主，并以家人为奴婢。其亲属欲以马牛杂物赎者从之。或重罪亦听自赎，然恐无辨于齐民，则劓、刵以为

① 《魏书》卷111《刑罚志》，第2873页。
② 《晋书》卷97《吐谷浑传》，第2538页。
③ 《魏书》卷100《失韦传》，第2221页。
④ 《辽史》卷61《刑法志上》，中华书局2016年修订本，第1038页。以下《辽史》引文页码未特别标明者，皆指此修订版本。
⑤ 《辽史》卷62《刑法志下》，第1045页。
⑥ 《辽史》卷61《刑法志上》，第1037页。陈述先生认为"夷离堇"应是"夷离毕"之误，参见陈述《全辽文》卷2《谕有司免黥诏》，陈述按语，中华书局1982年版，第19页。
⑦ 《辽史》卷2《太祖纪下》，第26页。
⑧ 《后汉书》卷85《挹娄传》，第2812页。
⑨ 《金史》卷2《太祖纪》，第22页。
⑩ （清）沈家本：《历代刑法考·律令七》，第1046页。

别。”可见女真旧俗，不论罪行轻重，均可以杂物自赎，只是重罪仍需要施以割鼻削耳的肉刑。这种赎罪思想在建国后得以保留，史称“金初，法制简易，无轻重贵贱之别，刑、赎并行”①。至金章宗朝，赎刑正式成为法律，被写入《泰和律》中。

总之，契丹和女真的民族传统习俗，在辽、金建国后，都不同程度地影响着辽金的赦宥制度。譬如，女真重法的传统，是导致女真在建国初期赦宥频率较低的一个重要原因。

第二节 辽金赦宥的分类

辽金赦宥制度主要的渊源是中原王朝的赦宥制度，因此辽金赦宥的名目，也不出中原地区赦宥制度的范围，如大赦、肆赦、赦、赦国内、赦中外、曲赦、录囚、赦罪、赦徒、赦殊死以下、释囚等。鉴于学术界在中国古代的赦宥分类问题上众说纷纭②，本书为避繁复，将辽金时期的赦宥划分为大赦、曲赦、德音、录囚四类③。大赦一般指施行于全国范围的赦宥④，其免罪程度最高，包含大赦、肆赦、赦、赦国内、赦中外等；曲赦指施行于某特定地区的赦宥；德音是所被广狭无常的赦宥，其特点为降等宽免囚犯，包括赦罪、减等、释放系囚等行为；录囚指皇帝（或皇帝委派臣僚）不定期地审录京师或地方囚徒，事后往往给予不同程度的宽宥，包括审冤狱、决滞狱等。

一 大赦

大赦是赦宥制度中最重要的形式，免罪程度最高，影响也最大。据有关学者研究，大赦滥觞于春秋战国之际⑤。鲁庄公二十二年（前672）正

---

① 《金史》卷45《刑志》，第1013页。

② 参见王娜《刑事赦免制度》，第21—25页。

③ 需要注明的是，本书的研究对象仅限于辽金时期的大赦、曲赦、德音和录囚四类。对于法学界已经研究比较充分的“八议”、赎刑以及“别赦”（对特定人群的赦宥），本书除个别章节稍有涉及外，不再单独讨论。

④ 古人使用“大赦”一词偶尔并不严格，有时在局部地域实行最高程度的赦宥，也被称为“大赦”，如唐中宗曾“大赦雒州”等，事见（清）董诰等《全唐文》卷16，山西教育出版社2002年版，第1册，第112页。

⑤ 参见胡晓明《大赦渊源考论》，《南京社会科学》2002年第4期，第38—41页。

月，鲁国“肆大眚”，这一事件被认为是后世大赦的雏形[1]。只不过对于“肆大眚”的含义，学者们仍存争议：唐人孔颖达解释“肆大眚”是“缓纵大过”之意，而清末法学家沈家本则认为是“举一国之中咸肆之”[2]。但学界已经公认，中国历史上第一次在全国范围内实行的大赦，是秦二世二年（前208）冬的大赦天下。

辽朝在建国伊始便有大赦之举，表明契丹人在建国前夕便已对汉文化有相当了解。辽代大赦的原因包括：建国、建国号、改元、皇子生、行柴册礼、行再生礼、圣节、受尊号、战争、政变、老人星见、太后皇帝病危、耶律延禧生子、耶律延禧晋封燕国王等。其中“老人星见”“行柴册礼”“行再生礼”为中原王朝赦宥制度中所无者，表明辽代赦宥制度保存着比较多的民族特色。另外值得注意的是，辽代大赦，多选择在冬季。这似乎与契丹人喜爱在冬季举行盛大活动有关，如行柴册礼、行再生礼、受尊号等。

由于与中原地区长期缺乏交流，金朝初建之时，制度文化的积累较辽朝初建之时要落后得多。但随着女真人的迅速汉化，金代赦宥制度的发展却远比辽代为快，颇有后来居上之势。总的来说，金代大赦的原因不超过汉族王朝相应的范围，这也从另一个角度证明，金朝是一个汉文化占主导地位的少数民族王朝。金代大赦的原因包括：皇帝即位、改元、受尊号、袝庙、朝享太庙、增谥祖先、吉庆、皇子生、皇帝病危、亡帝（后）下葬、灾异、政变、战争、徽钦二帝服牵羊礼、郊祀、册皇太孙等。

二　曲赦

一般认为，曲赦意为针对某一地区的赦宥。不过，曲赦与德音有时很难区分开来[3]。宋元时代的人们曾试图对曲赦和德音做出清楚的界定，如南宋末人王应麟认为：“其或某处有灾，或车驾行幸，则曰赦某郡已下，谓之‘曲赦’。复有递减其罪，谓之‘德音’者，比曲赦则恩及天下，比大赦则罪不尽除。”[4] 即主张“曲赦”是指赦某郡以下，“德音”是指减罪，它的赦宥地区范围较“曲赦”为广，而免罪的程度不若大赦那样高。

---

① （明）丘濬：《大学衍义补》卷109《慎刑宪·慎眚灾之赦》，第939页。

② （清）沈家本：《历代刑法考·赦考》，第525—526页。

③ 关于这一点，郭艳艳先生也有同感。参见郭艳艳《宋代赦书研究》，博士学位论文，河南大学，2011年，第14—18页。

④ （宋）王应麟：《玉海》卷67《诏令·赦宥》，江苏古籍出版社、上海书店出版社1987年版，第1265页。

元末史官所修《宋史·刑法志》则总结道:“凡曲赦,惟一路或一州,或别京,或畿内。凡德音,则死及流罪降等,余罪释之,间亦释流罪,所被广狭无常。”即“曲赦”是指对某一特定地区的赦宥,“德音”则强调对刑罚的“降等”,所被地区广狭无常,并不一定较“曲赦”为广。概言之,王应麟和元末史官都认为“曲赦”就是针对某一特定地区的赦宥,“德音”就是对不定地区刑罚的降等减罪[①],只是二者对“德音”的赦宥地区范围有不同意见。王应麟认为德音赦宥的地域范围比曲赦广,而元末史官则认为并不一定。概念的不清晰其来有自,那便是唐宋时期的曲赦和德音常常混淆使用。唐代便已出现“曲赦”“德音”名称混淆之例。如《唐大诏令集》卷七七所收《亲谒陵曲赦醴泉县德音》、卷八六所收《曲赦京畿德音》,皆属曲赦,然亦可归为德音。宋代亦有“曲赦”“德音”混淆难辨的情况,如《宋大诏令集》卷一三八《真宗山陵祔庙毕曲赦两京德音》、卷二〇九《曲赦梓州路州军德音》,均属此类。所以,为了避免混乱,本书界定:能够判断出是针对某一特定局部地域的赦宥,皆划入“曲赦”之列,如金卫绍王大安二年(1210)六月,“曲赦西京、太原两路杂犯,死罪减一等,徒以下免”[②],虽涉及减等,但因赦宥地区范围确定,仍归入曲赦一类。再如金哀宗正大二年(1225)正月,哀宗“降德音于河南、关陕、山东诸路,罪无轻重,皆与蠲除”[③],因赦宥地区明确,也划归曲赦一类。除此以外,针对未明言或无法判明地理范围的赦宥,虽云“曲赦”,也归为“德音”,如辽兴宗重熙六年(1037)七月“壬寅,以皇太弟重元生子,赐诗及宝玩器物,曲赦死罪以下”[④],史籍冠以“曲赦”之名,然因不知地理范围,故也将其划入“德音”当中[⑤]。

目前所见,曲赦之实,发轫于春秋楚国。公元前528年夏,楚平王派然丹、屈罢往宗丘、召陵两地选兵,并抚谕其民,“赦罪戾”[⑥]。但“曲

① 值得注意的是,即便“德音”拥有这一特点,有时竟也可和某些“大赦”混淆,如宋太祖时期有三次大赦都是减罪:其一,建隆元年(960)六月“辛卯,大赦,减死罪”;乾德三年(965)五月,“戊子,大赦,减死罪一等”;开宝九年(976)正月,“壬申,大赦,减死罪一等”。以上皆见《宋史·太祖纪》,第6、22、46页。

② 《金史》卷13《卫绍王纪》,第292页。

③ (宋)宇文懋昭:《大金国志》卷26《义宗皇帝》,文渊阁四库全书本。

④ 《辽史》卷18《兴宗纪一》,第247页。

⑤ 注:笔者将“曲赦”与“德音”强行界定,乃是为了便于讨论,实属不得已而为之,特此说明。

⑥ 杨伯峻:《春秋左传注》,昭公十四年,第1365页。

赦”之名，则最早见于晋武帝泰始五年（269），“曲赦交趾、九真、日南五岁刑”①。

辽金袭用“曲赦”之名，亦有曲赦之实。辽代首次曲赦发生在天赞四年（925）十一月，辽太祖饭僧，曲赦京师囚②。饭僧曲赦囚徒是辽代赦宥的一个特色。辽代曲赦的原因主要有战争、饭僧、四时捺钵、灾异等等。金代的首次曲赦则发生在天辅四年（1120）五月，当时金军克辽上京临潢府，曲赦其境③。金代曲赦原因主要有：战争、灾异、禳疾、帝王巡幸等。

三 德音

“德音”本指和谐动听的音律④，后被用于指代帝王的言语和命令。德音作为赦宥的一种，主要特征是减等。减等这类赦宥行为，早在东汉便已相当常见了。例如建武二十二年（46）九月，汉光武帝因地震下诏，南阳地区“死罪系囚在戊辰以前，减死罪一等”⑤；延光三年（124）九月，汉安帝“诏郡国中都官死罪系囚减罪一等，诣敦煌、陇西及度辽营”⑥；等等。但“德音”一词正式表示赦宥，则始于唐代。李唐以来，原指帝王言语和命令的“德音”，渐渐演变为皇帝赦宥的一种，主要内容为减等、蠲免和赏赐。宋代因袭之。于是，德音正式成为唐宋时期赦宥制度中的一大类别。

需要指出的是，在辽金典籍中，作为赦宥概念中的“德音”一词，并未出现。《辽史》中并无“德音”一词；《金史》“德音”仅见于《金史·西夏传》所载之西夏誓表，其中有云：“既速违天之咎，果罹败绩之忧。蒙降德音以宽前罪，仍赐土地用广藩篱。”此“德音”出自西夏之文，亦并非指减等之类的赦宥。虽然如此，但辽金以“降等”为特征的“德音”赦宥实例，则真切存在，并多次见诸史籍。所以，辽金“德音”类型的赦宥，是有实无名的。

---

① 《晋书》卷3《武帝纪》，第59页。

② 《辽史》卷2《太祖纪下》，第23页。

③ 《金史》卷2《太祖纪》，第34页。

④ 《史记》卷24《乐书》，第1453页：“圣人作为父子君臣以为之纪纲，纪纲既正，天下大定，天下大定，然后正六律，和五声，弦歌《诗》《颂》，此之谓德音，德音之谓乐。”

⑤ 《后汉书》卷1下《光武帝纪下》，第74页。

⑥ 《后汉书》卷5《安帝纪》，第240页。

还有一点需要交代。德音的主要特点是减等，不过鉴于宋辽金时期赦宥种类繁多难辨，故笔者将“赦罪”这一类的赦宥也归于德音，如宋仁宗天圣元年（1023）八月五日有《赦诸道杂犯死罪已下德音》[①]。再如宋高宗时的一次德音，即包括赦罪：建炎三年（1129）二月，“乙丑，降德音，赦杂犯死罪以下囚，放还士大夫被窜斥者，惟李纲罪在不赦，更不放还”[②]。但针对宋高宗此次赦宥，《三朝北盟会编》却记为大赦：“（建炎三年二月）十九日戊辰，以驻跸杭州，大赦天下。”[③] 笔者以为这种歧义的出现，可能与南宋时期“德音”含义不确定有关。南宋刘克庄的诗作《大行皇帝挽诗六首》之五的尾注云：“辛亥禋赦，臣草德音，蒙天一笑。小字本并无涂改。”[④] 考“辛亥”，即宋理宗淳祐十一年（1251）；“禋赦”，即当年“九月辛未，祀明堂，大赦”[⑤] 之事。刘克庄在这里又将大赦赦书比作德音，可见“德音”的含义在两宋之际是混乱不一的。但本书为方便讨论，把“德音”基本界定为减等一类的赦宥形式，并且将“赦罪”“释放未知范围的系囚”也划入德音的范畴。关于辽金时期德音颁降的情况，可参阅本书附录二。

辽代德音主要集中在兴宗和道宗两朝。这与辽代契丹人汉化程度加深有关。辽代德音的颁降原因主要有出征、圣节、皇太弟生子、太后皇子病愈、重臣病逝、行再生礼、改元等。金代德音主要发生在章宗、哀宗时期，其中明昌四年（1193）五月章宗因“累上尊号不受”降德音，是其特色。金代德音的原因主要有旱灾、皇子生、边事定、累上尊号不受等。

四　录囚

录囚，有时也作“虑囚”。录囚之制，一般认为起源于汉代。《汉书·隽不疑传》载隽不疑录囚之事：“擢为京兆尹，……每行县录囚徒还，其母辄问不疑：‘有所平反，活几何人？’即不疑多有所平反，母喜笑，为饮食语言异于他时；或亡所出，母怒，为之不食。”[⑥] 此间的“录囚”，实指复核刑事案件。另外，《后汉书·百官志》云：“诸州常以八月

---

① 赦文见（宋）佚名：《宋大诏令集》卷216，中华书局1962年版，第822页。

② 《宋史》卷25《高宗纪二》，第461页。

③ 《三朝北盟会编》卷123，第897页上栏A面。

④ （宋）刘克庄著，辛更儒笺校：《刘克庄集笺校》卷35《大行皇帝挽诗六首》之五，中华书局2011年版，第5册，第1885页。

⑤ 《宋史》卷43《理宗纪三》，第844页。

⑥ 《汉书》卷71《隽不疑传》，第3036页。

巡行所部郡国，录囚徒。”[①] 据此可知录囚乃是汉代常制，是郡守的定期职责。录囚本意为审录疑难案件，以求勿枉勿纵，但常以多所原宥为善。例如隽不疑之母便认为录囚的结果应是“多所平反”，若无所出，则怒，可见汉时地方官员录囚便已带有宽宥的理念。后世录囚演化成赦宥的一类，即萌芽于此。不过也有学者根据《礼记·月令》“仲春之月，……命有司省囹圄，去桎梏，毋肆掠，止狱讼”[②] 的记载，将录囚行为的上限进一步向前追溯至西周时期[③]。对于这一观点，南玉泉先生认为：“《礼记》为汉人作品，意在追记周制。三代为邦国制，司法权成块状分布，在邦国乃至王室畿内，上级录审囚徒之事可能存在，但作为一种制度，应当是郡县制推行以后的事。”[④] 笔者赞成南先生的推论，录囚当是在汉代才正式制度化。录囚真正转化为赦宥的一种，需要两个不可或缺的条件。首先，录囚之举必须由皇帝本人或皇帝指派专员进行。这个变化在东汉开始出现。史称汉光武帝即位后“留心庶狱，常临朝听讼，躬决疑事”[⑤]，其后之明帝、和帝也都曾亲自审录囚徒[⑥]。东汉帝王的临时录囚之举，为后世各朝所继承。但东汉诸帝录囚的目的均为理冤决疑，非赦宥。可见录囚成为赦宥，还需另一条件，那就是录囚之时，必须出现赦宥的行为。从现今掌握的材料来看，这种现象最早发生在西晋。泰始五年（269）正月丙申，晋武帝“临听讼观，录囚徒，多所原遣”[⑦]。“多所原遣”的本质就是一种赦宥。从此，录囚的性质发生了转变，正式成为了赦宥的一类[⑧]。元末史官云：“平理庶狱，采摭民隐，汉、唐以来，贤主以为恤民之令典。”[⑨] 此言得之。

还在建国之前，辽太祖便有录囚之举。太祖七年（913），耶律阿保

---

① 《后汉书》卷118《百官志五》，第3615页。

② 崔高维校点：《礼记·月令第六》，辽宁教育出版社1997年版，第51页。

③ 如万安中《录囚制度考论》，《学术研究》2004年第6期，第102—106页；程政举《汉代录囚制度考论》，《文博》2006年第1期，第83—86页。

④ 南玉泉：《录囚制度的发展与演变》，载陈金全、汪世荣《中国传统司法与司法传统》上册，陕西师范大学出版社2009年版，第495页。

⑤ 《晋书》卷30《刑法志》，第917页。

⑥ 汉明帝录囚事见《晋书》卷30《刑法志》，第919页：“（汉）明帝即位，常临听讼观录洛阳诸狱。”汉和帝录囚事见《后汉书》卷4《和帝纪》，第179页：“（永元六年）秋七月，京师旱。……丁巳，幸洛阳寺，录囚徒，举冤狱。”

⑦ 《晋书》卷3《武帝纪》，第58页。

⑧ 需要说明的是，后世录囚并非每次都存在赦宥行为，但多数如此，故本书在讨论录囚时，不再细究有无赦宥。

⑨ 《辽史》卷48《百官志四》，第915页。

机命北府宰相萧敌鲁等分道审决滞狱①。太宗以来，辽朝的录囚制度逐步形成，并在圣宗、兴宗、道宗三朝维持着一个比较高的录囚频率。金代录囚自熙宗朝出现，其频率的走向整体而言是逐步增高的，反映出女真人的汉化程度也在不断加深。金代录囚在章宗、宣宗、哀宗三朝最为频繁。

关于辽金赦宥的各种类型的具体颁布情况，笔者通过爬梳史料，整理出了两张表，参阅附录二。在附录二的基础上，笔者对辽金赦宥的类型、次数作了如下统计。

有辽一代，立国210年，凡九帝，降赦共计153次，其中大赦46次，曲赦23次，德音18次，录囚66次，大赦频率为年均0.219次，恩赦频率为0.728次/年。如表1所示：

表1　　辽代赦宥类别统计表

项目／帝号	享祚	大赦	曲赦	德音	录囚	总计	大赦率（次/年）	恩赦率（次/年）
辽太祖	11	2	2	1		5	0.182	0.455
辽太宗	21	3	1		2	6	0.143	0.286
辽世宗	4	2				2	0.500	0.500
辽穆宗	18	1	2	2	2	7	0.056	0.389
辽景宗	13	2				3	0.154	0.154
辽圣宗	49	8	2		30②	40	0.163	0.816
辽兴宗	24	11	4	7	20	42	0.458	1.750
辽道宗	46	11	12	7	12	43	0.239	0.935
辽天祚帝	24	6③		1		7	0.250	0.291
	210	46	23	18	66	153	0.219	0.728

① 《辽史》卷61《刑法志上》，第1039页。

② 同月之内数次录囚，算作一次；同年之内不同月份录囚，分别计算。

③ 含保大二年耶律淳即位改元大赦1次。

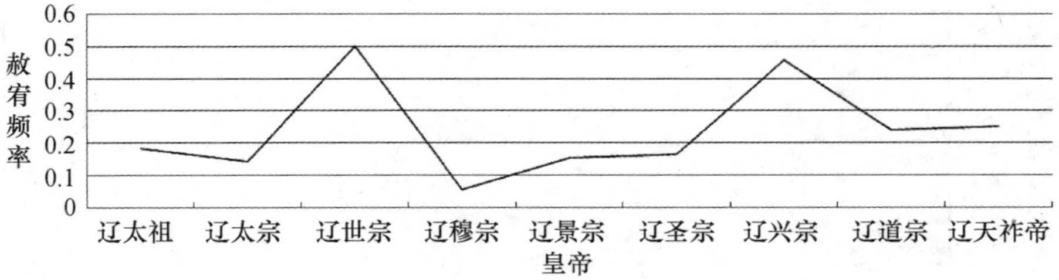

图1　辽代大赦频率

金源有国120年，历九帝，降赦共计106次，其中大赦43次，曲赦40次，德音7次，录囚16次，大赦频率为年均0.358次，恩赦频率为0.883次/年。如表2所示：

表2　　金代赦宥类别统计表

帝号＼项目	享祚	大赦	曲赦	德音	录囚	总计	大赦率（次/年）	恩赦率（次/年）
金太祖	9	1	3			4	0.111	0.444
金太宗	12	3	2			5	0.250	0.417
金熙宗	14	6	4		1	11	0.429	0.786
海陵王	12	2		1		3	0.167	0.250
金世宗	28	7	5		2	14	0.250	0.500
金章宗	19	5	6	4	5	20	0.263	1.053
卫绍王	5	3	2			5	0.600	1.000
金宣宗	10	10	12		6	28	1.000	2.800
金哀宗	11	6	6	2	2	16	0.545	1.455
	120	43	40	7	16	106	0.358	0.883

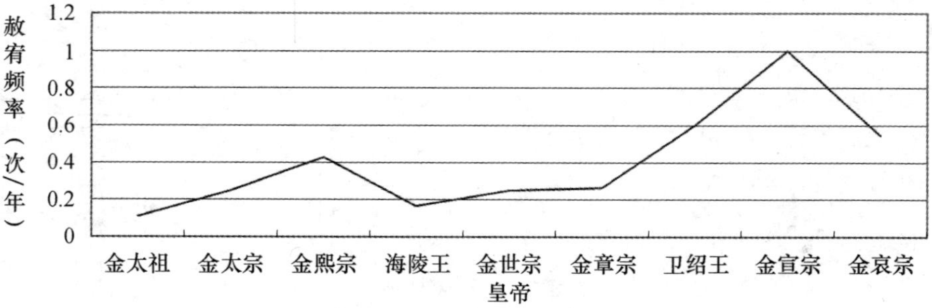

图 2　金代大赦频率

第二章　辽金赦宥的发展历程

辽朝有国 210 年，金朝享国 120 年，与同期的两宋相比，辽金二朝的赦宥频率却要低很多。那么辽金赦宥的发展历程是怎样的？为便于讨论，本章将辽金赦宥制度的发展历程各分为三个时段进行缕述：辽前期（太祖至穆宗朝）、辽中期（景宗与圣宗朝）、辽后期（兴宗至天祚帝朝）；金初期（太祖至海陵朝）、金中期（世宗与章宗朝）、金后期（卫绍王至哀宗朝）[①]。本章将分两节着重讨论辽金赦宥各自的发展历程及其颁降背后的各种深层原因。

第一节　辽代赦宥的从少到滥

宏观来看，辽代赦宥频率并不高。辽代赦宥大体上经历了一个从少到滥的过程。辽朝因皇位继承问题而颁布赦宥的次数非常多。此外，皇帝决断的随意性，直接影响了辽代赦宥的制度化。

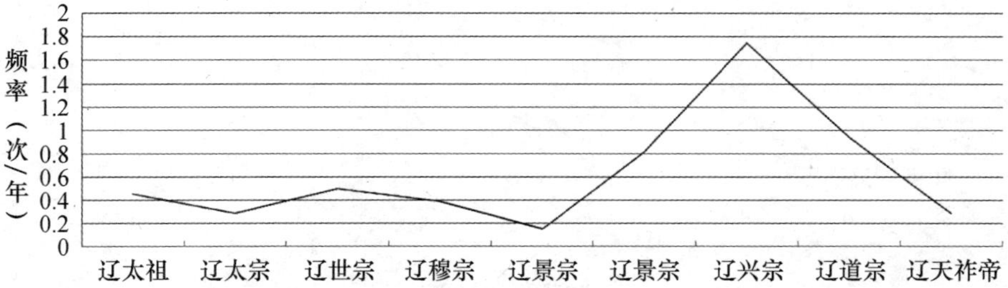

图 3　辽代恩赦频率

① 目前辽金史学界对辽金两个王朝的分期说法众多，本书按照它们赦宥制度的发展变化特点，作了如此分期。

一 辽前期的赦宥（916—969）

辽前期包括太祖、太宗、世宗和穆宗四朝，共54年。在这一时段内，辽朝共行大赦8次，曲赦5次，德音3次，录囚4次。赦宥的年平均率为0.39次。这一时期赦宥的原因，主要是战争。公元916年，契丹建国后，旋即分兵四出，攻伐征战。926年二月，辽灭渤海国；936年十一月，吞并燕云十六州；947年，灭后晋，三件事之后均曾颁布赦宥。此外，随着辽朝皇帝接触中原文化渐多，许多中原王朝的传统赦宥形式也开始在辽朝出现。最后，诸亲王贵族围绕帝位争夺不休，也对辽前期的赦宥有着突出的影响。以下详而述之。

神册元年（916）二月，辽太祖耶律阿保机即皇帝位，宣布立国，建元神册，受尊号，大赦①。这是辽朝第一次赦宥。大赦，象征着皇权的确立，意义非比寻常。太祖第二次赦宥发生在天赞元年（922）二月改元，形式为赦罪："赦军前殊死以下。"② 此次降赦不仅是因为改元，更主要的是，辽太祖在921年年底刚刚结束的一场对中原幽、蓟一带的攻击，遭遇重大挫折。中原晋王李存勖亲率精兵成功逆袭，契丹军惨败，皇四子牙里果被俘③，且"会大雪弥旬，平地数尺，契丹人马无食，死者相属于道"④，只得铩羽而归。于是天赞元年二月，契丹为报一箭之仇，乃重整旗鼓，再攻蓟北，同时改元"天赞"，以示此次出征有上天襄赞，必获大捷⑤。另外，经过921年的严重失利，辽太祖自然要处罚军中作战不力的将领，但此番再征幽、蓟，却赦殊死以下，则是为了让犯死罪者戴罪立功。此举显示了辽太祖的政治手腕，史谓辽太祖"即位，务广

---

① 《辽史》卷1《太祖纪上》，第10—11页。

② 《辽史》卷2《太祖纪下》，第20页。

③ 《资治通鉴》仅云"获契丹主之子"，蔡美彪先生考证出此契丹皇子应是耶律阿保机第四子牙里果，今取其说。参见蔡美彪《论辽朝的天下兵马大元帅与皇位继承》，载氏著《辽金元史考索》，中华书局2012年版，第85—86页。

④ 《资治通鉴》卷271，后梁均王龙德二年正月戊戌，第8995页。

⑤ 辽太祖每有行事，常借天命强调其合理性，如称帝建元"神册"、改元"天赞"，皆此例。此外，天赞三年六月太祖在一封诏书中也自称："朕既上承天命，下统群生，每有征行，皆奉天意。是以机谋在己，取舍如神，国令既行，人情大附。"也反映出辽太祖对天命的借助。

恩施"[①]，并非妄言。

辽朝虽然在屡屡南侵中占据了后唐的一些地区，但它仍不得不顾及后方各大游牧部族和东邻渤海国的随时乘虚而入。因而，为解除南进中原的后顾之忧，辽太祖调整对外战略，一面遣使与后唐修好，一面掉转矛头，将主要精力用于后方的东征与西讨。天赞三年，辽太祖与次子耶律德光统兵大举西征，顺利降服吐浑、党项、阻卜等部。西征凯旋后，辽太祖决心继续执行下一目标：击灭立国200余年的东邻——渤海国。渤海是由我国古代东北少数民族粟末靺鞨在武后圣历元年（698）建立的地方民族政权，初名"震国"，宝应元年（762），唐代宗"诏以渤海为国"[②]。渤海学习中原制度，"地有五京、十五府、六十二州"[③]，有"海东盛国"之美誉。契丹在唐末崛起后，渤海与其互相敌视，彼此攻伐。辽太祖在位期间的最后两次赦宥，均与灭渤海国有关。天赞四年（925）冬，契丹趁渤海国内部离心离德之机，倾国之力，卷土东征。次年二月，辽兵攻破忽汗城，俘渤海国王大諲譔，渤海国亡。辽太祖因平渤海，下诏改元天显，大赦。同月，辽太祖改渤海国为东丹国，忽汗城为天福城，册皇太子耶律倍为人皇王以主之，并"赦其国内殊死以下"[④]。值得注意的是，这两次赦宥都集中在一个月内，既蕴含着对新得之地宣威震慑的政治意义，又从一个侧面反映出契丹灭亡渤海的艰难不易。金人王寂曾有一语述及辽灭渤海之艰苦："当五代时，契丹与渤海血战数十年，竟灭其国，于是辽东之地尽入于辽。"[⑤] 契丹吞并渤海后，实力大增，为日后逐鹿中原奠定了基础。

此前，即天赞四年十一月，辽朝还有一次曲赦，即辽太祖"幸安国寺，饭僧，赦京师囚"[⑥]，是为辽朝第一次曲赦，因巡幸寺院饭僧而起。辽朝的崇佛程度，在中国历史上可谓首屈一指。太祖建国后，确立了儒释道三家并重的国策。神册三年（918）五月，他下诏全国广建孔庙、佛寺

① 《辽史》卷112《滑哥传》，第1653页。另需补充的是，辽太祖"务广恩施"的宽宥行为，在一定程度上还在于受到了传统思想的压力，例如913年诸弟叛乱被平定后，他只是处死了叔父和族弟，对亲弟弟则未予杀戮。对此，漆侠先生曾有精彩论述，参见漆侠《契丹辽国建国初期的皇位继承问题》，载《漆侠全集》，第8卷，河北大学出版社2009年版，第120—121页。

② 《新唐书》卷219《北狄传·渤海传》，第6178页。

③ 同上书，第6179页。

④ 《辽史》卷2《太祖纪下》，第24页。

⑤ （金）王寂撰，张博泉注释：《辽东行部志注释》，黑龙江人民出版社1984年版，第4页。

⑥ 《辽史》卷2《太祖纪下》，第23页。

和道观[①]，上京安国寺便应是在这封诏书颁布后，由耶律德光建造的[②]。太祖因佛而曲赦京师囚徒，表明辽代的崇佛思想早在太祖时期便已萌芽。

天显元年（926）七月，辽太祖在灭渤海的班师途中死在扶余府，皇后述律平（淳钦后）临朝称制，摄政一年有余。在淳钦后的安排下，皇太子耶律倍主动“让贤”，二弟耶律德光取得了皇位，耶律德光即辽太宗。天显二年十一月，辽太宗即位，行柴册礼，受尊号，大赦[③]。太宗第二次大赦已是十一年以后了。会同元年（938）十一月，辽太宗受尊号，大赦，改元[④]。此次大赦的原因是后晋将幽云十六州献与辽朝，并请上尊号。太宗随即调整地方建置与行政机构，正式接管幽云地区。

太宗最后一次大赦的原因是灭亡后晋。辽灭后晋的战争起初进行得并不顺利。在经历了两次挫折之后，会同九年（946）秋，辽太宗第三次南伐后晋，切断了前线晋军与晋朝廷的联系。晋军被辽军包围，粮尽，主帅杜重威率部降辽。次年正月，晋主石重贵奉表投降。辽太宗进驻开封，“二月丁巳朔，建国号大辽，大赦，改元大同”[⑤]。至此，辽朝势力扩张至中原。有趣的是，在此次大赦之前，太宗曾向后晋遗臣询问：中原皇帝登基之后，“今兹所行，何事为先”？众人答曰：“王者初有天下，应大赦。”[⑥] 由此看来，辽太宗在此之前，似乎并不熟知大赦的重要性，这表明辽太宗对赦宥的了解，甚至不及其父耶律阿保机。

天显四年（929）七月，辽太宗驻跸凉陉，观市，曲赦系囚[⑦]。凉陉是辽帝夏捺钵之地，此属巡幸而赦。太宗在天显四年七月和天显十年（935）四月进行过两次录囚，由于史料的缺失，原因不明。

---

① 《辽史》卷1《太祖纪上》，第13页。

② 《辽史》卷37《地理志一》“上京”条，第499页：“西北安国寺，太宗所建。”此处修订本《辽史》校勘记云：“‘太宗’疑当作‘太祖’。按本书卷2《太祖纪》下，天赞四年十一月丁酉，‘幸安国寺’，知太祖时已有安国寺。”此解诚可通，然若原本不误，则当理解为该寺乃太宗在即位前所建，而非太宗时所建。

③ 《辽史》卷3《太宗纪上》，第30页。

④ 刘浦江等学者认为契丹改国号为“辽”也在此时，参见氏著《辽朝国号考释》，《历史研究》2001年第6期，后收入同氏《松漠之间——辽金契丹女真史研究》，中华书局2008年版，第27—51页。林鹄先生认为耶律德光灭后晋所建之国号“大辽”，本非契丹国号，实系汉地新朝、国中之国；德光北归后，中原易主，“大辽”国号转而使用于燕云十六州地区，成为契丹专用于汉地的国号。此论颇有新意。参见林鹄《大辽本非契丹国号说》，《中华文史论丛》2014年第4期，第201—210页。

⑤ 《辽史》卷4《太宗纪下》，第64页。

⑥ 《资治通鉴》卷286，后汉高祖天福十二年，第9467页。

⑦ 《辽史》卷3《太宗纪上》，第32页。

大同元年（947）四月，辽太宗在灭后晋的归途中客死栾城。辽军行至镇阳，宿卫耶律安抟与南、北院大王耶律吼、耶律洼合谋拥立耶律倍长子耶律阮（兀欲）为帝，是为辽世宗。世宗即位后，只是命天德等人先行护送太宗梓宫归上京，自率大军跟进，而没有按照惯例，立即行柴册礼、大赦。事实上，这一系列行为一直拖延到当年九月才实现。其反常表现，不能不令人深思。笔者以为，此种反常现象，究其根由，盖出自世宗得位不正的事实①。早在天显五年（930）三月，辽太宗便在母亲淳钦后的压力下，册封皇弟李胡为皇太（弟）［子］兼天下兵马大元帅。其寓意是十分明显的：李胡是皇位继承人。所以，尽管世宗为自己的即位杜撰了太宗遗诏，但他对此举的效果心知肚明：他仍将不得不面对祖母的挑战。果然，辽世宗未经淳钦后的允许而擅登大宝，招致了对方的强烈不满。这位断腕太后心有不甘，命令少子李胡领兵拒战，企图通过武力手段夺回皇位。叔侄之间终于兵戎相见。大同元年（947）六月，李胡战败。淳钦后扣押世宗臣僚家眷做人质，双方僵持不下。七月，在耶律屋质的斡旋下，淳钦后母子被迫许和，但随即被幽禁于祖州。八月，辽世宗赏赐翊戴功臣。九月，葬辽太宗。待一切都安排妥当之后，世宗这才行柴册礼，受尊号，大赦，改元天禄②。在这里，大赦俨然同柴册礼一样，已成为世宗皇位最终确立的标志，而“天禄”这个年号也蕴意隽永，它暗指世宗的帝位是“天赐的福禄”，不容他人置喙。

然而，传统世选制的观念在契丹贵族的心中是如此的根深蒂固，以至于许多人对世宗的即位心怀不满，甚至包括一些曾经拥护他继立的大臣也逐渐倒戈相向。此外，世宗自中原归来后又“多用晋臣，而荒于酒色，轻慢诸酋长”③，这种作风无疑令他的处境雪上加霜。于是，在世宗统治的短短数年之内，许多亲王贵族都在不露声色地策划叛乱。天禄三年（949）正月，世宗在处决了两度谋反的萧翰之后，宣布肆赦，“内外官各

---

① 李桂芝先生《契丹贵族大会钩沉》（《历史研究》1999年第6期，第78页）认为：世宗之立，“虽然没能召集全体贵族参加，却也同样具有法定的效力。……位尊而强横的太后述律氏对诸贵族的选择也无如之何。”这种解读不能让人完全满意。笔者对这一论析，有两点不同看法。首先，述律后并非对诸贵族的选择无如之何，而是下令李胡率军反击世宗，希望动用武力夺回皇位，只是由于势单力孤而战败，才不得不被迫许和。其次，辽世宗在耶律屋质诘问自己为何“擅立”时表示沉默，且直至行柴册礼之后才受尊号、宣布大赦，也证明世宗内心对自己即位的“法定效力”是不够自信的。

② 《辽史》卷5《世宗纪》，第72页。

③ 《资治通鉴》卷287，后汉高祖天福十二年六月，第9496页。

进一阶”[①]。或许同太祖一样，世宗也有世选制的心魔，故而才对叛逆者施行赦宥。不过，“聪安宽恕”[②] 的辽世宗意图通过这次恩赦来安抚反叛势力，这一举措得到的回报显然与原来的预期效果背道而驰。最终，世宗的过度仁厚与疏于防范导致了他的不幸遇弑[③]。天禄五年（951）九月，辽世宗在南伐途中被倚为亲信的察割刺死，年三十四岁。世宗母、妻同时遇害，诸子皆幼而无恃，时在军中的太宗长子耶律璟（述律）在耶律屋质等人的协助下平定叛乱后，被拥立继位，是为辽穆宗。

史称辽穆宗“年少，好游戏，不亲国事，每夜酣饮，达旦乃寐，日中方起，国人谓之睡王”[④]，身在契丹的汉人李浣秘密向后周上表时也说辽穆宗“幼弱多宠，好击鞠，大臣离贰”[⑤]。穆宗是一位碌碌之主，自无可疑[⑥]，所以《辽史》未载穆宗即位时有大赦之事，或许并非漏记。从今天所能见到的材料分析，穆宗朝共有 7 次赦宥，2 次在即位初，5 次在应历十一年（961）以后。耐人寻味的是，穆宗在位前十年，是皇族内乱不断的十年，也是赦宥频率较低的十年。这十年中，穆宗只有过两次因生日而释囚的小举措[⑦]，这反映了辽穆宗注重刑罚的行政作风。

应历十一年（961）六月，穆宗颁布了即位后的第一次大赦。赦宥原因当为“三月丙辰，萧思温奏老人星见，乞行赦宥”[⑧]，其说详见下文第六章第一节。此后穆宗降赦逐渐增多，应历十三年、十四年有两次录囚；应历十四年、十八年有两次曲赦京师。在这些赦宥当中，两次曲赦的原因很值得探讨。

---

① 《辽史》卷 5《世宗纪》，第 65 页。

② 《辽史》卷 77《耶律安抟传》，第 1390 页。

③ 林鹄先生《辽世宗朝史事考》一文（《中华文史论丛》2012 年第 4 期）认为“世宗对待谋反者的策略在整体上是相当成功的”，世宗之死，非因世选制，实则是由于察割太过狡诈。窃以为不尽然。需要明确，并非所有弑君者都是企图篡位的。察割作为世宗的堂叔，是在世选制思想的影响下萌生了弑君篡位之心的，只是他起先谋求联合寿安王耶律璟，不成，乃自称帝。

④ 《资治通鉴》卷 290，后周太祖广顺元年九月，第 9593 页。

⑤ 《宋史》卷 262《李涛附弟浣传》，第 9063 页。

⑥ 林鹄《辽穆宗草原本位政策辨——兼评宋太祖“先南后北”战略》一文（《中国史研究》2016 年第 1 期），认为辽穆宗之所以表现得平庸，实是遇到了周世宗与宋太祖两位强劲的对手，无奈而已。笔者认为穆宗之保守当然与时局有关，不过其本身能力远逊于此前的辽朝诸帝则是事实，不应忽视。

⑦ 《辽史》卷 6《穆宗纪上》记有这两次释囚：一次在应历二年十二月，“以生日，饭僧，释系囚”；一次在应历三年八月，“以生日，释囚”，第 79—80 页。按前一条史料有问题：穆宗生于天显六年八月初五日，此条作十二月，叙事有误，其原本面貌今已难考。

⑧ 《辽史》卷 6《穆宗纪上》，第 85 页。

其一，应历十四年八月“戊申，以生日值天赦，不受贺，曲赦京师囚”[①]。按“天赦”，丛辰名，为赦过宥罪之辰。唐人陈恭钊撰有《天宝历》[②]，其中提道：“天赦者，赦过宥罪之辰也。天之生育，甲与戊；地之成立，子、午、寅、申，故以甲、戊配成天赦。其日可以缓刑狱，雪冤枉，施恩惠。”[③] 北宋初天文学者苗守信亦云：“春戊寅、夏甲午、秋戊申、冬甲子为天赦日，及上庆诞日，皆不可以断极刑事。”[④] 辽穆宗能够接纳中原“天赦”的说法，在天赦日颁布曲赦，折射出他对汉文化的向往。实际上，穆宗早在即位之时便表明了他对汉文化的态度：“朝会依嗣圣皇帝故事，用汉礼。”[⑤] 另外，这也是契丹族帝王一贯“事天敬神”[⑥]的表现。

其二，应历十八年六月“己未，为殿前都点检夷腊葛置神帐，曲赦京畿囚”[⑦]。皇帝为某位臣僚置神帐而曲赦，可谓是前无古人后无来者。特殊现象的背后往往隐藏着更大的秘密。穆宗何以会对夷腊葛如此器重？考夷腊葛，《辽史》有传。《辽史·耶律夷腊葛传》开篇便交代了夷腊葛与穆宗的亲密关系：“时上（按，即辽穆宗）新即位，疑诸王有异志，引夷腊葛为布衣交，一切机密事必与之谋，迁寄班都知，赐宫户。”辽穆宗之所以会和出身平平的耶律夷腊葛交好，乃至为夷腊葛置神帐而曲赦，皆是内心长期缺乏安全感的体现。

辽穆宗即位于局面纷繁复杂的察割叛乱之际，他一度在是否带头镇压叛逆者的问题上左右彷徨[⑧]。那么穆宗为何犹豫？无非是担心自己得不到足够支持，万一失败，反而引火上身。应当说，穆宗的担心是不无道理的。在上一次争夺皇位的风波中，时为寿安王、太宗长子的辽穆宗便是潜在的皇位继承人之一。史载“太宗伐晋还，至栾城崩，诸将欲立世宗，

---

① 《辽史》卷7《穆宗纪下》，第90页。

② 《新唐书》卷59《艺文志三》，第1555页。

③ （清）允禄等：《钦定协纪辨方书》卷5《义例三·天赦》，转引自《天宝历》，上海锦章书局1911年版，第19叶。

④ 《宋史》卷461《方技传》，第13499页。

⑤ 《辽史》卷6《穆宗纪上》，第77页。

⑥ 《辽史》卷72《义宗倍传》，第1333页。

⑦ 《辽史》卷7《穆宗纪下》，第94页。

⑧ 《辽史》卷77《耶律屋质传》，第1388页：“察割弑帝。屋质……亟遣人召诸王，及喻禁卫长皮室等同力讨贼。时寿安王归帐，屋质遣弟冲迎之。王至，尚犹豫。屋质曰：‘大王嗣圣子，贼若得之，必不容。群臣将谁事，社稷将谁赖？万一落贼手，悔将何及？’王始悟。”

以李胡及寿安王在朝，犹豫未决”[1]，说明将领们顾忌的不只有李胡，还有寿安王。以往辽史学界多关注李胡与辽世宗的皇位争夺，却忽视了寿安王的处境。揆当时情理，当立者首选李胡，次为寿安王，最后才有可能是辽世宗。然而实力强大的辽世宗既已击败李胡，年仅17岁的寿安王自然也只能忍气吞声，接受现实[2]。世宗遇害后，21岁的辽穆宗对群臣是否果真支持自己，仍然表示怀疑，是可以理解的。穆宗先前之所以拒绝与察割合谋，也是出自这种不信任[3]。直至耶律屋质等人强烈地表示忠贞不贰，穆宗才允诺出面引领众人镇压乱党。

但穆宗的心病并未随着他的继位而祛除。相反，在位初期亲王贵族的屡次谋反，甚至胞弟罨撒葛也牵涉其中，促使穆宗内心的这种不安全感进一步滋长。笔者甚至认为，穆宗晚年近乎疯狂的酗酒嗜杀，也多半肇因于此[4]。为了对抗亲王贵族的叛逆，穆宗决心培植自己的势力，一者提拔襄赞功臣，再者引进出身平庸的人作为心腹，耶律夷腊葛便是其中一位[5]。穆宗为夷腊葛置神帐而曲赦京畿囚徒、令其射“惟天子得射”的公鹿[6]与“代行击土牛礼”[7]，都是希望借机拉近彼此关系，笼络人心，以确保自己的人身安全。但他的如意算盘还是落空了。应历十九年（969）二月，残暴的穆宗在一次酩酊大醉之后被近侍小哥、花哥等人刺杀，耶律夷腊葛也被新帝冠以“宿卫不严”的罪名处死。

---

① 《辽史》卷77《耶律安抟传》，第1390页。

② 穆宗即位后，对当初拥立世宗的一干人等十分冷落，如耶律何鲁不，“穆宗以其父吼首议立世宗，故不显用”，又如耶律安抟，“穆宗即位，以立世宗之故，不复委用”。以上例子足可证明穆宗对当初辽世宗为帝是心存不满的。以上引文参见《辽史》卷77各人本传，第1389、1391页。

③ 《辽史》卷112《耶律察割传》，第1650页：“察割归见寿安王，邀与语，王弗从。”

④ 需要指出的是，辽穆宗的精神分裂，大概与他性无能也有一定关系。欧阳修：《新五代史》卷73《四夷附录第二》，中华书局2015年修订本，第1022页，称辽穆宗“有疾，不能近妇人，左右给事，多以宦者”。对一个男子来说，性无能往往会造成心理扭曲。穆宗晚年酗酒，极有可能是为了逃避现实。另，《资治通鉴》卷288，后汉隐帝乾祐二年二月辛未，第9537页，载穆宗19岁时曾强娶晋出帝宠姬赵氏、聂氏，或其时穆宗身体尚健康，后来有疾。

⑤ 再如汉人许从赟，在穆宗即位后被擢为侍卫步军都指挥使。参见《许从赟暨妻康氏墓志》，载向南、张国庆、李宇峰《辽代石刻文续编》，辽宁人民出版社2010年版，第19页。

⑥ 《辽史》卷78《耶律夷腊葛传》，第1395页。

⑦ 《辽史》卷7《穆宗纪下》，第95页。

二 辽中期的赦宥（970—1031）

辽中期含景宗和圣宗两朝，共62年。从景宗开始，辽朝皇权完全转入耶律倍一系，但贵族政治的影子仍未淡去。1005年初，辽与北宋签订“澶渊之盟”，至此，辽朝的疆域大致稳定了下来。在这一时段内，共行大赦10次，曲赦2次，录囚30次。赦宥的年平均率为0.68次。

应历十九年二月，穆宗遇刺身亡，养子耶律贤即位，是为辽景宗。景宗随即宣布大赦，改元保宁①。辽穆宗在位期间不恤国事，因此辽朝朝纲一度不举，国势日渐衰弱，群臣皆期盼涌现一位英明之主扭转颓势，重振国祚②。景宗即位，立刻大赦天下，可谓顺乎民心。景宗先后改元“保宁”“乾亨”两个年号，也表达了对国家安定顺利的美好愿望。

景宗第二次大赦发生在乾亨元年（979）十一月冬至日，时景宗驻跸南京（燕京），“赦，改元乾亨”③。这次大赦盖因改元，同时也为了奖励辽朝将士在当年秋天于南京城下击败宋太宗北伐的功绩。

需要指出的是，《契丹国志·景宗孝成皇帝》记载景宗朝共有两次大赦，一次在保宁元年（968，《辽史》为应历十八年），另一次在乾亨八年（981，《辽史》为乾亨三年），大赦次数虽与《辽史》所记无异，但时间不同。具体真相如何，已无从稽考，鉴于《契丹国志》一书记载的辽朝纪年舛误丛生④，姑且置之不论。

乾亨四年（982）九月，长期体弱多病的辽景宗走到了生命尽头，皇位由年仅十二岁的幼子耶律隆绪继承，是为辽圣宗，景宗后萧绰奉遗诏摄政，执掌大权。十月，圣宗受尊号为昭圣皇帝，萧绰受尊号为皇太后（承天太后），随即大赦天下⑤，改国号为“大契丹”⑥。

---

① 《辽史》卷8《景宗纪上》，第97页。

② 《辽史》卷79《郭袭传》载郭袭谏景宗游猎时说：“穆宗逞无厌之欲，不恤国事，天下愁怨。陛下继统，海内翕然望中兴之治。”第1404页。

③ 《辽史》卷9《景宗纪下》，第110页。

④ 刘浦江先生曾有专文讨论《契丹国志》与《辽史》的纪年是非问题，他认为：“除了道宗寿昌年号《辽史》误为寿隆，当从《契丹国志》外，……辽朝纪年仍当以《辽史》为准。”参见刘浦江《关于〈契丹国志〉的若干问题》，原刊《史学史研究》1992年第2期，后收入同氏《辽金史论》，辽宁大学出版社1999年版，第332—334页。笔者赞同刘先生的判断。

⑤ 《辽史》卷10《圣宗纪一》，第115页。

⑥ 对于圣宗朝改国号为大契丹的时间，学者们普遍认为在统和元年（983），但笔者认为应在乾亨四年（982）圣宗即位后，相关考证见本书附录一。

在中原文化的不断影响下，圣宗朝的赦宥，在继承前朝特点的同时，还呈现出新的转变：降赦的原因逐渐趋于多样化。

圣宗朝凡七次大赦，五次都涉及受尊号；另外两次，一为皇太后病危，一为皇子生。需要特别注意的是，统和二十四年（1006）十月两宫受尊号大赦，所受尊号与统和五年所受尊号相同，皇太后尊号皆为“睿德神略应运启化承天皇太后”，皇帝尊号皆为“至德广孝昭圣天辅皇帝”[①]。那么是否统和五年也存在着受尊号大赦的情形呢?《辽史》是不是失载了统和五年两宫受尊号大赦一事呢？对此，修订本《辽史》校勘记据统和二十三年《重修云居寺碑记》末“时睿德神略应运启化皇太后、至德广孝昭圣皇帝之二十三年”，认为统和五年确有上尊号事，然前后所上尊号不应相同，疑此处二者有一误[②]。按，对辽朝统和二十四年上尊号之举，宋人事前亦有耳闻。景德三年（1006，辽统和二十四年）八月丁亥，北宋上封者言：“契丹国主取十月于幽州受册。”[③] 故《辽史》统和二十四年上尊号可与宋人记载相互验证，必是确有其事，《辽史》中关于统和二十四年上尊号的记载是可信的。至于统和五年上尊号之事，亦当有之，只是尊号之名绝非《辽史》所记。鉴于辽朝在此前后，所有帝后受尊号皆伴有大赦，故统和五年受尊号之后，亦当有大赦之事。

统和二十七年（1009）十二月，“乙酉，（圣宗）南幸。皇太后不豫。戊子，肆赦”[④]。这是辽朝首次因皇太后病危而肆赦。这种赦宥的萌生，有两个必要条件。第一，皇帝需有“病危肆赦祈福”的意识。第二，皇太后（太皇太后）需要与皇帝同时在世，且病危先亡。圣宗以前诸帝，均不完全具备这两点。（1）太祖母崩于太宗天显八年十一月，然太皇太后病逝前太宗并未降赦，应是当时的辽太宗尚无“病危肆赦”的意识，事实上太宗自己死前也只是“命胡人赍酒脯，祷于得疾之地”[⑤] 而已。（2）太宗母述律平在世宗朝被软禁于祖州，穆宗即位后，她的处境并没有什么改善，在应历三年黯然死去。穆宗在淳钦后死前没有颁布赦宥，或是报复淳钦后当初在反对世宗即位时选择支持李胡而忽略了自己。（3）世宗母、妻（即景宗母）与世宗同被察割弑于火神淀，故世宗和景宗朝不可能有因皇太后病危而肆赦之事。（4）穆宗母早在太宗天显十年正月离

① 《辽史》卷12《圣宗纪三》，第140页；《辽史》卷14《圣宗纪五》，第177页。

② 《辽史》卷12《圣宗纪三》，“校勘记”一，第146页。

③ 《长编》卷63，景德三年八月丁亥，第3册，第1419页。

④ 《辽史》卷14《圣宗纪五》，第178页。

⑤ 《旧五代史》卷137《契丹传》，中华书局2015年修订本，第2138页。

世，死因大概是产后染疾[①]，所以穆宗朝也不会有皇太后病危的情形，遑论肆赦。综上可知，直至圣宗时才兼备了以上两个条件，因而辽朝因皇太后病危而肆赦，发端于圣宗朝。

除了开创因皇太后病危而肆赦的赦例外，圣宗还首开辽代因皇子生而大赦天下之先河。开泰六年（1017）“九月庚子，还上京，以皇子属思生，大赦”[②]。时圣宗四十七岁。然而属思并非圣宗第一个儿子，据目前史料所见，圣宗第一个儿子是统和七年（989）二月降世的佛宝奴[③]。于是一个耐人寻味的问题出现了：既然佛宝奴，甚至后来开泰五年二月出世的宗真，都比属思年长[④]，那么为什么在他们降生的时候，圣宗没有降赦，反而唯独在属思出生后才宣布大赦呢？

首先要考虑的可能原因就是《辽史》对此前皇子生降赦之事失载。《辽史》疏漏处极多，故而不能排除这个因素。若《辽史》未曾失载，则个中缘由可能与前一年的隆庆之死有一定关联。

辽朝的皇位继承制度，由于长期受到世选制惯性思维的干扰，一直未能确立。辽帝在立储之时，常受到传统思想掣肘。圣宗在位前期，承天太后尚在世主政，因她偏爱次子隆庆，故圣宗地位不稳，皇储也就迟迟未立[⑤]，更不必说因皇子生而肆赦了。统和二十七年承天太后病故后，圣宗得以亲政，但皇弟隆庆的称雄跋扈仍然是一个潜在的严重威胁[⑥]。开泰五年（1016）十二月，隆庆在朝觐圣宗的归途中暴卒。圣宗肘腋的威胁解除，顾虑顿消，于是在转年皇子属思出生后，大赦天下。此举亦可视作圣宗将长期积郁在胸中的闷气的一种释放。

太平元年（1021）十一月，圣宗御昭庆殿，受尊号，大赦，改元，次日，册立齐天皇后养育的宗真为皇太子。宗真被册为太子，虽在大赦次日，也应是此次大赦的起因之一。

圣宗朝凡两次曲赦，均为赦免行在囚徒。这一特点与前朝数位皇帝并

---

① 《辽史》卷3《太宗纪上》，第38—39页：“（天显九年）十二月壬辰，皇子阿钵撒葛里生，皇后不豫。十年春正月戊申，皇后崩于行在。”可推知太宗后萧氏在生第二子时极有可能是产后染疾而亡。

② 《辽史》卷15《圣宗纪六》，第196页。

③ 《辽史》卷12《圣宗纪三》，第144页。

④ 据（宋）曾巩《隆平集》卷20《契丹》载，宗真为辽圣宗第八子，中华书局2012年版，第592页。

⑤ 关于辽圣宗与耶律隆庆之间的矛盾，参见邱靖嘉《辽朝皇位继承制度研究》，硕士学位论文，北京大学，2010年，第55—59页。

⑥ 相关论证，可参见邱靖嘉《辽朝皇位继承制度研究》，第58—59页。

无二致，是辽朝帝王四时捺钵与赦宥思想相结合的产物。

圣宗朝赦宥还有一个鲜明特色便是录囚次数陡然增多，圣宗与母承天太后均曾亲决滞狱。仅据《辽史》统计，圣宗在位 49 年之间录囚之举便多达 30 次，年均 0.61 次，这个频率是很高的。其中缘故，详见本书第四章第三节的分析。

太平十一年（1031）六月，年过花甲的辽圣宗在大福河之北的行宫走完了人生最后旅程。皇太子耶律宗真即位，辽朝赦宥也从此迈入了另一个时代。

三　辽后期的赦宥（1032—1125）

辽后期包括兴宗、道宗和天祚帝三朝，共 94 年。这三位皇帝均属滥赦之君。史称辽兴宗“溺浮屠法，务行小惠，数降赦宥，释死囚甚众”①，辽道宗“好儒释二典”②，“刑宪三千，惟务全活。……累开赦宥，数赈贫穷”③，天祚帝怠惰因循，“赏刑僭滥”④。在这一时段内，共行大赦 28 次，曲赦 16 次，德音 15 次，录囚 32 次。赦宥的年平均率为 0.98 次，明显高出前两段时期许多。

太平十一年六月，辽圣宗在大福河行宫驾崩，年方十六岁的皇太子耶律宗真即位，是为辽兴宗。兴宗生母萧耨斤迅速发动政变，幽禁圣宗妻齐天皇后，自立为皇太后（钦哀后），摄政，大赦，改元景福。

兴宗朝是辽代恩赦频率最高的一朝。这段时期赦宥的第一个鲜明特点便是受钦哀后的影响极深。兴宗朝共 11 次大赦，其中竟然有 8 次与钦哀后相关，这充分证明了兴宗朝钦哀后势力的强大。这 8 次大赦分别为：（1）景福元年（1031）六月，兴宗即位，钦哀后废齐天后，摄政，大赦改元。（2）重熙元年（1032）十一月，钦哀后与兴宗同受尊号，大赦改元。（3）重熙四年十一月，兴宗行柴册礼，大赦。按，此前一年，钦哀后另立幼子重元为帝的阴谋败露后，兴宗先发制人，将她迁至庆州为圣宗

---

① 《辽史》卷 62《刑法志下》，第 1045 页。

② （宋）陈襄：《使辽语录》，辽翰林学士、给事中王观语，载金毓黻《辽海丛书》，辽沈书社 1985 年版，第 2544 页。

③ 《道宗皇帝哀册》，载向南《辽代石刻文编》，河北教育出版社 1995 年版，第 514 页。

④ （宋）陈均：《皇朝编年纲目备要》卷 28，政和四年“是岁”，中华书局 2006 年版，第 711 页。

守陵。兴宗至此方得以亲政。当年冬，兴宗在南京祭天，以告上苍①。翌年，兴宗行柴册礼，昭示着他已从母亲手中夺回大权，因此，重熙四年这次大赦也与钦哀后有关。（4）重熙八年十一月，钦哀后行再生礼，大赦。（5）重熙九年三月，钦哀后生辰应圣节，肆赦。（6）重熙十六年四月，钦哀后病危而愈，肆赦。（7）重熙二十年十二月，钦哀后行再生礼，肆赦。（8）重熙二十三年十一月，钦哀后受尊号，大赦。钦哀后在重熙六年秋被迎回之后，对权力流连不舍，兴宗对于这样的生母也无如之何。重熙八年以来的五次大赦，证明回朝后的钦哀后仍旧拥有不容小觑的势力。此外，兴宗朝共两次德音，也全部因钦哀后而起：一次是重熙十六年十二月"乙卯，以太后愈，杂犯死罪减一等论，徒以下免"②；一次是重熙二十二年十二月"庚子，应圣节，曲赦徒以下罪"③。

兴宗朝赦宥的第二个特点便是与弟弟重元的关联较多。其原因是重元在兴宗朝初年曾立有大功。重熙三年（1034），钦哀后密谋废兴宗，改立少子重元。不料年少的重元把密谋告诉了兴宗。兴宗粉碎了这一图谋后，对弟弟感激不已，遂册重元为皇太弟④，并通过一系列赦宥为重元树立恩威。如重熙六年七月，以重元生子，"赐诗及宝玩器物，曲赦死罪以下"⑤；重熙二十四年三月，以重元生子，"曲赦行在及长春、镇北二州徒以下罪"⑥。另外，重元还在重熙十七年十一月，被赐予金券⑦，可见兴宗对重元极为重视。

重熙十一年（1042）十一月，群臣上皇帝尊号，兴宗宣布大赦。《耶

---

① 《长编》卷115，景祐元年十二月丁卯，第5册，第2708页："或传契丹聚兵幽、涿间，河北皆警。……朝廷欲大发军为边备，辅臣迭议上前，参知政事蔡齐画三策，料契丹必不渝盟。已而，果契丹祭天幽州，以兵屯境上尔。"按，宋景祐元年即辽重熙三年。

② 《辽史》卷20《兴宗纪三》，第272页。

③ 同上书，第280页。

④ 蔡美彪先生《论辽朝的天下兵马大元帅与皇位继承》（载氏著《辽金元史考索》）、熊鸣琴先生《钦哀后家族与辽道宗朝党争考论》（《中国史研究》2013年第2期）二文，皆认为兴宗之立重元为皇太弟，是迫于法天太后的压力，笔者对此不以为然。种种迹象表明，法天太后在重熙八年七月被兴宗接回之前（此时间系据《辽史·兴宗纪一》，《辽史·后妃传》记在重熙六年秋），兴宗已对重元另眼相待了，如重熙六年五月，兴宗已有"出飞龙厩马，赐皇太弟重元及北、南面侍臣有差"（《辽史》卷18《兴宗纪一》，第246页）之事，说明兴宗立重元为皇太弟是在迎回法天太后之前。因此，很难说兴宗册重元为皇太弟仅仅是迫于钦哀后的压力。

⑤ 《辽史》卷18《兴宗纪一》，第247页。

⑥ 《辽史》卷20《兴宗纪三》，第282页。

⑦ 同上书，第273页。

律宗政墓志》所记“（重熙）十一年冬，车驾幸燕，普徇群情，载加懿号”[①]，即指此事。这次大赦的背景是前一月辽朝对北宋的一次外交胜利。此次大赦与西夏建国有莫大关联。重熙七年（1038，宋宝元元年）十月，李元昊称帝，建立西夏，并遣使使宋要求承认。在遭到北宋严词拒绝后，西夏随即发兵攻击北宋西陲沿边城寨，意借武力逼迫北宋就范。北宋虽不示弱，但与西夏连年作战，频频败北，处境十分窘迫。重熙十一年春，辽兴宗见北宋已深陷对夏战争之泥沼，决心趁火打劫。兴宗遣南院宣徽使萧特末、翰林学士刘六符使宋，要求宋朝归还后周世宗时占领的瓦桥关以南十县地[②]，同时令南院枢密使萧惠与皇太弟耶律重元屯大兵于南边，对北宋施加军事压力。宋仁宗选派富弼两次使辽，请每年岁币增加银十万两、绢十万匹，以抵十县租赋输予辽朝。兴宗允诺，双方和议再成。于是，辽朝不损一兵一卒，仅仅通过外交施压，就迫使北宋将每年的输辽岁币银绢增加了二十万两匹。如此凭空获利，自然归功于皇帝的“英明神武”。当年冬，辽兴宗遣王永言出使高丽，告知年底将行“受尊号”大礼一事。在给高丽王的诏书中，年方二十七岁的辽兴宗毫不掩饰自己的踌躇满志：

> 朕以关南十县，我国旧基，将举兵师，议复土壤。宋朝累驰专介，恳发重言，定于旧贡银绢三十万两、匹外，每年别纳金缯之仪，用代赋与之物。再论盟约，永卜欢和。其诸道兵马等优给，蠲免赋调，并已放还本部。夫何眇躬，成此美事。今文武百辟，中外庶官，屡拜封章，载稽典故，谓予有元功大略，加予以懿号鸿名。不获固辞，勉依群请，已撰定十一月三日，两宫并行大礼。卿称藩事上，望阙输忠，遐想闻知，必增庆悦。[③]

是年十一月十八日，兴宗欣然接受尊号，并加册皇后徽号，颁布大赦。

兴宗继承了圣宗朝“因皇子生而大赦”的做法，但景福二年（重熙

① 《耶律宗政墓志》，载《辽代石刻文编》，第306页。

② 《辽史》卷19《兴宗纪二》，第259页。按萧特末，《宋史》作“萧英”，是其汉名。另，“南院宣徽使”，《辽史·萧和尚附弟特末传》作“北院宣徽使”。

③ ［朝鲜］郑麟趾等著，孙晓主编：《高丽史》卷6，靖宗八年十一月，西南师范大学出版社、人民出版社2014年版，第169—170页。又，《辽史》云兴宗此次受尊号在重熙十一年十一月十八日丁亥，与《高丽史》所载十一月三日不同。

元年）八月“皇子洪基生”[1]、重熙四年六月“皇子宝信奴生”[2]，兴宗都没有降赦。个中缘由大概是洪基与宝信奴二人的生母当时均属妃子，故无赦宥。洪基生母萧氏直至重熙四年三月才被兴宗立为皇后[3]，因此，当她在重熙十年十月产下第二子和鲁斡时，兴宗才首次因皇子生而肆赦[4]。

兴宗朝的录囚频率之高，甚至超过了圣宗时代，居辽代之冠。兴宗在位 24 年，录囚 20 次，年均 0.83 次。但兴宗朝的录囚与圣宗朝尚有区别。兴宗“好名，喜变更，又溺浮屠法，务行小惠，数降赦宥，释死囚甚众”[5]，所以，受个人崇佛的影响，兴宗朝的录囚行为绝大多数都伴随赦宥。

需要指出的是，兴宗朝多赦，除了以上因素以外，还受迫于当时百姓生活困苦的现实。重熙间，萧韩家奴曾上书直陈当时的民间困状：

> 比年以来，群黎凋弊，利于剽窃，良民往往化为凶暴。甚者杀人无忌，至有亡命山泽，基乱首祸。所谓民以困穷，皆为盗贼者，诚如圣虑。今欲芟夷本根，愿陛下轻徭省役，使民务农。衣食既足，安习教化，而重犯法，则民趋礼义，刑罚罕用矣。[6]

百姓生活困穷，故多铤而走险，导致基层社会不安，故兴宗必频借赦宥以安人心。

重熙二十四年（1055）八月初三日，辽兴宗生命垂危，于是“大赦，纵五坊鹰鹘”[7]。这是辽朝皇帝在病危时宣布大赦的唯一例子（此前承天太后病危时圣宗曾颁布大赦）。在中原王朝中，皇帝病危肆赦祈福早已成为惯例，辽兴宗此举，反映了契丹皇帝汉文化水平的提高。次日，兴宗驾崩，子燕赵国王洪基继立，是为辽道宗。

兴宗生前与母钦哀后不睦，两人积怨甚深，以致兴宗死时，钦哀后居

---

① 《辽史》卷 18《兴宗纪一》，第 242 页。

② 《辽史》卷 18《兴宗纪一》，第 244 页。按，《辽史》卷 64《皇子表》所载兴宗三子为道宗洪基、和鲁斡、阿琏，并无宝信奴。

③ 《辽史》卷 71《后妃传》，第 1325 页；《辽史》卷 18《兴宗纪一》，第 244 页。

④ 《辽史》卷 19《兴宗纪二》，第 258 页：“（重熙十年十月）辛卯，以皇子胡卢斡里生，北宰相、驸马撒八宁迎上至其第宴饮，上命卫士与汉人角为乐。壬辰，复饮皇太后殿，以皇子生，肆赦。”按，“胡卢斡里”即“和鲁斡”之异译。

⑤ 《辽史》卷 62《刑法志下》，第 1045 页。

⑥ 《辽史》卷 103《萧韩家奴传》，第 1596 页。

⑦ 《辽史》卷 20《兴宗纪三》，第 282 页。

然“殊无戚容”①。道宗即位初期，钦哀后干政的阴霾仍然迟迟没有散去。反映在赦宥当中，便是钦哀后对赦宥的影响力依旧不减。清宁二年（1056）三月，以钦哀后生辰应圣节，曲赦百里内囚②；清宁三年十二月戊辰，钦哀后病危，曲赦行在五百里内囚③。次日，钦哀后崩。钦哀死后，道宗生母的地位又随即凸显。清宁八年十二月，辽道宗“以皇太后行再生礼，曲赦西京囚”④。咸雍六年十二月，“以坤宁节，赦死罪以下”⑤。咸雍八年十二月，复因坤宁节大赦⑥。按“坤宁节”，《辽史》未明言系何人生辰，傅乐焕先生推断为道宗母宗天太后生辰⑦，今取其说。大康二年三月，皇太后崩，大赦⑧。与病危颁赦祈福不同，道宗在母亲死后才发布大赦，这应当是受佛教“因果轮回”理论的影响。

清宁四年一年之中有两次大赦，第一次在三月，原因不详；第二次在十一月，道宗行再生、柴册礼，受尊号，大赦。道宗在祖母钦哀后死后第二年行柴册礼，目的大概也是向天下宣告自己正式掌权。

咸雍元年（1065）正月，辽道宗受尊号，改元，册子梁王濬为皇太子，大赦。这次赦宥值得注意。皇子濬在清宁四年出生，但迟至咸雍元年才被册为太子，显然是道宗顾忌此前皇太叔重元仍在世的缘故。道宗即位听政后，做的第一件事便是“以皇太弟重元为皇太叔，免汉拜，不名”⑨。在次年十一月大赦中，道宗又“以皇太叔重元为天下兵马大元帅”⑩，进一步确立了重元的皇储地位。论者或以为这是道宗在钦哀后干预下谋求妥协的表现⑪，

---

① 《辽史》卷71《后妃传》，第1324页。

② 《辽史》卷21《道宗纪一》，第288页。

③ 同上书，第290页。

④ 《辽史》卷22《道宗纪二》，第298页。

⑤ 《辽史》卷22《道宗纪二》，第306页。另据修订本《辽史》校勘记，“赦死罪以下”，明钞本、南监本、北监本、殿本《辽史》皆作“赦徒罪以下”。

⑥ 《辽史》卷23《道宗纪三》，第312页。

⑦ 傅乐焕：《辽史丛考》，中华书局1984年版，第239—240页。按，明人朱国桢：《涌幢小品》卷15《月忌》，上海古籍出版社2012年版，第278页云：“凡五月五日生者，多不利。其最著者，如宋徽宗改天宁节于十月十日，辽懿德皇后改坤宁节于十二月。”即认为坤宁节为道宗懿德皇后生辰，言之凿凿，然不知何据。综合宋朝遣使贺契丹国母生辰的一系列记载来看，宋朝除了曾遣使贺辽圣宗齐天皇后生辰外，其余使节均为贺契丹太后、太皇太后生辰。因此，坤宁节应为宗天太后生辰。

⑧ 《辽史》卷23《道宗纪三》，第316页。

⑨ 《辽史》卷21《道宗纪一》，第286页。

⑩ 同上书，第288—289页。

⑪ 如蔡美彪先生在《论辽朝的天下兵马大元帅与皇位继承》一文中便持此观点，见氏著《辽金元史考索》，第95页。

很有见地。不过笔者以为还有一个原因便是道宗需要安抚叔叔重元。如前所述，重元在兴宗朝功勋卓著，兴宗册重元为皇太弟以为报答。因为兴宗是以皇太子即位，故兴宗此举无疑是将重元作为了皇位继承人[①]。但随着年龄的增长以及臣下的进谏，兴宗开始对自己年轻时的轻许诺言心生悔意，于是着手培养儿子洪基的理政才能，并在重熙二十一年（1052）下诏以燕赵国王洪基为天下兵马大元帅，以此来对抗重元的皇太弟地位。当洪基如愿以天下兵马大元帅的身份坐上龙椅时，便立即想到了需要安抚同样具备皇储身份的叔父重元的情绪，因此便有了册重元为皇太叔、天下兵马大元帅的一系列行为。但重元之子涅鲁古显然早已按捺不住心中的欲望与怨愤，于是在清宁九年（1063）七月怂恿父亲发动了夺权政变。政变因为准备不足而迅速失败，涅鲁古被射死，重元逃至大漠自杀[②]。重元死后，皇储之位空缺，道宗获得了立长子濬为皇太子的充分理由。清宁九年，皇子濬被封为梁王；咸雍元年，被册立为太子，大赦。咸雍五年十二月，皇太子行再生礼，降德音，“减诸路徒以下罪一等”[③]。

道宗朝的最后三次大赦皆与皇孙延禧有关。大康九年（1083）十一月，梁王延禧进封燕国王，大赦[④]。另有两次因延禧生子而肆赦[⑤]。按，道宗仅一子，即昭怀太子耶律濬，大康三年以“谋反罪”含冤而死，年仅二十岁。耶律濬仅有一子延禧在世。因此，延禧是道宗的唯一皇孙，也是皇位的唯一嫡系继承人。延禧生子，道宗香火得以绵延，自当庆祝，于是便有了两次因延禧生子而大赦的行为。除了这三次大赦之外，还有一次曲赦。寿昌四年（1098）十二月，燕国王延禧行再生礼，道宗曲赦三百里内囚[⑥]。

道宗朝，随着契丹贵族汉文化水平越来越高，赦宥种类也在不断增

---

① 兴宗长子洪基在重熙元年出生，兴宗舍子不立而立弟弟，可见当时态度的坚决。时兴宗二十岁。

② 关于耶律重元之死，史料中有不同记载。《辽史》卷22《道宗纪二》，第298页，载“重元亡入大漠，自杀”。《长编》卷199，嘉祐八年七月，第8册，第4824页，引司马光《日记》云：“洪基兵与宗元（即重元）战，宗元不胜而遁，南趣幽州，一日行五百里，明日自杀。”与《辽史》所记“亡入大漠”不同。又，辽人赵孝严所撰《耶律仁先墓志铭》，载《辽代石刻文编》，第353页，则谓“宗元遁去，缢死于林莽中”。三说未知孰是，今姑从《辽史》。

③ 《辽史》卷22《道宗纪二》，第305页。

④ 《辽史》卷24《道宗纪四》，第327页。

⑤ 《辽史》卷25《道宗纪五》，第336页，大安五年“十一月丁卯朔，燕国王延禧生子，大赦，妃之族属进爵有差”；第340页，大安九年“己未，燕国王延禧生子，肆赦，妃之族属并进级”。

⑥ 《辽史》卷26《道宗纪六》，第349页。

加。如自然灾害之后的赦宥：清宁三年（1057）七月，南京地震，道宗曲赦其境[①]；咸雍四年（1068）十月，因南京道永清等县水灾，“曲赦南京徒罪以下囚”，永清等县“复一岁租”[②]。

道宗朝赦宥的一个突出特色是曲赦役徒的行为较多。包括大安四年（1088）正月的曲赦西京役徒，二月曲赦春、泰州役徒，七月曲赦奉圣州役徒；大安八年三月曲赦中京、蔚州役徒；等等。这反映了当时劳役之重。

道宗朝因行再生礼而降赦的例子也不少，如皇太后、皇太子、燕国王延禧，均行过再生礼[③]。道宗本人在咸雍三年十二月、大康五年十二月各举行了一次再生礼，赦罪[④]。

道宗朝的录囚频率相比兴宗朝来说低了许多。道宗在位 46 年，共录囚 12 次，年均 0.26 次，远低于兴宗朝的 0.83 次。其原因在于道宗将死刑核准权下放到了地方官员手中，详论参阅本书第四章第三节。

寿昌七年（1101）正月，年届古稀的辽道宗在混同江行宫寿终正寝，皇孙延禧奉遗诏即位，是为辽天祚帝。次月初一日，天祚帝下诏改元乾统，大赦天下。这次大赦的目的，除了向黎民昭告新皇帝登基以外，还有为被耶律乙辛诬陷者平反昭雪的用意：“为耶律乙辛所诬陷者，复其官爵，籍没者出之，流放者还之”[⑤]。

前代的受尊号大赦、行柴册礼大赦、改元大赦诸例，在天祚一朝均有继承。乾统三年（1103）十一月，天祚帝受尊号大赦，并封“宋魏国王和鲁斡为皇太叔”[⑥]，进一步确立了和鲁斡的皇储地位[⑦]。乾统六年十一月，天祚帝行柴册礼、受尊号，大赦[⑧]。保大元年春正月，天祚帝改

---

① 《辽史》卷 21《道宗纪一》，第 289 页。

② 《辽史》卷 22《道宗纪二》，第 304 页。

③ 按，辽之再生礼，唯有太后、皇帝及其子孙可行，圣宗时耶律休哥以战功卓著，得入神帐行再生礼，实属异数。

④ 《辽史》卷 22《道宗纪二》，第 303 页；《辽史》卷 24《道宗纪四》，第 322 页。

⑤ 《辽史》卷 27《天祚皇帝纪一》，第 355 页。

⑥ 同上书，第 358 页。

⑦ 和鲁斡早在此前的乾统元年六月就已被封为天下兵马大元帅。见《辽史》卷 27《天祚皇帝纪一》，第 356 页：“（乾统元年六月）壬寅，以宋魏国王和鲁斡为天下兵马大元帅。”

⑧ 《辽史》卷 27《天祚皇帝纪一》，第 361 页。按，《辽史·天祚皇帝纪》不载乾统六年柴册礼之后有受尊号之事，然考《杜悆墓志》（《辽代石刻文续编》，第 305 页）：“（乾统）六年，会上徽号，覃左散骑常侍、签枢密院事、加上柱国”，是知当年天祚帝在柴册礼之后，尚有受尊号一事。又，《梁国太妃墓志》（《辽代石刻文续编》，第 257 页）有提到天祚帝在乾统七年时的尊号为“仁文睿武元德大和神智圣孝天祚皇帝”，与乾统三年尊号不同，应即天祚帝在乾统六年柴册礼之后所受的尊号。

元，肆赦[1]。

《辽史》不载天祚一朝的德音、曲赦、录囚等行为，盖由史料缺失所致。元末修《辽史》，大抵本于辽耶律俨《皇朝实录》、金陈大任《辽史》与宋叶隆礼《契丹国志》三部书。按《皇朝实录》的记事下限在辽道宗朝，而天祚帝为亡国之君，并无实录传世，故人们通常认为元末修《辽史·天祚皇帝纪》，主要取材于陈氏《辽史》与《契丹国志》二书[2]。但是陈氏《辽史》既"辞乏精详"[3]，《契丹国志》也纰漏百出[4]，因此《辽史·天祚皇帝纪》的记载便难免有脱失之处。比如，在天庆六年至保大元年之间辽朝应当还有一次大赦，《辽史·大公鼎传》载："时盗杀留守萧保先，……天祚闻之，加赐保节功臣。时人心反侧，公鼎虑生变，请布恩惠以安之，为之肆赦。……保大元年卒，年七十九。"东京留守萧保先死于天庆六年正月，故这次"肆赦"应在天庆六年至保大元年之间(1116—1121)。另据笔者进一步考证，这次大赦的时间应在天庆七年（1117）十二月，详见附录一。不过，我们不应对前人苛求太多，今日得窥天祚一朝大赦崖略，已属不易。

还在天祚帝怠政游猎之时，东方的女真族已经悄然异军突起。天庆四年十月，女真军队潜渡混同江，大败辽兵萧嗣先部于出河店。消息传至辽廷，枢密使萧奉先恐弟嗣先受责获罪，"辄奏天祚云：'东征溃兵，惧所至劫掠，若不从权肆赦，将啸聚为腹心患。'天祚从之，降赦：应系出河店溃军，并免罪归业，所有遗弃系官器甲，亦不理索。嗣先遂诣阙待罪，但免官而已"[5]。此次赦宥从内容来看，当属"德音"类型中的赦罪。

天庆五年（1115）正月，女真首领完颜阿骨打正式建立大金国，随即掀起狂飙，西征辽朝。保大二年（1122）三月，天祚帝在金兵的穷追不舍下逃入夹山避难，内外消息不通。辽朝南京百官目睹天祚帝在抗金战争中昏聩无能，便决定拥戴秦晋国王耶律淳称帝。耶律淳辞不获已，遂即

---

① 《辽史》卷29《天祚皇帝纪三》，第383页。

② 如冯家昇先生在《辽史源流考》一文中便持此观点，详见冯氏《辽史证误三种》，中华书局1964年版，第30、33—35页。

③ 《辽史》附录《进辽史表》，第1714页。

④ 参见刘浦江《关于〈契丹国志〉的若干问题》，原刊《史学史研究》1992年第2期，后收入同氏《辽金史论》，第323—334页。

⑤ 旧题（宋）叶隆礼：《契丹国志》卷10《天祚皇帝纪上》，中华书局2014年版，第117页。

位于南京，改元建福，大赦。这是辽朝最后一次大赦。耶律淳不久病死，妻德妃称制，改元德兴。次年春，金朝进兵燕京，德妃出逃至天德军见天祚帝，被处死。保大五年（1125）二月，天祚帝在应州新城东六十里处被金兵追及，成为俘虏，辽亡。

第二节 金代赦宥的从无到频

与辽末滥赦形成强烈反差的是，金初十分惜赦，“以赦宥最为大事”[①]。在政权初创的几年内，女真帝王甚至从未颁布赦宥（参见附录二）。曾被金朝抑留十五年的宋使洪皓云：“北人重赦，无郊霈。予衔命十五年，才见两赦：一为余都姑叛，一为皇子生。”[②] 按此言虽有差池[③]，不过金初少赦确是事实。随着女真人汉化程度的加深，金朝赦宥的次数也逐渐增多，但频率仍然较低。直至蒙古铁骑来袭，金朝面临灭顶之灾，赦宥次数才急剧增加。下面分期讨论。

一 赦宥的萌芽阶段（1115—1161）

金朝初期包括太祖、太宗、熙宗和海陵王四朝，共 47 年。1115 年，完颜阿骨打在出河店一役后建立金朝，随即以雷霆万钧之势席卷辽地，十年里吞并辽朝，两年内扫灭北宋，跃马中原。皇统元年（1141），金宋签订“绍兴和议”，划定以淮河至大散关为界，南北对峙。海陵王即位后，为统一中华，发动了正隆南伐，但最后身死扬州。这 47 年，可谓是金朝

---

① （宋）宇文懋昭撰，崔文印校证：《大金国志校证》卷 36《赦宥》，中华书局 1986 年版，第 519—520 页。

② （宋）洪皓：《松漠记闻》，中华书局 1985 年版，第 11 页。按“余都姑”，即耶律余睹。对“余睹姑”为何亦可汉译作“余睹”，刘浦江先生指出：“辽金时代契丹语人名在译为汉语时，常常省去词尾的舌根音［-g］或［-k］；虽也有保留词尾舌根音的情况，但显然是少数。”参见刘浦江《再论阻卜与鞑靼》，原刊《历史研究》2005 年第 2 期，后收入氏著《松漠之间——辽金契丹女真史研究》，第 353—354 页。

③ 考耶律余睹叛，事在天会十年；熙宗皇子生，事在皇统二年。而洪皓在建炎三年（1129，金天会七年）受命使金，绍兴十三年（1143，皇统三年）遇赦归宋，前后恰好十五年。这十五年之中，金代实有四次大赦，除上述天会十年、皇统二年两次外，还有天眷元年熙宗改元大赦和皇统元年熙宗受尊号大赦。洪皓这里只提到两赦，有阙。实际上，洪皓自己在《松漠记闻》中还提到了皇统元年的大赦：“辛酉岁，金国肆眚。”对这次大赦，洪皓在总结金初赦宥时，显然遗忘了。《松漠记闻》为洪皓归宋后凭记忆写成，偶有疏误，不足为奇。

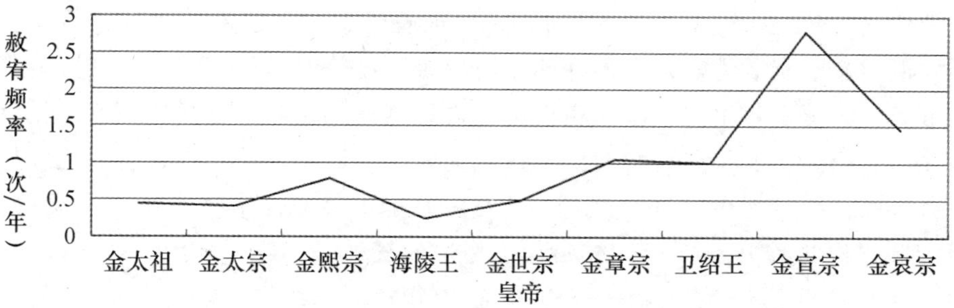

图4　金代恩赦频率

开疆拓土、蓬勃向上的发展时期。在这一时段内，金朝大赦12次，曲赦9次，德音1次，录囚1次，赦宥的年平均率为0.49次。

太祖时期的赦宥均与战争有关。收国元年（1115）元旦，完颜阿骨打称帝，建立大金国①，然并无大赦之举。这是因为金国肇兴，文化还比较落后，尚不熟谙“践祚大赦”的典故。金朝首次赦宥发生在天辅四年（1120）五月甲寅。这一天，金太祖亲自指挥军队对辽上京（临潢府）发起凌厉攻势，当日破城。太祖入城后，曲赦城内军民。这次赦宥的表面原因是临潢府军民拒绝金朝招降而顽强抵抗，曲赦的目的是为了安抚辽朝军民，稳定秩序。而实际上，金太祖曲赦辽上京，还蕴含着更深一层的政治意义。因为上京是辽太祖“创业之地”②，是辽朝立国之根本，政治地位

① 关于金朝的建国以及完颜阿骨打的称帝时间，金史学界存有争议。刘浦江先生《关于金朝开国史的真实性质疑》（《历史研究》1998年第6期）认为金初的“收国”年号纯属臆造，阿骨打大约在1117年或1118年建立女真国，年号“天辅”，1122年改国号为“大金”。李锡厚、白滨《辽金西夏史》（上海人民出版社2003年版）主张《金史》所记述的金朝建国历史过程不能完全不信。爱新觉罗·乌拉熙春先生《契丹小字〈金代博州防御使墓志铭〉墓主非移剌斡里朵——兼论金初初期无“女真国”之国号》（《满语研究》2007年第1期）通过对契丹文字墓志的释读，认为女真建国之初并未使用过“女真国”的国号，“收国”年号也是确实存在的。李秀莲先生《阿骨打称都勃极烈与金朝开国史之真伪研究》（《史学月刊》2008年第6期）基本赞同刘浦江的观点，只是她将收国元年阿骨打即“皇帝”位理解为即“都勃极烈”之位，天辅元年阿骨打才正式称帝建国。董四礼先生《也谈金初建国及国号年号》（《史学集刊》2008年第6期）与刘浦江展开全面商榷，最后认为在没有确凿证据前，《金史》所记的金朝开国历史，仍是值得采信的。2009年，李桂芝先生在修订氏著《辽金简史》时，采用了刘浦江先生的观点。笔者以为，刘先生的论据仍显不足，故今袭用旧说。

② 《辽史》卷37《地理志一》，第498页。

十分显赫[①]，如今易主为金朝所有，象征着辽朝根基已断，大厦将倾。金太祖曲赦上京，无疑是在向辽朝军民昭告自己是取代辽帝、统治辽土的新帝王。天辅六年十月，金太祖由山后进兵燕京，途经奉圣州、蔚州，见百姓逃亡流离，于是曲赦山西诸部，赦免官民之罪，蠲除百姓系官逋租，抚慰流民，稳定战后的动荡局面[②]。天辅七年正月，辽平州守臣时立爱降，太祖“诏曲赦平州”[③]，同样是为了尽快恢复秩序，建立统治。

金太祖第一次大赦——也是金代第一次大赦，发生在天辅七年（1123）二月癸丑。但《金史·太祖纪》并没有交代此次大赦的背景。笔者以为金太祖颁布此次大赦，是因为升平州（实为辽兴府）为南京的缘故[④]。

天辅七年八月戊申，金太祖在返回上京的途中病逝。九月丙辰，弟谙班勃极烈吴乞买即位，是为金太宗。同月丙寅，太宗宣布大赦，改天辅七年为天会元年（1123），是为金代践祚大赦之始。但金太宗在即位后立即改元，却值得关注。金太宗是以谙班勃极烈的身份即位的，且由太祖诸子拥立，即所谓“以赭袍被体，置玺怀中”[⑤]，所以应当说是正常绍统。而按照中原王朝的传统，正常继立者，为表示对先帝的尊重，往往逾年才改元[⑥]。那么金太宗缘何在登基后立即改元呢？值得注意的是，这一做法很可能是受辽朝文化的影响[⑦]。

太宗时期仍然是金朝对外扩张的重要阶段，因此这一时期的赦宥仍然与军事战争紧密相关。太宗第一次曲赦的对象是平州（南京）。平州在金初屡降屡叛。金军占领燕京后，派人招降平州，平州守臣时立爱降金。金朝因割燕京、涿、易、檀、顺、景、蓟七地与北宋，而平州不在割与之列，故升平州为南京，并以辽降将张觉为留守。太祖领大军北归后，张觉复叛，杀左企弓、康公弼等降臣，投附宋朝。金朝调兵攻南京，张觉不

---

① 再如辽天祚帝时耶律章奴叛乱，就曾率部围攻上京重地，上京城赖萧兀纳死守得全，见《辽史》卷98《萧兀纳传》，第1414页：“（天庆）六年，耶律章奴叛，来攻京城，兀纳发府库以赉士卒，谕以逆顺，完城池，以死拒战。”

② 《金史》卷2《太祖纪》，第38页。

③ 同上书，第39页。

④ 关于辽兴府始末，参见附录一。

⑤ 《金史》卷3《太宗纪》，第48页。

⑥ （春秋）左丘明撰，（晋）杜预集解：《春秋左传集解第二》，上海人民出版社1977年版，第65页，桓公元年条注：“嗣子位定于初丧，而改元必须逾年者，继父之业，成父之志，不忍有变于中年也。”

⑦ 辽代九帝之中，除太宗和圣宗以外，其余七帝均在即位当年改元。

敌，逃往北宋，都统张敦固降金。金朝派使者收南京兵器，张敦固又杀死使者，起兵反抗。金太宗再令宗望统兵讨伐。张敦固在战降之间观望不决，太宗乃曲赦南京，“大小罪皆释之，官职如旧”①，以促其降。但无效。天会二年（1124）五月，金军攻克南京，执张敦固，杀之。同年，太宗曲赦中京等地区的反抗者，使之接受新政权，并力促农业生产早日得到恢复②。

金太宗的第二次大赦发生在天会六年（1128）八月。天会四年闰十一月，金军克汴，翌年初，俘虏宋徽、钦二帝北上。天会六年八月，金太宗令宋徽、钦二帝在太祖庙前行牵羊礼，事后肆赦。这次大赦，《金史》不载，但宋方史料《呻吟语》有录：

> 二十四日，虏主以二帝见祖庙。……黎明，虏兵数千汹汹入，逼至庙，肉袒于庙门外，二帝、二后但去袍服，余均袒裼，披羊裘及腰，絷毡条于手。二帝引入幔殿，行牵羊礼。……虏主升乾元殿，妻妾、诸酋旁侍，二帝以下皆跪。宣诏肆赦。③

这段文字之后所引《燕人麈》亦云：“丁丑（笔者注：二十五日），献太祖庙毕，至御寨，肆赦。”④ 二者只是时间相差一天。考《金史》关于徽、钦二帝入见太祖庙的时间与《燕人麈》所记相同⑤，由是可证《呻吟语》《燕人麈》所记非虚。因此，这次肆赦，也是事实存在的。

太宗第三次大赦发生在天会十年（1132）十月壬寅，“天清节，大赦”⑥。天清节是太宗生辰，考辽代圣节大赦，案例甚多，但金代圣节大赦，仅此一见，故笔者颇疑这次大赦非因圣节，而是因平定耶律余睹叛乱。在圣节降赦，只是巧合而已。天会十年九月，元帅右都监耶律余睹谋反出逃，后被鞑靼某部擒杀，函首献与金朝。宋使洪皓也追忆金朝有一次大赦是“为余都姑（即耶律余睹）叛”⑦。《大金国志》对此事则明确说：

---

① 《金史》卷74《宗望传》，第1703页。

② 《金史》卷78《刘彦宗传》，第1770页。

③ （宋）佚名：《呻吟语》，载《全宋笔记》第4编·八，大象出版社2008年版，第28页。

④ （宋）佚名：《呻吟语》，载《全宋笔记》第4编·八，第29页。

⑤ 《金史》卷3《太宗纪》，第59页：“（天会六年八月）丁丑，以宋二庶人素服见太祖庙，遂入见于乾元殿。封其父昏德公、子重昏侯。是日，告于太祖庙。”

⑥ 《金史》卷3《太宗纪》，第64页。

⑦ （宋）洪皓：《松漠记闻》，第11页。

“既获余睹，降赦。”[①] 而且，考察太宗在位期间的历次天清节，除天会十年之外，庆祝活动皆是诸邻国遣使来贺，并无赦宥伴随，因此，笔者以为这次大赦的原因是平定耶律余睹的叛乱，而非圣节。

天会十三年（1135）正月，太宗崩，谙班勃极烈完颜亶即位，是为金熙宗。熙宗即位后并未立即大赦，也未于次年改元，而是选在天会十五年十二月宣布改明年元为天眷，进行第一次大赦。是何原因？对于前者，笔者以为熙宗即位后之所以不改元不大赦，除了出自对叔祖金太宗表示尊敬外，主要还是因为他年少即位，朝政全由宗室长辈把持，皇权不立，故有意借助于沿用金太宗的年号以庇护自己，因而不改元不大赦。对于后者，笔者以为天会十五年十二月的大赦原因有二。第一，天会十五年十一月，金朝废掉伪齐，降封齐主刘豫为蜀王，开始与南宋谋和[②]，大赦反映了国家对外政策的转变。第二，熙宗生于天辅三年（1119），天会十三年（1135）即位时年方十七，不能亲理朝政，大权被宗室重臣宗翰、宗磐、宗幹等人掌控。而天会十五年，熙宗年满十九，转年便已“弱冠”，于是他决定次年改元、大赦，以示皇帝成年，有能力亲政。改年号为“天眷”，盖取“皇天眷命，奄有四海，为天下君”[③] 之意，表达了他急于做真正的天下之君的迫切心理。天眷元年，金熙宗也的确有所作为，在这一年中，金朝推行了一系列改革，如扩建都城会宁府宫殿、颁布新官制、创制女真小字等。

皇统元年（1141）正月，金熙宗受尊号，谢太庙，颁布了在位期间的第二次大赦[④]，改元皇统。此后，熙宗颁赦渐趋频繁。皇统元年五月，

---

① （宋）宇文懋昭撰、崔文印校证：《大金国志校证》卷7《太宗文烈皇帝五》，第118页。

② 关于金朝此次为何与南宋议和以及为何将河南、陕西地归还南宋，学术界多有争论。吴泰先生《试论金国归宋河南、陕西地的目的》（《中国史研究》1985年第3期）认为金朝此举是为了将南宋军队主力引诱于中原地区，围而歼之。赵永春先生《金国归宋河南、陕西地的目的新探》（《北方文物》1990年第1期）则认为这是宋金形势发展变化与金朝统治者内部斗争的结果。笔者赞同赵永春先生的解释，同时认为，观念是由实力决定的。赵宇博士《金朝前期的“南北选”问题——兼论金代汉地统治方略及北族政治文化之赓衍》（《中国社会科学》2016年第4期）提出新说：这是由金初女真游“以河为界”的北族本位疆域观决定的。

③ 姜建设注说：《尚书·大禹谟》，第300页。另需注意，《尚书》此篇为伪古文。

④ 需要辨明的是，《宋史》卷486《夏国传下》，第14024页，载宋绍兴九年（金天眷二年）李世辅“闻金人降赦，归宋河南地，乃说王枢等降宋”，谓金熙宗天眷二年有赦，实误，天眷二年金朝并无降赦之事。中华书局点校本《宋史》“校勘记”怀疑李世辅见到的乃是南宋的赦书。考《宋史·高宗纪六》，第538页：南宋绍兴九年正月丙戌，宋高宗“以金国通和，大赦”，又据《建炎以来系年要录》卷127，绍兴九年四月甲寅，第2068页：“先是，赦书与金人割地诏皆至长安，而（张）中孚匿赦书不宣，独拜金诏。”可见南宋这封赦书是与金朝割地诏书一起传至陕西、河南的，因而出现了张中孚独拜金诏的情形。故李世辅见到的很可能是金朝割地诏，或两者都见到了。

宗斡病危，熙宗曲赦囚徒为之祈福[①]；皇统二年二月，以皇子生，命名，大赦[②]；皇统二年十二月，皇太子济安病剧，熙宗曲赦囚徒以禳疾[③]；皇统五年十二月，因增谥祖先，大赦[④]；皇统七年七月，太白经天，曲赦畿内[⑤]；皇统九年五月，以四月天变，肆赦，并曲赦上京囚[⑥]；皇统九年十月，诛杀"逆党"北京留守胙王元及弟安武军节度使查剌等人，大赦[⑦]。九年之内，熙宗大赦 4 次，曲赦 4 次，录囚 1 次，其频率之高，远超以往。那么究竟是什么原因导致了这一变化？

有学者指出："恩赦制度产生须有两个重要条件：一是赦宥思想，一是专制皇权。"[⑧] 笔者以为金熙宗已初步具备了这两个条件。一方面，金熙宗的知识结构中已包含儒家赦宥思想。熙宗自幼师从燕地汉人韩昉和中原儒士，深受汉文化的熏陶，史称他"虽不能明经博古，而稍解赋诗翰，雅歌儒服，烹茶焚香，奕棋战象，徒失女真之本态"，被传统女真贵族斥为"宛然一汉家少年子"[⑨]。熙宗本人的汉文化素养较高，必然接受了汉人的赦宥思想，此间的受尊号大赦、皇子生大赦、赦囚禳疾、天变肆赦、天旱录囚等做法，便是明证。另一方面，金熙宗时，专制皇权也开始建立。金初，皇帝专制并不明显，还实行着诸勃极烈共理国政的制度。金太祖、金太宗只是因为有着出色的领导才能，才成为了领袖人物，但他们手中的权力还远未达到中原皇帝的高度。例如完颜阿骨打甫称帝时，"凡臣下宴集，太祖尝赴之，主人拜，上亦答拜。天辅后，始正君臣之礼焉"[⑩]；金太宗"嗣位后，车马服御与臣下无别"[⑪]，甚至因私自挪用了为征伐而

---

① 《金史》卷 76《宗斡传》，第 1472 页："上幸燕京，宗斡从。有疾，上亲临问。自燕京还，至野狐岭，宗斡疾亟不行，上亲临问，语及军国事，上悲泣不已。明日，上及后同往视，后亲与宗斡馈食，至暮而还。因赦罪囚，与宗斡禳疾。"

② 《金史》卷 4《熙宗纪》，第 78 页。

③ 《金史》卷 80《济安传》，第 1797 页："（皇统二年）十二月，济安病剧，上与皇后幸佛寺焚香，流涕哀祷，曲赦五百里内罪囚。"

④ 《金史》卷 4《熙宗纪》，第 81 页。

⑤ 同上书，第 83 页。

⑥ 同上书，第 86 页。

⑦ 同上。

⑧ 陈俊强：《皇权的另一面：北朝隋唐恩赦制度研究》第一章，北京大学出版社 2007 年版，第 23 页。

⑨ 《三朝北盟会编》卷 166，引《金虏节要》，第 1197 页下栏 A 面。

⑩ 《金史》卷 70《撒改传》，第 1614—1615 页。

⑪ （宋）佚名：《呻吟语》，载《全宋笔记》第 4 编 · 八，第 39 页。

储备的国库财货，被群臣搀扶下殿，“庭杖二十”[①]。但金朝皇权在熙宗朝却得到了很大的提升。熙宗即位后，废除了旧的勃极烈制度，加强相权，设立御史台，立儿子济安为皇太子，这些无疑都是提高皇权的措施。笔者以为，在综合拥有了这两方面要素后，金熙宗频繁颁赦，也就有了基础，但这还不是熙宗后期滥赦的关键。之所以说只是有了多赦的“基础”，是因为汉文化中对赦宥的使用一向存在相反的观点，汉人关于赦宥的争论长期不休。以孔子为代表的儒家学者力主“德主刑辅”，认为赦宥可以达到“以德化民”的目的，而以商鞅、韩非子为代表的法家学者，则强烈地反对赦宥。还有人调和这两派意见，提出了折中看法，即不滥赦。例如白居易认为：“然则赦之为用，用必有时：数既失之，废亦未为得也。何者？赦之为德大矣，为贼亦甚矣。大凡王者践祚改元之初，一用之，则为德也；居常致理之际，数用之，则为贼也。故践祚而无赦，则布新之义缺，而好生之德废矣；居常而数赦，则惠奸之路启，而召乱之门开矣。由此而观，盖赦者，可疏而不可数也，可重而不可废也。用舍之要，其在兹乎？”[②] 这三种理论都对后世产生了影响。所以，虽然熙宗汉化程度较深，也只是具备了一个基础，其最终走向多赦，仍是由熙宗的个人性格所决定的。金熙宗少年即位，手无实权，朝政实际先后由宗翰、宗幹、宗弼主持。除此之外，皇后裴满氏自皇统初年便联络大臣干预朝政[③]，宗弼死后，裴满氏更是“无所忌惮，朝官往往因之以取宰相”[④]。熙宗长期受到压制，性格分裂，遂多疑嗜杀。金熙宗最后一次大赦发生在皇统九年（1149）十月，起因就是诛杀“逆党”胙王元及弟查剌等人。但熙宗仍寄希望于赦宥可以缓和他滥杀所带来的恐慌，因而频频降赦。不过此时群臣已是人人自危，所以尽管恩赦屡降，但已无法产生太多有效的安抚作用了。一场政变在所难免。皇统九年十二月初九日夜，熙宗堂弟完颜亮与唐括辩、仆散忽土等人发动宫廷政变，刺杀熙宗，结束了宫廷动荡的时代。仆散忽土等奉完颜亮为新帝，是为海陵王。十二月十一日，海陵王改皇统九年为天德元年（1149），大赦天下，涤荡旧政，开启新篇。

---

① 《三朝北盟会编》卷165，引《燕云录》，第1194页上栏B面。

② （唐）白居易撰，顾学颉校点：《白居易集》卷65《策林四·议赦》，中华书局1979年版，第1359—1360页。

③ 对此，南宋亦有所耳闻。绍兴十二年（1142，金皇统二年）秋，宋高宗在与大臣的一次谈话中提到了金朝中宫干政的情况：“闻大金皇后擅政，三省惟承后旨，其主所言，顾未必听。”参阅《建炎以来系年要录》卷146，绍兴十二年八月己卯，第2344页。

④ 《金史》卷63《后妃传·熙宗悼平皇后传》，第1503页。

金朝初期的赦宥，在太祖至熙宗时期，随着金帝皇权的加强以及汉化程度的加深，频率在不断提高。但这一趋势到海陵王时期发生了转折。海陵王即位后，一改熙宗多赦的做法，相当慎赦，在位11年，仅有大赦2次，德音1次。

应当指出，金代九帝，唯有海陵王是主张慎赦的。完颜亮虽然也是“好读书，学弈象戏，点茶、延接儒生”[①] 之人，但他的秉性却与熙宗有很大不同，他对汉文化有着自己的认识与分辨。例如海陵王不相信阴阳风水之说。天德三年（1151）四月，有司献上燕京营建规划图，其间有“营建阴阳五姓所宜”，海陵王对此颇不以为然，却说出了下面一段掷地有声的话：“国家吉凶，在德不在地。使桀、纣居之，虽卜善地何益。使尧、舜居之，何用卜为?”[②] 在赦宥方面，海陵王更多的是汲取了汉文化中“慎赦、少赦”的一面。天德四年二月，海陵王立光英为太子，未大赦。天德五年（1153），金国首都从上京会宁府迁往燕京析津府，改元贞元，按例当大赦，然而海陵王却认为：“载详前代赦宥之典，多徇一时姑息之恩，长恶惠奸，朕所不取。若非罚罪而劝善，何以励众以示公!”[③] 于是“除不肆赦外，可改天德五年为贞元元年”，并覃恩于内外大小职官，而未大赦囚徒[④]。贞元三年（1155）十一月，山陵礼成，海陵王下诏恩赏臣下，蠲免来年租税，也没有大赦。贞元四年正月海陵王受尊号，亦未放赦。可见海陵王对颁赦是十分慎重的。

慎赦并非不赦。海陵王在位时发布的第二次大赦是在贞元四年（1156）二月初一，原因是改元“正隆”。海陵王是一位改革家，改元之前，海陵王全面修订了中央官制，废除了形同虚设的中书、门下两省，增设枢密院，权力得到进一步集中。笔者以为海陵王这次改元大赦还包含着更深的寓意。海陵王凡改元三次：天德、贞元、正隆，这三次改元实际都是按照海陵王的计划进行的。改元天德，是在夺取皇位完成之后；改元贞元，是在迁都燕京完成之后；改元正隆，暗示着海陵王已经开始谋划吞灭南宋。甚至海陵王连一统天下后，改元大定的赦书也早已拟好[⑤]。不难发

---

① （宋）宇文懋昭撰，崔文印校证：《大金国志校证》卷13《海陵炀王上》，第185页。

② 《金史》卷5《海陵纪》，第97页。

③ 《建炎以来系年要录》卷164，绍兴二十三年三月“是春”，小注，第2682页。

④ 同上。另，《大金国志·海陵炀王上》谓天德四年海陵王因迁都而“大赦天下”，貌似有理，然据《建炎以来系年要录》所载海陵王迁都诏书之文已明言不大赦，知《大金国志》所记有误，今不取。

⑤ 《三朝北盟会编》卷242，引《正隆事迹记》，第1743页上栏B面。

现，从正隆元年开始，海陵王便已着手筹备灭宋的相关事宜了。其步骤清晰可见：正隆二年，夷毁上京宫殿，示不反顾；正隆三年，开始营建南京宫室。正隆四年，伐宋准备工作全面展开，如籍猛安谋克军、造兵器、划定金夏疆界；正隆五年，签汉军；正隆六年，出兵伐宋。

正隆六年（1161）十月初七日，就在海陵王的南伐大军渡过淮水的前一天，他的堂弟完颜雍在东京自立为帝。十一月，海陵王在扬州遭兵变遇弑，他的统一大业也随之化为泡影，金朝历史也从此步入了内敛的模式。

二　赦宥的成熟阶段（1162—1208）

金朝中期包括世宗和章宗两朝，共 47 年。这一时期是金代女真人汉化的主要阶段，因而此间赦宥的一大特色，便是全面效仿中原王朝，金朝皇帝颁赦的原因也渐趋繁复。赦宥制度在金代逐渐走向成熟。

这一时期，金朝大赦 12 次，曲赦 11 次，德音 4 次，录囚 7 次。赦宥的年平均率为 0.72 次。

正隆六年十月初七日，金东京留守完颜雍在辽阳被拥立为帝，是为金世宗。次日，金世宗下诏废黜海陵王，改元大定，大赦天下。金世宗在位 28 年，共赦宥 15 次，在位前 5 年赦宥了 6 次，平均每年赦宥 1.2 次。这 6 次赦宥主要因战争而颁。金世宗是在“海陵南伐，天下骚动”[①] 的背景下被拥立为帝的，他面临的是一个极端困难的局面：当时南有海陵王的南伐大军在对宋作战，一旦海陵王挥师北上平叛，世宗必然凶多吉少；北有契丹农牧民起义的如火如荼，实乃世宗的心腹大患；中原各地人民因不堪战争重负，纷纷反抗，局势也极为混乱。必须承认，金世宗即位后立即宣布大赦，对稳定动荡不安的局势发挥了巨大作用。一个有力证据是，世宗的即位赦书传至伐宋前线，更加坚定了前线金军将士杀死海陵王之心：“及葛王褎（即金世宗）立，有传赦文至军中者，人心益摇。于是诸酋遂相与定谋，弑亮而归褎。”[②] 另外，这次大赦还确立了世宗的合法地位。大赦是皇权的重要体现，军民接受大赦，等同于接受被统治。但世宗是在海陵王仍在世的情况下即位的，于是金朝一时出现了南北二帝并立的特殊情形，因此有的地方官吏对世宗赦书犹豫不决，如凤翔诸将[③]、西北面都

---

① 《金史》卷 6《世宗纪上》，第 122 页。

② （宋）刘时举：《续宋编年资治通鉴》卷 7，绍兴三十一年十一月，商务印书馆 1939 年版，第 1 册，第 89 页。

③ 《金史》卷 79《张中彦传》，第 1790 页：“世宗即位，赦书至凤翔，诸将惶惑不能决去就。”

统彀英[①]等，还有的断然拒绝，如昭武大将军斡论[②]、广宁府按答海兄弟[③]等。直至海陵王在扬州被弑，拥护海陵王者群龙无首，世宗才完全收服海陵旧臣。世宗即位大赦，与大定五年以前的三次曲赦，都是为了稳定战争引发的危局。这三次曲赦包括：大定二年（1162），世宗命户部尚书梁銶与户部郎中移剌道安抚山东，曲赦农民起义军；大定四年，徒单合喜平定陕西，世宗采纳参知政事石琚建议，曲赦秦陇地区；大定五年正月，金宋再次议和，次月，世宗曲赦河南被兵诸州。

世宗时期的赦宥频率在国内外局势稳定后迅速下降。历经四年多的战事，金朝终于重获和平。此后，世宗开始把注意力转移到缓解国内矛盾、恢复农业生产上。世宗在位期间，奖掖人才，澄清吏治，发展农牧业，治理黄河，使得金朝出现了一派欣欣向荣的景象，世宗本人也被民间誉作“小尧舜”[④]。从大定六年至大定二十九年，23 年之间，世宗共赦宥 9 次，平均每年不到 0.4 次。与世宗初期相比，这个数字大大降低了。南宋周必大（1118—1196）云“金国非有大事不赦”[⑤]，确是金世宗大定六年以后赦宥的真实写照。

值得注意的是，金世宗虽然是女真文化复兴运动[⑥]的倡导者，但他并不盲目排斥汉文化[⑦]，许多中原王朝的赦例，都在大定年间首现。如大定十一年（1171）十一月，金世宗在朝享太庙之后，首次举行南郊大礼，事后大赦天下。这是金朝首次朝享太庙、郊祀大赦。南郊祭天是汉族儒家王朝祭典中最核心的部分，女真族虽有“五月五日、七月十五日、九月

---

① 《金史》卷 72《彀英传》，第 1662 页：“世宗即位于辽阳，使彀英侄阿鲁瓦持诏往归化，命彀英为左副元帅，就遣使召陕西统军徒单合喜，宣大定改元诏赦于西南、西北招讨司，……阿鲁瓦见彀英，彀英犹豫未决。”

② 《金史》卷 69《可喜传》，第 1606 页。

③ 《金史》卷 73《按答海传》，第 1683 页。

④ （元）苏天爵：《滋溪文稿》卷 4《金进士盖公墓记》，中华书局 1997 年版，第 55 页：“方大定之世，中国富康，年谷丰衍，民至以‘小尧舜’称其君。”

⑤ （宋）周必大：《文忠集》卷 173《思陵录下》，淳熙十六年十二月丙申，文渊阁四库全书本。

⑥ 金世宗在位期间，女真人的骄奢淫逸情况已经相当严重。为了扭转国内女真人腐化堕落之风，世宗发起了一场旨在恢复女真旧俗的运动。日本学者三上次男称之为“女真文化的复兴运动”。参见［日］三上次男《金代中期における女真文化の作興運動》，原载《史学杂志》49 卷第 9 号，1938 年 9 月；又载《金史研究》第三卷《金代政治・社會の研究》，东京中央公论美术出版 1973 年版。本书借用三上氏这一说法。

⑦ 参见宋德金《正统观与金代文化》，载同氏《宋德金集》，中国社会科学出版社 2008 年版，第 70—71 页。

九日拜天射柳"[①] 的旧俗，但与汉族王朝的南郊之礼不可等量齐观。大定十一年冬至南郊之前，世宗对宰臣强调说："本国拜天之礼甚重。今汝等言依古制筑坛，亦宜。我国家绌辽、宋主，据天下之正，郊祀之礼岂可不行？"[②] 旗帜鲜明地表态自己才是中原正统的继承者，随即下诏，"以今年十一月十七日有事于南郊"[③]。金世宗采用汉族王朝的南郊之礼，是女真族汉化的结果，也是正统观念的强烈体现[④]。而先朝享太庙再举行郊天大礼、肆赦，则是自唐玄宗以来形成的制度，世宗采用唐礼，也是汉化的表现。再如"君主巡幸而赦"：大定二十四年（1184）世宗巡幸上京，路过东京之时，拜祭母亲陵寝孝宁宫，曲赦百里内囚徒，次年返中都之前又曲赦会宁府。在世宗时期的赦宥中，需要特别注意的是大定二十七年（1187）的大赦。这年三月，世宗册嫡孙完颜璟为皇太孙，大赦天下。古代皇帝建储大赦，目的是为皇储树立恩威，以求将来即位后，能够顺利执政，故世宗册皇太孙大赦，乃是替完颜璟拉拢人心。可是，为何大定二年五月金世宗立嫡子允恭为皇太子时，只是诏中外、无大赦，而这次立皇太孙却要大赦呢？笔者以为大赦的背后实际隐藏着世宗嫡子允恭与其他庶子之间的矛盾。皇太子允恭母乌林答氏早亡，太子之位不稳，这使得其他皇子觊觎皇位，与其明争暗斗。大定二十五年六月，允恭病逝，皇储之位竟虚悬一年有余，恐怕也是世宗面对诸子犹豫不决的结果。直到大定二十六年十一月，世宗才在重臣徒单克宁的力谏之下，正式立允恭嫡子完颜璟为皇位继承人。这自然会引起诸皇子的不满。因此，世宗在大定二十七年册立皇太孙时颁布大赦，不仅是出自帮助皇孙树立恩威的考虑，也是为了断绝其余皇子觊觎帝位的念想。

大定二十八年十二月十九日，年迈的金世宗沉疴难起，遂大赦天下以祈福于上苍。这是世宗生前的最后一次大赦。次年正月初二日，世宗病逝，皇太孙完颜璟继立，是为金章宗。章宗"属文为学，崇尚儒雅"[⑤]，在金源九帝当中汉文化水平位居第一。章宗时期赦宥的最大特色就是多降德音。金代共有 7 次德音，章宗时期就占了 4 次。值得注意的是，章宗即位后，并未及时大赦，这大概是为了避免一个月内连续发生两次大赦。

---

① 《金史》卷 2《太祖纪》，第 27 页。

② 《金史》卷 28《礼志一》，第 694 页。

③ 同上。

④ 关于金朝人的正统观念，参见赵永春《试论金人的"中国观"》，《中国边疆史地研究》2009 年第 4 期，第 1—13 页。

⑤ （金）刘祁：《归潜志》卷 12《辨亡》，中华书局 1983 年版，第 136 页。

章宗首次大赦发生在世宗祔庙礼成之后，这也是金朝第一次因祔庙礼成而放赦。按祔庙降赦之典，最早见于北魏。太安元年（455）三月，北魏文成帝“以太武、景穆神主入太庙，改元，曲赦京师死囚已下”[①]。而祔庙大赦之典，则始于宋仁宗。庆历五年（1045）八月“辛酉，祔章献明肃皇后、章懿皇后神主于太庙，大赦”[②]。应该指出，北宋祔庙之后多为曲赦两京等少数地区，鲜见大赦，如宋真宗、宋仁宗祔庙毕，均只是曲赦两京[③]。不过这种情况到了金朝发生了改变。女真原本“无宗庙，祭祀亦不修”[④]，皇统三年始建太庙，五年后竣工[⑤]。太庙虽已建成，但熙宗、海陵王二人皆未得善终，死后又都被新帝否定，因而亦无祔庙降赦之事。熙宗虽在大定十九年（1179）四月祔庙，但仍无大赦降下[⑥]，这也反映出世宗对熙宗的评价并不高[⑦]。事实上，直至章宗时，人们对熙宗的评价仍然没有得到实质性改善。有两个鲜明例子可以说明这一点：明昌年间（1190—1195），章宗为已故诸帝添置配享功臣，却唯独将金熙宗晾在一旁[⑧]；承安四年（1199）十二月，右补阙杨庭秀向金章宗提议编集前代皇帝圣训，原计划也是将熙宗朝排除在外的[⑨]。

世宗殂后，章宗以皇太孙身份合法继承帝位，对乃祖十分尊敬，甚至多年因世宗之丧而不受朝贺[⑩]；而且章宗本人的汉文化素养在金源九帝中

---

① 《北史》卷2《高宗文成帝纪》，第67页。

② 《长编》卷157，庆历五年十月辛酉，第7册，第3803页。

③ （宋）佚名：《宋大诏令集》卷138《真宗山陵祔庙毕曲赦两京德音》、卷139《仁宗祔庙毕曲赦两京德音》，第494、497页。

④ 《三朝北盟会编》卷244，引张棣《金虏图经》“宗庙”，第1751页下栏A面。

⑤ 《金史》卷4《熙宗纪》，第79页：皇统三年五月“甲申，初立太庙、社稷”；第84页：皇统八年八月“丙寅，太庙成”。

⑥ 《金史》卷7《世宗纪中》，第173页：“（大定十九年四月）己酉，以升祔闵宗，诏中外。”

⑦ 大定初，世宗追谥熙宗为武灵皇帝，对熙宗作了如下评价：“前君乃太祖之长孙，受太宗之遗命，嗣膺神器，十有五年。垂拱仰成，委任勋戚，废齐国以省徭赋，柔宋人而息兵戎，世格泰和，俗跻仁寿，混车书于南北，一尉候于东西。晚虽淫刑，几于恣意，冤施弟后，戮及良工，虐不及民，事犹可谏，过之至此，古或有焉。”可见世宗对熙宗在位后期的所作所为是心存不满的。引文见（金）佚名《大金集礼》卷4《追加谥号下》，丛书集成初编本，商务印书馆1936年版，第55页。

⑧ 按，金源九帝，除了四位不得善终的皇帝——熙宗、海陵、卫绍、哀宗外，其余五帝均有配享。明昌五年，金章宗又为金世祖新增了配享功臣。

⑨ 《金史》卷11《章宗纪三》，第252页：“（承安四年）十二月……右补阙杨庭秀请类集太祖、太宗、世宗三朝圣训，以时观览。从之，仍诏增熙宗为四朝。”

⑩ 《金史》卷9《章宗纪一》。

是最高的，故始有祔庙大赦之例。此赦例一开，卫绍王、金哀宗并皆承袭。章宗在位的其余四次大赦，一次在明昌四年（1193）八月，以“岁星、太白昼见”，大赦①；两次是承安元年（1196）和承安二年冬至的郊赦；一次在泰和三年（1203）五月，“以定律令、正土德、凤凰来、皇嗣建，大赦”②。三者各有不同，但都反映了章宗的汉化程度之深。

明昌初，北方鞑靼诸部开始频频扰边。章宗经过一番权衡利弊，做出了进兵讨伐的决策。从明昌六年至承安三年，金朝投入了极大的人力、物力③，终于成功征服了鞑靼诸部。承安三年（1198）十一月的德音，便是在这种背景降下的：“以边事定，诏中外，减死罪，徒已下释之。”④

章宗在位期间共曲赦6次，主要集中在泰和末颁布，曲赦对象均为与宋毗邻的边境地区。这些曲赦与南宋在开禧二年（1206）发动的“开禧北伐”息息相关。战争使居住在金宋交界地区的人民生活凄惨，背井离乡，故章宗降赦以抚定人心，稳固边疆。

章宗时录囚凡5次，皆由天旱而致，反映了金章宗时期旱灾的多发。从《金史》中可以发现，章宗在位的明昌三年、承安元年、承安四年、泰和四年、泰和七年，均为大旱之年⑤。此外，明昌二年降德音于山东、河北，也是因为天旱⑥，此次旱情颇重，故降德音以抚定黎民。其他年份也有不同程度的旱灾。例如明昌七年（承安元年）、承安二年，开封府陈留县连续两年大旱，“民大艰食而无从赈贷”⑦。频繁的旱灾给金朝造成了很大困难，尤其是章宗时金朝对外战争不歇，财政赤字严重，世宗二十八载积累下来的财富渐渐被消耗殆尽。在全力反击南宋取胜后，金朝已是十分疲惫虚弱，它再也无力打败新的挑战者了。

---

① 《金史》卷10《章宗纪二》，第230页。

② 《金史》卷11《章宗纪三》，第260页。

③ 金代全真道士丘处机《承安丁巳冬至后苦雪，时有事北边》一诗，生动地反映了金朝为北征付出的巨大代价：“冬前冬后雪漫漫，淑气销沉万物干。出塞马惊山路险，防边人苦铁衣寒。虽愁海北生灵苦，幸喜山东士庶安。日费国资三十万，如何性命不凋残。”全诗见（金）丘处机著，赵卫东辑校《丘处机集》之《磻溪集》卷1，齐鲁书社2005年版，第12页。

④ 《金史》卷11《章宗纪三》，第249页。

⑤ 武玉环先生《金代自然灾害的时空分布特征与基本规律》（《史学月刊》2010年第8期，第93页）一文所列“金代各种自然灾害发生时间表”，对泰和四年的旱灾统计为零，误，《金史·章宗纪四》对泰和四年久旱的记载清晰可见。

⑥ 《金史·五行志》：“（明昌）二年……秋，山东、河北旱，饥。”

⑦ （金）元好问：《遗山集》卷27《辅国上将军京兆府推官康公神道碑铭》，四库全书荟要本，吉林出版集团有限责任公司2005年版，第313页。

三　赦宥的频发阶段（1209—1234）

金朝后期包括卫绍王、宣宗和哀宗三朝，共26年。这一时期，金朝大赦19次[①]，曲赦20次，德音2次，录囚8次。赦宥的年平均率为1.88次，赦宥频率急剧攀升。

泰和八年（1208）十一月，在金宋“嘉定和议”签订的六个月后，章宗晏驾，遗诏叔父永济继位，是为卫绍王。次年正月，卫绍王改元大安，大赦。

自章宗以来频发的旱灾，在卫绍王即位之后非但没有出现缓和的迹象，反而愈演愈烈，故卫绍王在位前三年的赦宥，多与干旱等自然灾害有关。大安元年十一月，平阳府地震[②]。大安二年四月，“山东、河北大旱，至六月，雨复不止，民间斗米至千余钱”[③]，六月，卫绍王下诏曲赦西京、太原两路[④]。有学者认为卫绍王这次曲赦西京、太原两路，是因为大安二年蒙古军从此处进攻金朝[⑤]，笔者对这一解释持有异议。考《金史·卫绍王纪》叙此事为：“（大安二年）六月，大旱。下诏罪己，振贫民阙食者。曲赦西京、太原两路杂犯，死罪减一等，徒以下免。”证明大安二年夏，金朝发生了大旱。另，赵秉文于大安二年四月“来莅平定”[⑥]，到任“不旬月，盗贼屏息，终任无犯者。岁饥，出俸粟为豪民倡，以赈贫乏，赖以全活者甚众”[⑦]。按平定州属于河东北路（即太原路）管辖，由此可知大安二年河东北路旱情的确相当严重，故金廷对西京、太原两路的曲赦，当是因旱灾而起，而非因蒙古入侵[⑧]。大安二年九月，金朝又发生大地震[⑨]。

---

① 金末史料不足，又限于笔者视野之狭，故本书对金末的赦宥或有漏计者，敬祈读者原谅。

② 《金史》卷13《卫绍王纪》，第291页：“（大安元年）十一月，平阳地震，有声如雷，自西北来。”

③ 《金史》卷23《五行志》，第541页。

④ 《金史》卷13《卫绍王纪》，第292页。

⑤ 余蔚：《中国行政区划通史·辽金卷》，复旦大学出版社2012年版，第462—463页。

⑥ （金）赵秉文：《闲闲老人滏水文集》卷13《涌云楼记》，中华书局1985年版，第182页。按，关于赵秉文任职平定州刺史的时间，《金史·赵秉文传》记载有误，今从《闲闲老人滏水文集》。

⑦ 《遗山集》卷17《闲闲公墓铭》，第191页。

⑧ 关于蒙古在大安二年是否有过攻金的行为，笔者倾向于没有。在笔者看来，《金史·卫绍王纪》所载的大安二年中都戒严与大安三年中都戒严，是一事两记，而实际中都戒严的发生，应在大安三年。

⑨ 《金史》卷13《卫绍王纪》，第292页。

大安三年，“山东、河北、河东诸路大旱”[①]。灾害的多发，给金朝即将开展的抗蒙斗争带来了极大困难。

大安三年（1211），蒙古开始大规模进攻金朝，九月，包围中都。金军民坚守。蒙古军久攻不克，撤围北归。次年正月，卫绍王宣布改元崇庆，大赦[②]。崇庆元年秋，蒙古再次伐金，主要攻掠金朝西京、辽东、北京等地。十月，蒙古军退回后，卫绍王曲赦上述被兵地区，以抚恤战争创伤。这一段时期的赦宥，均因战争而颁，折射出金朝无力抵御蒙古铁骑的艰困处境。这一点，南宋朝中的有识之士也有所觉察。真德秀在嘉定四年（1211，金大安三年）十二月的奏札中指出，金朝通过赦宥安抚居民，已具亡征：“今其溃散四出，犹川决防，不可遏止，至用赦以安之，瓦解土倾，其形已露。”[③] 要之，卫绍王时期，金朝在频繁的天灾与新兴的蒙古双重打压下，内外交困，只得通过频繁赦宥缓解危机。然而，金政府在蒙古入侵的外部压力下，不思团结御敌，却又发生了内讧。

至宁元年（1213）八月，右副元帅纥石烈执中领兵突入中都城发动政变，杀死卫绍王，自称监国都元帅，把持朝政。九月，纥石烈执中遣人往彰德府迎显宗庶长子升王完颜珣（章宗庶兄）至中都，立以为帝，是为金宣宗。同月壬子，宣宗改元贞祐，大赦天下。这次大赦应该说是比较及时的。纥石烈执中在政变中，先后杀死知大兴府事徒单南平、左丞完颜纲等重臣，屠戮宫廷护卫军500余人，又派宦官勒死卫绍王，自称监国都元帅，居大兴府，陈兵自卫，打击异己。这一系列剧变，导致朝中人人自危，及时大赦，有助于纾缓人们心中的惊惧。

纥石烈执中发动政变后，尽撤边戍，致使宣宗即位后不久，蒙古军再次包围中都。金军竭力抵抗，蒙古军猛攻中都仍不能下。双方鏖战至贞祐二年（1214）三月，金中都的处境已是极度艰危，尤其是屯粮告罄，外粮难进，抵抗已经很难再持续下去。宣宗被迫遣使向蒙古求和，并再次大赦国内，以缓解压力。蒙古方面则由于长期顿兵于中都城下而不能克，士

---

① 《金史》卷23《五行志》，第541页。

② 《金史》卷13《卫绍王纪》，第295页。

③ （宋）真德秀：《西山先生真文忠公文集》卷2《辛未十二月上殿奏札二》，商务印书馆1937年版，第32页。按，真德秀得悉金朝为蒙古所扰，是听余嵘所说。余嵘在嘉定四年六月奉诏使金贺万秋节，行至涿州时遇到金朝溃军，方知金朝被蒙古所侵。金方以中都危急，令其折返。余嵘十月回到临安，向朝廷报告了金蒙交战的事实。因此，真德秀所谓“至用赦以安之”，当是卫绍王在大安三年十月之前颁降的一次赦宥，具体内容、时间已不可考。

气不振，“人马瘦病”①，故也有意议和。四月，金蒙达成和议，金朝“奉卫绍王女岐国公主及金帛、童男女五百、马三千以献，仍遣其丞相完颜福兴送帝出居庸”②。宣宗旋以和议成，再次大赦。这样，从宣宗即位至与蒙古约和，短短7个月之内，金朝竟大赦3次，创下了建国以来大赦频率的最高值。这在整个中国历史上也是极其罕见的。古人通常认为“一岁三赦，是政不节，非所以弭灾也”③，金宣宗如此异乎寻常地频繁颁布大赦，充分反映出蒙古军的这次围攻中都，给金朝政权带来了何等严重的威胁，也对宣宗的心理造成了莫大震撼。所以，蒙古刚刚撤军北归，心有余悸的宣宗便迫不及待地盘算着迁都汴京。贞祐二年五月，宣宗不顾众人反对，执意下诏南迁开封。从此，金朝走上了灭亡的道路。

贞祐二年六月，宣宗一行南下路过彰德府时，“曲赦其境内”④。这次曲赦具有双重意义。首先，彰德府是金宣宗即位前的“龙兴之地”，故降皇恩于此以示报谢⑤；其次，彰德府在贞祐二年年初遭受蒙古军攻击，知府事黄掴九住战死⑥，故此次曲赦也是为了安抚兵燹之后的百姓。七月，宣宗一行抵达南京开封府，曲赦南京属县⑦。成吉思汗在侦悉金宣宗南迁后，立即重新组织兵力围攻中都。十月，蒙古军的铁蹄已经踏遍中都周边的各个州县。面对危机，宣宗下诏曲赦中都路，冀图借此增强中都的抵抗力。但中都终究没能化险为夷，贞祐三年五月初，金朝京师中都被

---

① （元）佚名撰，王国维校注：《圣武亲征录校注》，文殿阁书庄1936年版，第138页。

② 《元史》卷1《太祖纪》，第17页。

③ （宋）洪迈：《容斋三笔》卷16《多赦长恶》，引王安石语，中华书局2005年版，第618页。

④ 《金史》卷14《宣宗纪上》，第305页。

⑤ 类似的情形也发生在卫绍王身上。卫绍王以奉圣州武定军节度使的身份即位为帝，故大安元年升奉圣州为德兴府，以示报谢。

⑥ 《金史》卷14《宣宗纪上》，第303页：“（贞祐二年正月）辛未，大元兵徇彰德府，知府事黄掴九住死之。”

⑦ （元）晓山老人：《太乙统宗宝鉴》卷16《太乙统运入卦行爻编年》，明抄本。相关校注见邱靖嘉《晓山老人〈太乙统宗宝鉴〉所见金朝史料辑考》，《文史》2016年第2辑，第171页。另按，李心传：《建炎以来朝野杂记》乙集卷19《女真南徙》，中华书局2000年版，第845页云：“（贞祐二年五月）十八日壬午，金主发燕京……由新卫州渡河以至开封，肆赦境内。”又，（宋）佚名：《续编两朝纲目备要》卷14，嘉定七年七月乙亥条，中华书局1995年版，第259页载：“（完颜珣）复自大名由新卫州渡河以至开封，肆赦境内。”又，（宋）宇文懋昭撰、崔文印校证：《大金国志校证》卷24《宣宗皇帝上》，第333页，亦记作：“（贞祐二年）十一月朔，入宫，百官班贺。翌日，肆赦，仍降罪己诏。”三书所记金宣宗抵达开封府后，皆为“肆赦”，然因《太乙统宗宝鉴》所引源自金朝实录，故当以“曲赦南京属县”为是。

蒙古军攻破，守臣完颜承晖自杀殉国。中都的陷落，标志着金朝灭亡已成定局。

应该说，蒙古攻金令金朝发生了巨大变化，主要表现为：版图急剧缩小，经济濒临崩溃，境内反叛、独立势力纷起，社会局势动荡不安。职是之故，从蒙古大兵压境开始，金朝的赦宥频率就直线上升。金朝后期三帝之中，尤以宣宗时赦宥最频。面对内忧外患，宣宗无力重整旗鼓，缺乏整体战略规划，只知通过不断颁赦来缓解危机。从贞祐三年至元光二年（1215—1223）的八年内，宣宗大赦7次，曲赦9次，录囚6次。短时期内赦宥频仍，反衬出当时金朝政治腐败、经济凋敝、人民困苦、社会动荡，距离亡国之日已为时不远。

在这些大赦当中，特别值得注意的是元光元年（1222）六月的大赦。这次大赦，《金史》未交代原因，笔者以为可能是因参知政事把胡鲁而起[①]。原来，把胡鲁在行省陕西时（兴定四年四月至元光元年正月），曾擅自放出系囚。元光元年八月，把胡鲁复拜参知政事，宣宗向他谈起此事，说道：

> 卿昔行省陕西，擅出系囚，此自人主当行，非臣下可专，人苟有言，其罪岂特除名。朕为卿地，因而肆赦，以弭众口，卿知之乎？[②]

此语含有责备与勉励双重寓意，然宣宗只因把胡鲁擅出系囚而大赦以证明赦权在己的做法，委实反映出这位皇帝猜忌多疑的性格。把胡鲁既已僭越，合当治罪，乃反而顺势大赦，以博得涵容臣子之眚的美名，宣宗赏罚不当，由此可见一斑。

元光二年（1223）十二月，金宣宗病死，皇太子完颜守绪继位，是为金哀宗。金哀宗与乃父有很大不同。除了学者们早已注意到的外交、军事方面外，金哀宗在赦宥方面也与宣宗有着强烈反差。哀宗还在潜邸的时候便已表露出赏罚严明的作风。他在控制枢密院事时，曾严厉处罚败将。兴定二年（1218），赵思文知登闻鼓院，“通安北堡陷，经略使石虎罪应死。公以事在赦前，不宜失信为请。皇太子曰：‘已遣人杀之矣！’已而

---

① 这里涉及一个时间问题：宣宗因把胡鲁擅释囚徒而肆赦，在元光元年六月，距把胡鲁离开陕西已阅五个月，宣宗是否借此机会而肆赦，还难下断论，故笔者仅是推测。

② 《金史》卷108《把胡鲁传》，第2392页。

悔之”[①]。哀宗虽事后悔之，然而当是因为失信而悔，非因石虎死得冤枉。此事反映出年少的哀宗不同于乃父的性格。于是哀宗甫一即位，便降诏戒谕百官，认为：“正当经营之秋，难行姑息之政。朕既夙宵轸念，庶几弘业以昭功；尔其朝夕在公，岂宜玩岁而愒日？夫汤刑以儆具位，周典以正百官。兹出话言，以为明训。掌刑者有法可奉，毋使有冤抑之情。……公勤者赏不敢私，弛慢者刑兹无赦。”[②] 因此，哀宗朝大赦频率较宣宗朝降低了近一半，总的赦宥次数也比宣宗时少了12次。

哀宗在位期间凡大赦6次，两次在即位初：一次因即位，另一次因宣宗祔庙礼成。第三次大赦已经在七年后了：正大八年（1231）四月，因旱灾而赦。正大九年可谓是哀宗时代赦宥的一个特殊年份，在该年的正月和四月，哀宗先后颁布了两次大赦，其频率之高，甚至堪与宣宗即位初期相比。当年正月，金陕西、河南两省军与借道南宋来攻的蒙古拖雷部展开决战，最终兵败三峰山，精锐尽丧，从此再也无力与蒙军抗衡。败讯传至开封府，哀宗惊惧，遂“御端门肆赦，改元开兴”[③]。三月，蒙古大军抵达开封城下，四面围攻，金军民誓死抵抗。四月，蒙古许和撤围，哀宗改元天兴，大赦。

天兴二年（1233）正月，哀宗出都城北伐失利，东入归德府，曲赦在府囚，“军民普覃一官，赐进士终场王辅以下十六人出身”[④]。哀宗最后一次大赦发生在天兴二年六月，起因是蒲察官奴之诛。蒲察官奴是金末忠孝军统帅，在归德保卫战中曾立下战功，哀宗擢其为参知政事兼左副元帅。但蒲察官奴专权跋扈，压制群臣，又引起哀宗的猜忌。天兴二年六月，哀宗与近侍设计，召官奴入见，杀之。为避免激起更大的军变，哀宗宣布大赦[⑤]。从天兴元年到天兴二年，哀宗完成了从少赦到多赦的转变，这反映出他对时局已灰心绝望，别无长策了。灭亡前夕，金朝内部仍在倾轧残杀，因而即便是赦宥，其作用也已是微乎其微了。

同年六月底，在蒙古军的压迫之下，哀宗再从归德逃至蔡州，七月

---

① 《遗山集》卷18《通奉大夫礼部尚书赵公神道碑》，第215页。

② （元）王恽：《玉堂嘉话》卷4，中华书局2006年版，第106页。

③ 《金史》卷17《哀宗纪上》，第385页。

④ 《金史》卷18《哀宗纪下》，第396页。

⑤ 此事《金史·哀宗纪下》，第398页，只云“上御双门，赦忠孝军，以安反侧”，不云“大赦”，但《金史·蒲察官奴传》，第2549页，则云“御双门，赦忠孝军以安反侧。除崔立不赦外，其余常所不原者咸赦之”。按崔立非忠孝军成员，故此次赦宥当为大赦。

初一，曲赦蔡州[1]。这是哀宗最后一次赦宥，同时也是金朝最后一次赦宥。天兴三年（1234）正月，蒙宋联军攻破蔡州，哀宗自缢于幽兰轩，金亡。

① （金）王鹗:《汝南遗事》卷1《曲赦蔡州》，文渊阁四库全书本。

第三章　辽金时期的大赦

大赦是赦宥制度中效力最强、影响力最大的一种。大赦不仅免除刑罚的执行，而且从根源上也使犯罪归于消灭。经过大赦之人，其刑事责任基本能够完全免除；尚未追诉的不再追诉，已经追诉的撤销追诉；已结案定罪的，判决无效。正因为大赦拥有偌大的效力，所以需要单独对其加以讨论。

“大赦”一词，始见于秦庄襄王元年（前249）“大赦罪人”[①]。大赦的内容，原只限于赦宥囚徒，不过从西汉开始，大赦开始成为皇帝对全国所有臣民的恩赐，不只是囚徒可以得到恩惠，普通百姓也一体均沾。这样，大赦内容便包含了免罪与恩赐两大方面。唐以后，大赦内容再次增加，朝廷制定的许多政策，开始借赦书之名颁降天下。大赦内容在唐代发生的这一变化，深刻影响了后来王朝的赦宥制度，其中也包括辽和金。那么辽金大赦的具体情形是怎样的？其执行力又如何？另外，中国号称“礼仪之邦”，不仅汉族王朝讲究礼仪，少数民族王朝亦如此。那么中原王朝赦仪传至少数民族王朝，又是怎样的呢？这些都是本章着重探讨的问题。

第一节　大赦赦书的撰写与内容

中国古代赦书属于诏书的一种。隋唐以前，撰写赦书是中书舍人的分内之事，入宋后，翰林学士也开始执掌起草诏令之权。至此，舍人院起草诏令的权力遭到了翰林学士院的分割[②]。辽朝沿用唐制，舍人院与翰林院并存。金朝废中书、门下二省，故无舍人院，仅存翰林学士院。

---

① 《史记》卷5《秦本纪》，第275页。

② 张希清等：《宋朝典章制度》，吉林文史出版社2001年版，第28—29页。

与历代大赦赦书内容一样，辽金赦书也主要包括免罪和恩赐两大部分内容。自唐代开始见诸的赦书申禁内容，在辽金二朝同样得到了继承。不过，相较于唐宋，辽金赦书的内容也呈现着自身的特色，譬如辽代赦书中的度僧、金代赦书中的招徕南宋归正人等。以下分而论之。

一 辽代赦书的起草与内容

（一）南面翰林院起草赦书

辽代赦书的撰写究竟由谁负责，今日尚难下断言。辽承唐制，设中书舍人院与翰林院，似乎二院均有草诏之权。前者如景宗时刑抱朴为政事舍人、知制诰[①]，辽末虞仲文曾为中书舍人、权知制诰[②]等；后者如穆宗时，刘景为翰林学士，曾受命草拟赦书[③]等。不过我们或许可以从辽朝的邻邦北宋那里，推测辽朝赦书的确切起草者。在北宋，舍人院主持起草外制（即一般官员的任免及其他制词诏令），而学士院则负责起草更高级的内制（即高级官员、皇亲国戚的任免诏令）及赦书[④]。辽代的情形或亦如此，即翰林院负责起草赦书，例如翰林学士刘景便曾受命草赦。而辽朝的翰林学士品阶也较政事舍人为高[⑤]，亦可佐证赦诏的起草者当为翰林学士。

这里还有一个问题需要澄清。有学者据《辽史·职官志》的记载，指出辽代的翰林院分南北两面，“在治理辽民的北面官中，设大林牙院，掌文翰之事，置林牙承旨、林牙诸官，与翰林学士院名异而实同；而在治理汉人的南面官中，设翰林院，亦掌文翰之事，且在翰林承旨、翰林学士之上，增设翰林都林牙、南面林牙诸名色，以统摄汉官”[⑥]。这就出现了一个问题：既然辽代南北面官中均有文翰之官，那么赦书的草拟究竟是由南面翰林院负责，还是由北面大林牙院负责呢？何天明先生曾撰文深入探讨过辽朝的南面翰林院，并注意到翰林学士的职掌之一为起草诏书，但该

---

① 《辽史》卷80《刑抱朴传》，第1409页。按“政事省”，兴宗重熙十二年十二月更名为“中书省”（《辽史》卷19《兴宗纪二》，第262页），故政事舍人即中书舍人。

② 《金史》卷75《虞仲文传》，第1724页。

③ 《辽史》卷86《刘景传》，第1456页：“应历初，迁右拾遗、知制诰，为翰林学士。……会父忧去。未几，起复旧职。一日，召草赦。”按刘景，亦作“刘京”。

④ 张希清等：《宋朝典章制度》，吉林文史出版社2001年版，第28—29页。

⑤ 《辽史》卷86《刘六符传》，第1457页：“六符有志操，能文。重熙初，迁政事舍人，擢翰林学士。”可知翰林学士的地位比政事舍人要高。

⑥ 邸永君：《清代翰林院制度》，社会科学文献出版社2007年版，第18—19页。

文对北面大林牙院却着墨不多[1]，所以这个问题迄今仍未解决。笔者以为，辽代赦书的起草主要由翰林院的汉人负责。理由如下：从史料中不难看出，北面大林牙院所属的北面林牙承旨、北面林牙、左右林牙，以及南面翰林院所属的南面林牙，皆为契丹人，并且他们的出身多为皇帝身边宿卫，而非因文才出众而获擢升。如北面林牙耶律庶几，初为郎君监御牌印[2]；南面林牙萧朴，入职伊始也是牌印郎君[3]；北面林牙承旨耶律敌烈，虽“好学，工文词”，但起初也是牌印郎君[4]；等等。鉴于赦书行文十分讲究，故必由文采出众者负责撰写，而要求这些未经专业训练的契丹人起草，恐属不易，所以《辽史》所谓“大林牙院，掌文翰之事”[5]，应只是执掌一般文书的撰写，并不涉及赦诏的起草。辽代赦诏的草拟，当由南面翰林院中的翰林学士（主要是汉人）负责。

然而我们不禁要问：从建国至拥有燕云十六州的这段时间里，辽朝尚无翰林院，那么此间的三次大赦的赦书由何人撰写？笔者认为很可能是从中原流入到辽朝的汉人们，如韩知古、韩延徽等。辽太祖三年（909）四月，曾“诏左仆射韩知古建碑龙化州大广寺以纪功德”[6]；太祖时，韩延徽为崇文馆大学士。辽初建碑撰文、充当大学士，皆为中原汉人之事，故赦书之撰写，亦当如此。

综上，辽代赦书的撰写者，从建国至占领燕云地区期间，是从中原流入到辽朝的汉人；此后，是南面翰林院中的汉族翰林学士。

（二）辽代赦书的内容

辽朝“书禁甚严，传入中国者，法皆死”[7]，因而辽朝书籍传入宋境者极少。这种书禁政策也是导致如今辽史史料匮乏的一个重要原因[8]。赦书虽然并非书籍，但竟也有着与书籍相同的命运：笔者从宋朝方面的史料中也不曾搜到辽朝的一封赦书。有鉴于此，我们便只能从片鳞半爪的材料

---

① 何天明：《辽代翰林院探讨》，《内蒙古大学学报》（哲学社会科学版）1991 年第 2 期，第 42—48 页。

② 《耶律庶几墓志》，载《辽代石刻文编》，第 295 页。

③ 《辽史》卷 80《萧朴传》，第 1411 页。

④ 《辽史》卷 96《耶律敌烈传》，第 1542 页。

⑤ 《辽史》卷 45《百官志一》，第 784 页。

⑥ 《辽史》卷 1《太祖纪上》，第 4 页。

⑦ （宋）沈括：《梦溪笔谈》卷 15《艺文二》，齐鲁书社 2007 年版，第 99 页。

⑧ 关于辽朝书禁的学术论文，参见曹显征《辽代的书禁政策》，《昭乌达蒙族师专学报》（汉文哲学社会科学版）1998 年第 4 期，第 87—92 页；刘浦江《文化的边界——两宋与辽金之间的书禁及书籍流通》，《中国史学》（东京）第 12 卷，2002 年，第 1—16 页。

中探寻辽代大赦赦书之部分内容了。

概言之，辽代赦书内容继承了中原王朝赦书的传统，也包括免罪和恩赐两部分。在一些特殊情况下，辽代赦书还包含蠲免赋税、调整行政建置和度僧的内容。以下就笔者所见，对辽代赦书内容作一蠡测。

免罪 在今日保存的辽代史料中，居然未见有提及辽代大赦有赦免囚犯的内容。不过，免除囚徒之罪，是历朝赦宥之第一要务，辽代亦必如此。乾统元年（1101）二月，天祚帝大赦，“诏为耶律乙辛所诬陷者，复其官爵，籍没者出之，流放者还之”①，或可从一个角度说明辽代大赦是包含免罪的内容的。

覃恩 辽朝大赦皆对内外群臣加官晋爵，因此覃恩也是辽代赦书的一项重要内容。大同元年（947）二月，辽太宗在开封大赦，“以赵延寿为大丞相兼政事令、枢密使、中京留守，中外官僚将士爵赏有差”②。天禄三年（949）正月，辽世宗肆赦，“内外官各进一阶”③。统和元年（983）六月，辽圣宗大赦，“覃恩中外，文武官各晋爵一级”④。重熙元年（1032）十一月，辽兴宗大赦，“覃万宇之溥恩”⑤。

有一点值得注意，辽代覃恩有时并不局限于辽朝统辖境内，还偶及藩属国。重熙十一年（1042）十一月，辽兴宗因对宋取得了外交胜利，受尊号，大赦天下。一年后，意犹未尽的辽兴宗决定把去年大赦的覃恩范围扩大到高丽，于是选派了一支拥有133人的庞大使团出使高丽，覃迁高丽王为太傅兼中书令⑥。

蠲免赋税 辽朝皇帝接受蠲免受灾地区赋税的理念似乎甚晚。北宋大中祥符（1008—1016）初，路振使辽归国后记录道：“虏政苛刻，幽、蓟苦之。围桑税亩，数倍于中国，水旱虫蝗之灾，无蠲减焉。”⑦ 此为路振风闻幽州客司刘斌所言。实事求是地说，刘斌的这段话，未免对辽朝诋毁

① 《辽史》卷27《天祚皇帝纪一》，第355页。
② 《辽史》卷4《太宗纪下》，第64页。
③ 《辽史》卷5《世宗纪》，第73页。
④ 《辽史》卷10《圣宗纪一》，第119页。
⑤ 陈述：《全辽文》卷6《秦晋国大长公主墓志铭并序》，第126页。
⑥ ［朝鲜］郑麟趾等著，孙晓主编：《高丽史》卷6，靖宗九年十一月，第172—173页。
⑦ （宋）江少虞：《宋朝事实类苑》卷77《安边御寇·契丹》，引路振《乘轺录》，上海古籍出版社1981年版，第1011—1012页。

过甚了，事实绝非如此[①]。在南京道发生灾害时，契丹皇帝是有过多次赈灾之举的，如应历二年（952），“契丹瀛、莫、幽州大水”[②]，翌年冬，穆宗“以南京水，诏免今岁租”[③]。圣宗以后，蠲免南京租赋之事渐多。统和十二年（994）二月，“免南京被水户租赋”[④]；统和十五年三月，“免南京逋税及义仓粟”[⑤]；等等。故刘斌所言并非全部事实。

不过刘斌亦非全盘捏造。从目前掌握的辽代史料来看，蠲免赋税似乎的确不是辽代大赦之中必不可少的一项内容——笔者尚未见到辽代大赦之中有过免除租赋的内容，唯在辽道宗大安十年（1094）改明年元，降德音之时，出现了“除贫民租赋”的条款[⑥]。这一现象的发生，当归结于辽朝经济的脆弱，无力大范围蠲免赋税。北宋苏辙曾一针见血地指出“契丹物力寡弱”[⑦]。作为游牧民族建立的政权，辽朝的大部分收入依赖南京道的赋税，即所谓“契丹之粟果瓠，皆资于燕”[⑧]，一旦南京地区发生灾荒，辽朝的经济便濒临绝境。圣宗在位期间虽曾采取过一系列措施促进南京道农业的发展[⑨]，不过辽朝南京道的经济仍十分脆弱。圣宗在位后期发生的大延琳起义，其中一个重要诱因便是辽政府强令东京道渤海人海运粮食救济当时遭遇连岁饥馑的南京道[⑩]。直至道宗朝，辽南京道的赋税才有所减轻。苏辙使辽归来后，上书朝廷，提到辽道宗时南京地区汉民的“赋役颇轻”[⑪]。

调整行政建置　辽代赦书有时还包含着一些调整行政建置的内容。例如辽太宗大同元年（947）二月，大赦，“升镇州为中京”[⑫]，“降东京

① 曹子西等先生早已指出：“考之实际情况，辽朝的赋税似乎并不比宋朝重，而且要轻些，遇到灾荒减免租税的记载也很多。路振的记载似是一时现象。”参见曹子西《北京历史纲要》（上），第五章第四节，北京燕山出版社1988年版，第235页。

② 《资治通鉴》卷291，后周太祖广顺二年十月，第9616页。

③ 《辽史》卷6《穆宗纪上》，第80页。按，之所以迟至翌年冬辽穆宗才下诏免南京一岁租赋，盖因穆宗本人的怠政，降低了行政效率。

④ 《辽史》卷13《圣宗纪四》，第156页。

⑤ 同上书，第161页。

⑥ 《辽史》卷25《道宗纪五》，第342页。

⑦ （宋）苏辙：《栾城集》卷42《再论回河札子》，上海古籍出版社1987年版，第925页。

⑧ （宋）沈括：《熙宁使虏图抄》，贾敬颜疏证本，《文史》第22辑，第127页。

⑨ 漆侠、乔幼梅：《辽夏金经济史》，河北大学出版社1998年版，第66—67页。

⑩ 《辽史》卷17《圣宗纪八》，第230页：“燕又仍岁大饥，户部副使王嘉复献计造船，使其民谙海事者，漕粟以振燕民，水路艰险，多至覆没。虽言不信，鞭楚搒掠，民怨思乱。故延琳乘之，首杀绍勋、嘉，以快其众。”

⑪ （宋）苏辙：《栾城集》卷42《论北朝政事大略》，第940页。

⑫ 《辽史》卷4《太宗纪下》，第64页。

（开封）为防御州”[①]；辽圣宗开泰元年（1012）十一月大赦，“改幽都府为析津府，蓟北县为析津县，幽都县为宛平县”[②]；等等。

度僧 崇佛是辽代社会的一大特色，社会的各个阶层都普遍推崇佛教。不过辽代的度僧，也经历了从民间自由到官方管制的转变过程。辽初，政府似乎对民间私度僧尼的行为并不关心，直至辽圣宗即位后，这一行为才被视作非法，圣宗开始将度僧的权力收归政府。统和九年（991）正月，圣宗“诏禁私度僧尼”[③]，统和十五年十月，又下旨“禁诸山寺毋滥度僧尼”[④]。

度僧权既上移至皇帝之手，那么皇帝借大赦宣布度僧，便可彰显皇恩浩荡了。例如辽道宗咸雍八年（1072）坤宁节大赦，赦文中便有度僧条文：涿州石经寺某僧“咸雍八年，遇恩得度”[⑤]。再如天祚帝改寿昌七年为乾统元年（1101），赦书中也有度僧条文：涿州石经寺某僧“乾统元年，遇恩受具”[⑥]。

二 金代赦书的撰拟与条款

（一）翰林学士草拟赦书

宋人有整理赦书、德音的行为[⑦]，金代亦然。金朝亡后，有《金诏赦录》一书流传于当世，冯渭为之作序[⑧]。考冯渭“字清甫，真定人，亡金松庵（冯璧）之子，省令史出身”，在元世祖中统元年（1260）与王恽一道被选入燕京中书省任职[⑨]，可见《金诏赦录》当是金末遗老对金源一代诏书、赦书的汇编著作，惜该书今已不存。

金代赦诏通常由学士院的翰林学士草拟，如皇统九年（1149）五月

---

① 《旧五代史》卷137《契丹传》，第2138页。

② 《辽史》卷15《圣宗纪六》，第188页。

③ 《辽史》卷13《圣宗纪四》，第153页。

④ 同上书，第162页。

⑤ 《石经寺上人志瑕坟塔记》，载《辽代石刻文编》，第653页。按，咸雍八年三月，辽道宗有过一次度僧三千人的行为：“三月癸卯，有司奏春、泰、宁江三州三千余人愿为僧尼，受具足戒，许之。”（《辽史》卷23《道宗纪三》，第311页）但该事发生在春、泰、宁江三州，与涿州无涉，故笔者以为涿州石经寺的这位僧人是在咸雍八年冬坤宁节大赦中受戒的。

⑥ 《云居寺辩正大德石塔记》，载《辽代石刻文编》，第570页。

⑦ 如北宋崔台符编有《赦书德音》，见《宋史》卷204《艺文志三》，第5141页。

⑧ （元）王恽：《玉堂嘉话》卷3，冯渭《金诏赦录序》语，第90页。

⑨ （元）王恽：《秋涧先生大全文集》第80《中堂事记上》，四部丛刊初编本，商务印书馆1928年版，第20册，第6叶。

金熙宗因天变而肆赦，命翰林学士张钧草拟赦书[①]；金末哀宗命翰林学士赵秉文“为赦文，以布宣悔悟哀痛之意”[②]；等等。赦书草成后，由刑部负责“赦诏勘鞫”[③]。

金初百官诰命的文字，实行各民族用各民族语言的做法：天眷元年（1138）九月，熙宗下诏：“百官诰命，女直、契丹、汉人各用本字，渤海同汉人。”[④] 天眷二年金朝晓谕宿州官吏的一封诏书，使用的便是契丹文字[⑤]。不过，赦诏对于文采的要求很高，故金代赦诏应当是以汉字为底本撰写的，而在颁发至地方时，会有契丹字和女真字的通俗译文，以便广大少数民族知晓其中含义。乾道五年（1169，金大定九年）随舅父出使金朝的宋人楼钥，在途中听“闻彼中有三等官，汉官、契丹、女直，三者杂居。省部文移、官司榜示，各用其字”[⑥]，可知金代直至世宗朝，依然如此。

赦诏由于起因背景繁多，没有定式，所以写作难度很大。大定二十三年（1183），金世宗曾对宰执感叹拟写赦诏的人才难得：“汉进士，皇统间人材殆不复见，今应奉以授状元，盖循资尔。制诰文字，各以职事铺叙，皆有定式，故易。至撰赦诏，则鲜有能者。”[⑦] 大定二十八年，世宗为补充翰林学士院人力，特“命随朝六品、外路五品以上职事官，举进士已在仕、才可居翰苑者，试制诏等文字三道，取文理优赡者补充学士院职任”[⑧]。

（二）金代赦书条款：以世宗即位赦书为中心

与辽代赦书难觅芳踪相比，金代赦书今日尚遗留数份。今存之金朝最早赦书，是皇统二年（1142）大赦之赦书。其赦文为：

> 礼重世嫡，为其承七庙之尊；国有元良，所以系万邦之望。顾惟菲德，获绍丕基，勤以恤民，居轸夙宵之念；约于奉己，敢亲声色之

---

① 《建炎以来系年要录》卷159，第2584页，李心传将此事系于当年四月末，当系异邦传闻之误。

② 《金史》卷110《赵秉文传》，第2428页。

③ 《金史》卷55《百官志一》，第1236页。

④ 《金史》卷4《熙宗纪》，第73页。

⑤ 《建炎以来系年要录》卷125，绍兴九年正月丙申，第2042页：“行台尚书省榜：会验近准尚书省降到契丹字诏书，今翻写抄白在前。”

⑥ （宋）楼钥：《北行日录》上，中华书局1991年版，第17页。

⑦ 《金史》卷51《选举志一》，第1136页。

⑧ 《金史》卷8《世宗纪下》，第200页。

> 娱！岂惟中外之共知，抑亦神明之所鉴。荷三灵之锡羡，佑累圣之重光，庆集中宫，时生上嗣。宗社奉鬯，已肇应于震方；雷雨发春，宜均敷于解泽。嘉与亿兆，同兹欢新。可大赦天下云云。於戏！辰象著明，於赫前星之耀；恩书宽大，助宣冲气之和。更赖三事大夫、百司庶府，共钦承于德意，期式叙于民彝。永沐淳风，翕臻寿域。①

只可惜这封赦书只是交代了大赦的缘由，"大赦天下"以后的具体条款都被省略了。皇统五年金熙宗增谥祖宗的大赦赦文中，也仅有"大赦天下，内外（中）［大］小职官，并与覃恩"② 寥寥数语，不足以展开讨论。

《三朝北盟会编》中收有海陵王即位时的赦书，但仅云"宜布惟新之令，以宏在宥之恩，可从皇统九年十二月十一日改为天德元年"，未对赦宥的具体内容做出交代③。《大金国志·海陵炀王上》则记载了这次大赦的简要内容：

> 大赦天下，除常赦所不原者，文武官各转一资，放民租税一年，追尊父宗幹为德宗，改元天德。④

这封赦书包含了免罪、覃恩、蠲免赋税、追尊帝号等内容。记录虽简，但结构尚全。

大定元年（1161）十月八日金世宗即位的赦书，是现存最完整的金代赦书，全文被收录在《三朝北盟会编》一书中，赦书全文如下：

> 恭念太祖［皇帝］创业之艰难，祖宗之社稷深惧乏祀，特俯徇群情，勉登大宝。临御之始，如履春冰，宜推肆眚之恩，以布惟新之令。［可］大赦天下，改正隆六年为大定元年。十月八日昧爽以前，除杀祖父母、父母不赦外，罪无轻重，已结正未结正，已发觉未发觉，咸赦除之。内外大小职官并与覃恩。仍委尚书省条奏施行。
>
> 一，昨来签军著军人，其间多有贫难之人，欠少官钱私债，及典雇兄弟子孙、妻女姨妹，或父母自行典雇，深可怜悯。赦书到日，不

---

① （金）佚名：《大金集礼》卷8《皇太子》，第89—90页。

② （金）佚名：《大金集礼》卷3《追加谥号上》，第48页。

③ 按，海陵王登基大赦赦书，《建炎以来系年要录》卷160，绍兴十九年十二月戊午小注也有收录。二者除个别文字与《三朝北盟会编》有差别外，其余大部分相同。

④ （宋）宇文懋昭撰，崔文印校证：《大金国志校证》卷13《海陵炀王上》，第185页。

问新旧，尽行放免。

一，据南京等处修盖夫匠，尽行放免。

一，据契丹老和尚等，昨因签差南征，遂致叛反，赦书到日，并许径至附近官司投首，并许原免，依旧复业。

一，据昨因契丹人等作过，其间被军人等将不在作过数，内外官员百姓及著军人等命妇妻子孙驱奴，并左右邻人，一例驱奴［虏］令来，（自）［实］可怜恤，赦书到日，仰随处官司一一刷会勘验端的，发遣本处，依旧团聚住坐；所有正系作过人等，若与从军人斗敌阵亡、虏了家眷驱奴，不在与放免；如前来败失在逃，即自新来投首，除亲属外，付本国人团聚。将到驱奴，准已收虏为定。

一，据逃军离背军帅、［郎］主并避役夫匠，或犯罪在逃良贱人等，赦书到处，并限一百日内许令陈首，与免本罪。安坐更不惩断，内军人分付本军收管。如限满不首，复罪如初。

一，据亡命山泽，聚为盗寇，赦书到处，并限一百日经所在官司陈首，与免本罪，分付原籍收管。如系据头领，能劝率徒众出首，委所在官司具姓名申覆尚书省奏闻，当议别加旌赏。

一，据自抚定以来，不论如何断讫，流移在他所人等，并放还乡。

一，据自来除名开落官吏，如不犯正枉法、赃并真盗，并与改正，量才收用。

一，据自逃亡死绝户，名下所著大小差发并租税，限赦书到，并行除放。

一，据五岳四渎、名山大川、圣帝明王、忠臣烈士，载在祀典者，所在官司，岁时致祭。

一，据诸处暴露骨骸，无人收葬者，并委所在官司，如法埋瘗。

一，应合改正征收追究事件，并准制条施行。

於戏！以宽而众可御，敢希尧（舜）［帝］之仁；代虐而民允怀，庶及汤王之德。尚赖文武励翼，忠良赞襄，咸告嘉猷，永臻至治。咨尔兆庶，体予至怀！赦书日行五百里。敢以赦前事相告言者，以其罪罪之。到日，主者施行。[①]

---

① 《三朝北盟会编》卷233，引《神麓记》，第1675下栏A面—1676页上栏B面。按，引文中部分括号文字，系笔者参照《建炎以来系年要录》卷193、《金文最》卷3所载该赦书，对之进行的校补。

这是一封十分宝贵的赦书，胪列大赦条款共12项。其间虽有诸如放免签军夫匠、安抚契丹民族起义军等临时性条款，但它仍然清楚地规定了金代大赦生效的时间、不适用于赦宥的罪犯类别，还包含了对百官的覃恩、对百姓的恩赐，这对我们研究金代大赦的特点颇具史料价值。故笔者以这份赦书为基础，逐条讨论金代赦书的内容。

第一，大赦的生效时间依然承袭前代惯例，均为赦书颁布当日的“昧爽”。按“昧爽”，《说文解字》释云：“且明也。”段玉裁注：“且明者，将明未全明也。”[①]“昧爽”即黎明。至于为何古人将大赦的生效时间规定在昧爽，陈俊强先生解释说，因为赦宥具有阳德性质，而黎明又是从黑夜转向光明的时刻，所以古人选择昧爽作为大赦生效的起点[②]。笔者赞成陈先生之说。不过需要说明的是，传统赦书的生效时间都是在赦书颁布之日的昧爽，而北宋元丰六年（1083），大理少卿刘衮提出了新的界定：“自来赦书云‘某年月日昧爽以前’，缘非次恩霈，人难豫期，欲乞依德音例，以赦到日为限。”[③]宋神宗从之。嗣后，北宋大赦的生效时间果然改在了赦书到达之日。但北宋这一变化对金朝似乎并无影响。

第二，金代大赦自首的时限与前代无异，都规定是赦书到后一百天之内。这是自南朝宋以来，唐宋一直沿用的传统。如南朝宋武帝永初元年（420）八月乙亥大赦，“其见刑罪无轻重，可悉原赦。限百日，以今为始”[④]。但在特殊情况下也有权宜之举。南宋高宗绍兴二年（1132）九月“辛酉，以彗星出，赦天下。……应盗贼啸聚去处，限十日出首，免罪补官”[⑤]，其目的是为了尽快招安四处的流寇。

第三，传统赦书中的免税内容在这封赦书中也有体现：“自逃亡死绝户，名下所著大小差发并租税，限赦书到，并行除放。”应当说，大赦减免百姓所欠官钱、租税，正是两汉以来历朝大赦的主要内容之一。东晋孝武帝太元四年（379）正月，“大赦，郡县遭水旱者减租税”[⑥]。同时，自

---

① （汉）许慎撰，（清）段玉裁注：《说文解字注》，第302页。

② 陈俊强：《皇权的另一面：北朝隋唐恩赦制度研究》，第119页：“选择‘昧爽’作为大赦生效的时点，应当是为了配合阴阳的消长。日为阳，夜为阴，昧爽是从黑暗迎向光明的一刻，正是由阴而阳的转变，是故‘昧爽’除了是夜尽将明之时，也是阴阳交替之际，符合大赦是将人犯自刑杀宽宥重生的阳德性质。”

③ 《长编》卷334，元丰六年四月癸亥，第13册，第8050页。

④ 《宋书》卷3《武帝纪下》，第55页。

⑤ 《建炎以来系年要录》卷58，绍兴二年九月辛酉，第1004页。

⑥ 《晋书》卷9《孝武帝纪》，第229页。

北朝开始出现的国家赦令强行免除民间高利贷私债的内容[①]，在金朝得到了延继："昨来签军著军人，其间多有贫难之人，欠少官钱私债，及典雇兄弟子孙、妻女姨妹，或父母自行典雇，深可怜悯。赦书到日，不问新旧，尽行放免。"值得注意的是，金代很早就存在官府干预民间借贷利息的行为了：天会元年（1123）十二月，金太宗下诏"蠲民间贷息"[②]。熙宗改元天眷大赦条文中，也有"凡债负皆释去"[③] 的条款。

第四，招徕逃往南宋的官民。这一条并非此次大赦的内容，但多次出现在金代其他大赦条款中，是金代赦书的特色。譬如皇统二年（1142）二月，金熙宗以生子大赦，赦书内容便包括索还投往南宋的金朝居民："自来亡命没在江南人等，见行理索，节次发遣来到，并行释罪。其官员、百姓、军人等，并许复旧。"[④] 这种情形通常发生在金宋重新达成和议后不久，因为在战争中，人口越界流动加剧，和议达成后亟须尽快恢复统治秩序。从目前的材料可知，除了皇统二年这次招徕外，金朝还有一次赦文中呼吁逃往南宋的居民北归。宋人薛季宣对这份金朝赦文有所介绍：

> 北方郊祀赦文，有"向来被俘之人，能自拔者，放免五年差税"之说，郡县遣人持榜唱言境上，实未闻有应之者。[⑤]

按《宋史·薛季宣传》："时江、湖大旱，流民北渡江，边吏复奏淮北民多款塞者，宰相虞允文白遣季宣行淮西，收以实边。"[⑥] 知薛季宣作此书是在虞允文担任南宋丞相期间，即乾道八年（1172）二月至九月。考宋孝宗乾道八年，值金世宗大定十二年，则此段文字中所谓的"郊祀赦文"，无疑指的是金朝大定十一年冬至的那次郊祀赦文。至于为何金朝赦书中会出现招徕南宋归正人的内容，笔者将在第五章做出解释。

---

① 对于官方赦文对民间债务的赦免引起的民间对抗，参见霍存福《敦煌吐鲁番借贷契约的抵赦条款与国家对民间债负的赦免——唐宋时期民间高利贷与国家控制的博弈》，《甘肃政法学院学报》2007 年第 2 期，第 1—11 页。

② 《金史》卷 3《太宗纪》，第 49 页。

③ 《建炎以来系年要录》卷 120，绍兴八年六月，"是夏"，第 1949 页。

④ 《三朝北盟会编》卷 208，金人元帅第七书，第 1503 页下栏 B 面。这次理索，至皇统五年（1145）仍在继续。据《张温墓志》（《金代石刻辑校》，第 187 页）载，墓主人张温二十一岁时（1134）随金军南下伐宋被俘，至三十二岁时（1145）被金朝索回。

⑤ （宋）薛季宣：《艮斋先生薛常州浪语集》卷 17《奉使淮西与丞相书》，载四川大学古籍所《宋集珍本丛刊》，线装书局 2004 年版，第 61 册，第 278 页。

⑥ 《宋史》卷 434《薛季宣传》，第 12884 页。

第二节 赦仪

赦仪是赦书发生效力之前政府举行的重大仪式，因此有必要予以探讨。

礼仪的意义之一是证明活动的重要性。作为国家的重要活动，大赦之仪自然相当重要。赦礼是中国古代的重大礼仪，在唐代属于嘉礼之一①。北宋政和中，有人提出“君臣之际体统虽严，然而接以仁义，摄以威仪，实有宾主之道焉”②，于是宋徽宗重订五礼，将朝仪改列为宾礼一类，赦仪作为朝仪的一种，也被划入到宾礼之中。

笔者目力所及，学界尚未展开对辽金赦仪的研究，至如陈戍国先生《中国礼制史·宋辽金夏卷》③ 等礼制史专著，也未对辽金赦仪有所涉及。本节在系统梳理文献的基础上，将对辽金赦仪作一初步探讨。

一 辽代无赦仪

辽耶律俨《志》、金陈大任《辽礼仪志》和元徐世隆家藏《辽朝杂礼》三部书，是元人修成《辽史·礼志》的三大基础，但《辽史·礼志》竟未载辽代赦仪如何。从宋人那里，我们也仍然找不到辽代有举行赦仪的任何蛛丝马迹。宋仁宗时，辽中书舍人赵至忠归宋，撰有《国俗官称仪物录》④，其中或涉辽朝礼仪制度，惜该书今已不传。宋嘉祐六年（1061，辽清宁七年），辽人武珪投宋，献上所画“契丹广平淀受礼图”⑤。考广平淀为辽帝冬捺钵所在地⑥，辽帝受册多在该处，故武珪所绘图当为辽帝受册尊号之礼仪图。那么，究竟是史家记注的遗漏，还是辽代本无赦仪呢？愚以为是后者。

辽建国之初，“仪法疏阔”，韩知古“援据故典，参酌国俗，与汉仪

① （唐）杜佑：《通典》卷130《礼九十·开元礼纂类二十五·嘉礼九》，“宣赦书”，中华书局1988年版，第3346页。

② 《宋史》卷166《礼志十九·宾礼一》，第2743页。

③ 陈戍国：《中国礼制史·宋辽金夏卷》，湖南教育出版社2001年版。

④ 《长编》卷185，嘉祐二年四月辛未小注，第8册，第4475页。

⑤ 《长编》卷193，嘉祐六年三月戊戌，第8册，第4663页。

⑥ 《辽史》卷32《营卫志中》，第425页：“冬捺钵曰广平淀。”

杂就之，使国人易知而行"[1]。此时辽朝的仪制是经过契丹旧俗改造后的唐制，追求的是"国人易知而行"。中原赦仪是一套在契丹人看来十分烦琐的仪式，故此时辽朝必然不会采用。事实上，辽代文物多沿用后唐、后晋[2]。宋人谓辽太宗灭后晋后北归，"尽载府库之实以行，所留乐器仪仗而已"[3]，但实际上太宗还是或多或少搜罗了一些仪仗回国的。史称太宗"入汴而收法物"，"将幸中京镇阳，诏收卤簿法物，委所司押领先往"[4]。太宗在归途中染疾而逝，世宗便携带着这批卤簿法物回到了上京，然而长期弃置不用。直至圣宗即位，这些汉制仪仗才稍稍得以重见天日，辽朝的仪制开始向宋朝靠拢。景德元年（1004，辽统和二十二年）十二月，李继昌奉命前往契丹军营议和，归来上报说："契丹颇遵用汉仪，然多杂其国之法，上之人虽欲变改，而俗不可易也。"[5] 可见，尽管契丹人的上层在慢慢地接受中原汉仪，但更多的契丹人仍然坚持着本民族特有的礼仪制度。

另外值得一提的是，作为大赦的象征"金鸡"，在辽朝也似乎与赦宥没有关系。《辽史》中唯一提到金鸡的记载是：钦哀后萧耨斤"尝拂承天太后榻，获金鸡，吞之，肤色光泽胜常。太后惊异曰：'是必有奇子！'已而生兴宗"[6]。此处的"金鸡"显然与赦宥无关，而是被史家描绘成是帝王的象征[7]，故萧耨斤吞之而生辽兴宗。

要之，辽朝并未从汴梁带回太多有关大赦的仪仗用具，包括通晓这些礼仪的官吏，而嗣后的辽朝诸帝似乎也对建立赦仪漠不关心，所以笔者推断辽代并不存在赦仪。

那么，为何契丹人并未采取汉式的赦仪呢？首先，我们要把目光会聚到辽朝的社会历史条件上。契丹人的主要生产方式为畜牧业。这一点，讫止辽朝灭亡亦从未改变。建立在农业生产基础上的一系列中原礼仪，很难适合以畜牧业为生的契丹人。因为定居族群通行的礼仪，在迁徙不定的游

---

① 《辽史》卷74《韩知古传》，第1359—1360页。

② 《辽史》卷56《仪卫志二》，第1010页："是年（太宗）北归，唐、晋文物，辽则用之。"又《辽史》卷55《仪卫志一》，第1000页："辽国自太宗入晋之后，皇帝与南班汉官用汉服，……其汉服即五代晋之遗制也。"

③ 《资治通鉴》卷286，后汉高祖天福十二年三月壬寅，第9478页。

④ 《辽史》卷58《仪卫志四》，第1021—1022页。

⑤ 《长编》卷58，景德元年十二月乙未，第3册，第1297页。

⑥ 《辽史》卷71《圣宗钦哀皇后萧氏传》，第1324页。

⑦ 于赓哲、吕博指出，此种认识唐代已有，参见赓哲、吕博《中古放赦文化的象征——金鸡考略》，《陕西师范大学学报》（哲社版）2010年第3期，第102—110页。

牧民族中并不适用。契丹族建立辽朝以后，统治者仍然保持着逐水草而居的生活，亦即颇具民族特色的“四时捺钵”。而在这种流动性的生活中，人们是不可能随身携带着太多物品的，更何况是一些不经常使用的仪仗法物。尽管辽帝四时捺钵时，文武百官皆从[①]，乃至简易的太庙也随行[②]，然而若想象他们也会携带着偶尔才会用到的赦仪法物，恐怕是脱离实际的。所以烦琐的赦仪被契丹人抛弃，应是意料之中的事。

因此契丹人在接触中原文化时，从未全盘效法，而是择其可行者行之，且不时夹杂着契丹族的传统习俗，总体上依旧保持着民族特性。譬如辽朝的南北面官制，便是这种历史背景下的鲜明产物之一；再如北宋使者苏颂所见到的辽朝广平淀宴会仪式，也是名为汉仪实则多掺杂契丹仪[③]。其次，辽代制度始终处于发展建立之中，许多仪式的制定都具有临时性。例如皇太后生辰朝贺仪，兴宗时始制；平难之仪，乃因清宁九年（1063）重元之乱而制；贺祥瑞仪，系因乾统六年（1106）木叶山上瑞云浮现而行[④]；乾统六年，耶律淳还“首议制两府礼仪”[⑤]。这就表示辽代仪制一直都处于发展完善之中。重熙十五年（1046），兴宗诏萧韩家奴说：“古之治天下者，明礼义，正法度。我朝之兴，世有明德，虽中外向化，然礼书未作，无以示后世。卿可与庶成酌古准今，制为礼典。事或有疑，与北、南院同议。”[⑥] 可见兴宗对礼典建设的重视。我们有理由相信，如果辽朝没有被金灭亡，赦仪很可能也会随着契丹人的汉化加深而最终出现。只不过，可能并没有汉式赦仪那样烦琐，而是夹杂着契丹本族的一些特色。

附带提及，虽然辽代并无肆赦之仪，但辽代皇帝在赦宥大臣时，却存在着一种独特的仪式——以木剑（或铁骨朵）挞背。

按，古代君臣最早皆佩剑上朝，这时的剑都是金属质地。两晋以来，

---

① （宋）苏辙《虏帐》：“虏帐冬住沙陀中，索羊织苇称行宫。从官星散依冢阜，毡庐窟室欺霜风。”该诗反映了辽帝四时捺钵时，随从百官皆住毡帐的情景。诗见苏辙《栾城集》卷16《奉使契丹二十八首》，第399页。

② 沈括：《熙宁使虏图抄》，贾敬颜疏证本，《文史》第22辑，第151页：“庭以松干表其前，一人持牌立松干之间，曰阁门。其东相向六、七帐，曰中书、枢密院、客省。又东毡庐一，旁驻毡车六，前植纛，曰太庙，皆草莽之中。”

③ （宋）苏颂《广平宴会》题下原注：“礼意极厚，虽名用汉仪，其实多参辽俗。”载苏颂《苏魏公文集》卷13《后使辽诗》，中华书局2004年版，第175页。

④ 《辽史》卷53《礼志六》，第969页。

⑤ 《辽史》卷30《天祚皇帝纪四·耶律淳》，第398页。

⑥ 《辽史》卷103《萧韩家奴传》，第1598页。

始改以木剑代替实剑①。中原王朝的木剑，只是金属剑的替代品，并无其他寓意。然而在辽代，木剑还与赦宥有关系。辽太宗时，制作木剑，用之击打罪臣进行象征性的惩罚，表示原宥，“木剑面平背隆，大臣犯重罪，欲宽宥则击之”②。辽帝用木剑（或铁骨朵）赦宥的具体例子如辽太宗会同二年（939）闰七月，“乙室大王坐赋调不均，以木剑背挞而释之”③；乾亨元年（979）八月，景宗处置对宋作战不力的将领，“奚底遇敌而退，以剑背击之”④；再如重熙六年（1037）五月，“以南大王耶律信宁故匿重囚及侍婢赃污，命挞以剑脊而夺其官”⑤；大康七年（1081），耶律乙辛因涉嫌“以禁物鬻入外国”，下狱当死，后因八议，“得减死论，击以铁骨朵，幽于来州”⑥。木剑（或铁骨朵）共有三把，在处置罪臣时，量其所犯罪行轻重，击打15—30下⑦，以示警诫，随后给予一定程度的宽宥。此亦为辽代赦宥的特色之一。

二　金代赦仪沿袭自北宋

与辽朝无赦仪不同，金代赦仪是确切存在的。大约发轫于北朝的“金鸡放赦”仪式，对后世影响至深，隋、唐、宋、金、明、清等王朝无不继承⑧。据《宋史·礼志》记载，宋代赦仪中使用金鸡。域外政权高丽肆赦也用金鸡，如1031年六月，高丽德宗即位后，“御神凤楼，揭鸡竿于球庭，肆赦”⑨。

---

① 《宋书》卷18《礼志五》，第506页：“汉制，自天子至于百官，无不佩刀。司马彪志具有其制。汉高祖为泗水亭长，拔剑斩白蛇。隽不疑云：‘剑者，君子武备。’张衡《东京赋》：‘纡黄组，腰干将。’然则自人君至士人，又带剑也。自晋代以来，始以木剑代刃剑。”

② 《辽史》卷61《刑法志上》，第1038页。

③ 《辽史》卷4《太宗纪下》，第50页。

④ 《辽史》卷9《景宗纪下》，第110页。

⑤ 《辽史》卷18《兴宗纪一》，第246页。

⑥ 《辽史》卷110《耶律乙辛传》，第1636页。

⑦ 《辽史》卷61《刑法志上》，第1038页。

⑧ 于赓哲、吕博《中古放赦文化的象征——金鸡考略》（《陕西师范大学学报（哲社版）》2010年第3期，第102—110页）认为，金鸡肆赦的情况在南宋以后不复见。此观点似可斟酌。按，赵克生《金鸡、青衣与赦免》（《华夏文化》2001年第2期）已根据明末张岱《夜航船》卷10“古称金鸡放赦，至今诏书于五凤楼以金鸡衔下”的记载，证明明代仍有金鸡肆赦的赦仪。考此言非张岱本人所说，而是抄自明人王世贞的《弇州四部稿》卷158《说部》。另，清代颁诏仪式中，有“金凤”（见《清史稿·礼志八·嘉礼二·颁诏仪条》，第2650页），即前代金鸡之变异。

⑨ ［朝鲜］郑麟趾等著，孙晓主编：《高丽史》卷5，德宗即位之年六月，第137页。

女真人在建国以后的文化发展中，几乎完全吸收了汉式的赦仪。金朝崛起后，文教之物多径直袭用自北宋。金代赦仪中使用的鸡竿，便是从北宋首都夺来。天会四年（1126）初，完颜宗望率领金兵第一次扬威汴京城下，宋钦宗怯懦无能，遣使求和，在献给金人的礼物中便有“珍珠碾镂金鸡竿”[①]。同年冬，金兵第二次包围汴京，并在闰十一月攻克。翌年正月二十七日，“金人索郊天衣物、法服、卤簿、冠冕、乘舆种种等物”[②]。金朝从北宋都城搜罗来郊祀等仪仗用品，为日后大赦礼仪的举行奠定了基础。

皇统元年（1141）正月，熙宗接受群臣册上尊号，大赦。这次大赦的仪式中便使用了金鸡。据《大金集礼》记载，当时“取得金鸡，合支赐分例，具到亡辽大册体例恩赏下项”，熙宗下令：“除古笼勾当不与外，并奏准。皮绵袄子一领、银束带一条、绢一十疋、银一十两、钱一百贯、喂金鸡粟一百石外，与讫，燕（古）[京]六州二十四县散乐（饬）[筋]斗杆杖、古笼勾当。”[③] 将燕京六州二十四县单独列出，似是沿袭辽朝南北分治的余音。所谓“取得金鸡合支赐分例”，指的是立竿宣赦之后，众人攀爬金鸡竿，率先抢到鸡首者，例有封赏。这些封赏中的“喂金鸡粟”，当即唐时的“鸡粟”，指政府对首夺金鸡者给予的奖励，用以赎回金鸡。唐代“鸡粟”为月俸三石[④]，金熙宗改为一百石，当是一次性付清而非月俸。金世宗大定十一年（1171）郊赦，“金鸡七两，户部无支赐例，工部卷，该依金价赎换”[⑤]。

金朝迁都燕京以后，皇帝受尊号颁赦，通常在应天门举行。即使大定十一年郊祀是在大兴县南七十里的拜郊台举行的[⑥]，但世宗在礼毕后也仍然要回到应天门颁赦。应天门是中都城之端门，位于宫城的正南方。迁都

---

① （金）佚名撰，金少英校补：《大金吊伐录校补》47《宋主致谢书及报因便附问》，中华书局2001年版，第155页。

② （宋）丁特起：《靖康纪闻》，载《全宋笔记》第4编·四，大象出版社2008年版，第124页。

③ （金）佚名：《大金集礼》卷24《赦诏》，第211页。原文作“皇统元年十月”大赦，据《金史·熙宗纪》，知实为皇统元年正月。另，引文中两处校字，系笔者据清末钞本《大金集礼》校正。

④ （宋）曾慥编纂，王汝涛等校注：《类说校注》卷4，引《秦京杂记》，福建人民出版社1996年版，第102页：“大赦，树金鸡，鸡口衔胜。宣政衙鼓，楼上鸡唱。六人至日同以索上鸡竿，争口中胜。争得者，月给俸三石，谓之鸡粟。”

⑤ （金）佚名：《大金集礼》卷24《赦诏》，第211页。

⑥ （元）刘应李原编，詹有谅改编，郭声波整理：《大元混一方舆胜览》卷上《腹里》“大兴府”，四川大学出版社2003年版，第26页。

汴梁以后，金帝肆赦，也选在汴京城的端门进行[1]。这与唐代大赦仪式在太极宫正南的承天门或大明宫正南的丹凤门、宋代大赦仪式在开封城正南的宣德门，是一致的。封建帝王选择宫城正南门作为颁赦地，符合阴阳学理论：四方之中，南方阳气最盛，阳主生，故皇帝选在宫城南门举行赦仪。

《大金集礼》记载了金朝大定七年与大定十一年两次大赦的礼仪情形[2]，其仪式大体相同，元人修《金史·礼志》时将二者合二为一进行叙述。今录《金史》所载大定七年赦仪如下：

> 大定七年正月十一日，上尊册礼毕。十四日，应天门颁赦。十一年制同。前期，宣徽院使率其属，陈设应天门之内外，设御座于应天门上，又更衣御幄于大安殿门外稍东，南向。阁门使设捧制书箱案于御座之左。少府监设鸡竿于楼下之左，竿上置大盘，盘中置金鸡，鸡口衔绛幡，幡上金书“大赦天下”四字，卷而衔之。盘四面近边安四大铁镮，盘底四面近边悬四大朱索，以备四伎人攀缘。又设捧制书木鹤仙人一，以红绳贯之，引以辘轳，置于御前栏干上。又设承鹤画台于楼下正中，台以弩手四人对举。大乐署设宫县于楼下，又设鼓一于宫县之左稍北，东向。兵部立黄麾仗于门外。刑部、御史台、大兴府以囚徒集于左仗外。御史台、阁门司设文武百官位于楼下，东西相向。又设典仪位于门下稍东，南向。宣徽院设承受制书案于画台之前。又设皇太子侍立褥位于门下稍东，西向。又设皇太子致贺褥位于百官班前。又设协律郎位于楼上前楹稍东，西向。尚书省委所司设宣制书位于百官班之北稍东，西向。司天台设鸡唱生于东阙楼之上。尚衣局备皇帝常服，如常日视朝之服。尚辇设辇于更衣御幄之前。躬谢礼毕，皇帝乘金辂入应天门，至幄次前，侍中俯伏，跪奏：“请降辂入幄。”俯伏，兴。皇帝降辂入幄，帘降。少顷，侍中奏：“中严。”

---

① 如据《金史·哀宗纪》载，金哀宗正大九年改元开兴、天兴两次肆赦，皆在汴京城的端门举行。

② 这里有个问题需要解释。《大金集礼》在记述大定十一年赦仪之时，提及有“门下侍郎”一人。按史载正隆元年，金朝罢中书、门下二省，那么何以大定之时尚有“门下侍郎”出现？笔者以为答案是：金效法宋制，临时设置中书、门下二侍郎作为礼官，仪式完毕后废除。如大定二十二年祫飨，便有“门下侍郎一、中书侍郎一”（见《大金集礼》卷30《臣庶车服》，第266页）。关于北宋赦仪，参见（宋）郑居中《政和五礼新仪》卷33《吉礼·宣德门肆赦》，文渊阁四库全书本。

又少顷，俟典赞仪引皇太子就门下侍立位，通事舍人引群官就门下分班相向立，侍中奏："外办。"皇帝服常朝服，尚辇进辇，侍中奏："请升辇。"伞扇侍卫如常仪，由左翔龙门踏道升应天门，至御座东，侍中奏："请降辇升座。"宫县乐作。所司索扇五十柄，扇合，皇帝临轩即御座，楼下鸣鞭，帘卷扇开，执御伞者张于轩前以障日，乐止。东上阁门使捧制书置于箱，阁门舍人二员从，以俟引绳降木鹤仙人。通事舍人引文武群官合班北向立，宫县乐作。凡分班、合班则乐作，立定即止。典仪曰："再拜。"在位官皆再拜，讫，分班相向立。侍中诣御座前承旨，退，稍前南向，宣曰："奉敕树金鸡。"通事舍人于门下稍前东向，宣曰："奉敕树金鸡。"退复位。

金鸡初立，大乐署击鼓，树讫鼓止。竿木伎人四人，缘绳争上竿，取鸡所衔绛幡，展示讫，三呼"万岁"。通事舍人引文武群官合班北向立。楼上乘鹤仙人捧制书，循绳而下至画台，阁使奉承置于案。阁门舍人四员举案，又二员对捧制书，阁使引至班前，西向称："有制。"典仪曰："拜。"在位官皆再拜，讫，以制书授尚书省长官，稍前搢笏，跪受，讫，以付右司官，右司官搢笏，跪受，讫，长官出笏，俯伏，兴，退复位。右司官捧制书诣宣制位，都事对捧，右司官宣读，至"咸赦除之"。所司帅狱吏引罪人诣班南，北向，躬称："脱枷。"讫，三呼"万岁"，以罪人过。右司官宣制讫，西向，以制书授刑部官。跪受讫，以制书加于笏上，退以付其属，归本班。典仪曰："拜。"在位官皆再拜，舞蹈，又再拜。典赞仪引皇太子至班前褥位立定，典仪曰："拜。"皇太子以下群官皆再拜。典赞仪引皇太子稍前，俯伏，跪致词，俯伏，兴。典仪曰："再拜。"皇太子以下群官皆再拜，搢笏，舞蹈，又再拜。侍中于御座前承旨，退临轩宣曰："有制。"典仪曰："再拜。"皇太子以下群官皆再拜。侍中宣答，宣讫归侍位，典仪曰："再拜。"皇太子已下群官皆再拜，搢笏，舞蹈，又再拜，讫，典赞仪引皇太子至门下褥位，通事舍人引群官分班相向立。侍中诣御座前，俯伏，跪奏："礼毕。"俯伏，兴，退复位。所司索扇，宫县乐作，扇合，帘降，皇帝降座，乐止。楼下鸣鞭，皇帝乘辇还内，伞扇侍卫如常仪。侍中奏："解严。"通事舍人承敕，群臣各还次，将士各还本所。①

---

① 《金史》卷36《礼志九》，第843—844页。

从上可以看出，金代肆赦仪的过程大约分为四步：第一，皇帝登临应天门，下诏树金鸡，少府监奉命树金鸡于楼下。第二，四伎人攀爬鸡竿争夺金鸡所衔绛幡，夺得后，向众人展示幡上所书“大赦天下”四字。第三，以木雕的乘鹤仙人捧大赦制书自楼上循绳而下，落于承鹤画台之上。尚书省长官取过赦书，传递给右司官宣读，京城百官、囚徒听赦。第四，右司官宣读赦书毕，将赦书移交给刑部官，皇帝还宫。

不难发现，金代的大赦仪式，与唐代略有区别，而沿袭北宋制度的痕迹则十分明显。唐代大赦赦仪共分三步，首先是树金鸡，其次是集百官、父老、囚徒听赦，最后是争夺金鸡①。这一赦仪也为后世所承袭。五代十国之际，礼法缺失，但南唐后主李煜在登基时仍有“御宫门立金鸡竿，降赦如天子礼”② 之事。北宋大赦赦仪亦大致仿照唐仪，但较唐代增加了“木鹤仙人”一物③。经笔者检索，五代十国未见有使用“木鹤仙人”的记录，因此“木鹤仙人”极有可能是北宋所创增。这一仪物的出现，当与北宋崇尚、扶持道教的国策紧密相关④。木制仙人驾鹤携赦书从楼上滑落，更赋予了赦书的神圣气息。金灭北宋后，延续了北宋这一创设。

金代肆赦所用仪物规格，与前代无异。唐代鸡竿长七尺，竿上置盘，盘四周系有彩绳，盘中置金鸡，鸡口衔绛幡，幡上书“大赦天下”四字等⑤，诸如此类，金代皆沿用不改。

对于在金代肆赦过程中的音乐使用情况，《金史》也有详细记载。皇帝御楼宣赦，用雅乐：

> 前期，大乐署设宫县于楼下，又设鼓一于宫县之左。至日，金鸡初立，大乐署击鼓；立讫，鼓止。侍中奏“外办”，大乐令撞黄钟之

---

① 陈俊强：《皇权的另一面：北朝隋唐恩赦制度研究》，北京大学出版社 2007 年版，第 110 页。

② （宋）陆游：《南唐书》卷 8《路昭符传》，杭州出版社 2004 年版，第 5531 页。

③ 值得注意的是，北宋并非所有大赦都用木鹤仙人，如宋真宗大中祥符元年（1008）封禅泰山之后的大赦，便“不用仙鹤童子为饰”。参见（宋）欧阳修等《太常因革礼》卷 43《吉礼十五・封禅下》，中华书局 1985 年版，第 266 页。

④ 有关北宋扶持道教的研究，宋史学界成果颇丰。可参见张其凡《吕端与宋初的黄老思想》，载氏著《宋初政治探研》，暨南大学出版社 1995 年版，第 169—197 页；朱云鹏《北宋道教发展述论》，《中国道教》2000 年第 4 期，第 17—20 页；赵泽光《道教与北宋政治》，《贵州社会科学》2007 年第 7 期，第 148—153 页；吴铮强、杜正贞《北宋南郊神位变革与玉皇祀典的构建》，《历史研究》2011 年第 5 期，第 47—58 页。

⑤ 《新唐书》卷 48《百官志三》，第 1266 页。

钟，右五钟皆应，《昌宁之乐》作，皇帝乃出。宣读讫，百官舞蹈，礼毕，大乐令撞蕤宾之钟，左五钟皆应，《昌宁之乐》作，皇帝降座，乐止。凡皇帝出入升降及分班合班，皆乐作，坐、立定乃止。①

此外，大赦赦书布告中央及四方，皆有相应礼仪。《大金集礼》对此记之甚详。朝中官员的拜赦仪为：

宣赦日，于应天门外设香案，及设香舆于案前。又预设棹子。自皇太子、宰臣以下序班定，阁门官于箱内捧赦书出门，置于案。阁门官案东立，南向，称"有敕"，赞皇太子、宰臣百僚再拜，皇太子少前上香，讫，复位。皇太子、宰臣百僚又再拜。阁门官取赦书授尚书省都事，都事跪受，及尚书省令史二人齐捧，同升于棹子，读。在位官皆跪听。读讫，赦书置于案，都事复位，皇太子、宰臣百僚以下再拜，搢笏，舞蹈，执笏，俯伏兴，再拜。拱卫直以下三称万岁，讫，退。其降诸书礼亦准此，惟不称万岁。②

其中皇太子率领文武百官拜舞于下，与前代无异，唯宋代肆赦之时，有枢密使和翰林学士二人相对侍立于楼上③，且神宗以后，百官拜赦不舞蹈④。

金代地方官员的拜赦仪为：

尚书省差官送赦书到京府节镇，先遣人报。长官即率僚属吏从人等，备旗帜、音乐、彩舆、香舆，诣五里以来迎接。见送赦书官，即于道侧下马。所差官亦下马，取赦书置于彩舆中。长官诣香舆前上香讫，所差官上马，在香舆后，长官以下皆上马后从，鸣钲鼓作乐前导。至公厅，从正门入，所差官下马，执事者先设案并望阙褥位于庭中，香舆置于案之前。又设所差官褥位在案之侧，又设棹子在案之东南。所差官取赦书置于案，彩舆退，所差官称："有敕。"赞长官以下皆再拜，长官少前，上香讫，退复位，又再拜。所差官取赦书授都目，都目跪受，及孔目官二员如阙，则司吏内上三人，齐捧赦书，同

① 《金史》卷39《乐志上》，第888页。

② （金）佚名：《大金集礼》卷24《赦诏》，"随朝拜赦书"，第211—212页。

③ （宋）周必大：《淳熙玉堂杂记》卷上，中华书局1991年版，第15页。

④ 《长编》卷209，治平四年正月戊午，第9册，第5074页。

> 升棹子上，读，在位官皆跪听。读讫，赦书置于案，都目等复位。长官以下再拜舞蹈，俯伏兴，再拜。公吏及从人以下三称万岁，长官以下与所差官相揖讫，于厅前劝酒馔。如京府节镇差公吏送赦书于支郡属县，并同。其相揖劝酒馔及下礼数不用。如京府节镇有旧例币物之礼来献，所差官以付从人。所差官行，长官率僚属公吏，音乐送至城门外客亭，长官以下与差官相揖，劝酒一卮，长官以下俱别。差官上马，乃退。尚书省差官送诏书仪礼仿此，惟币物不用。诸京府并运司如遇降赦诏，合行同共迎接。候本京府官员礼毕，即就用元迎接伎乐旗帜导引前去本司，依例祗受。①

据上可知金代地方官员拜受赦书的礼仪，其过程大致如下：朝廷送赦差官到来之前，先派人通报当地长官，长官闻讯即率幕僚出城迎接，并携带乐队和香舆、彩舆。双方见面寒暄后，差官将赦诏置于彩舆中，随后进城。乐队前行开道，彩舆居中，差官其次，地方长官一行人殿后跟进。入公厅后，差官将赦诏从彩舆中取出，置于事先准备好的桌案上，交给都目等人宣读。赦诏读罢，地方长官等人招待差官吃酒。如有送赦钱，差官交给随从保管。差官回朝，地方长官再率僚属与乐队为其送行。若京府和运司一起受赦诏，则先京府，后运司，且可用同一支乐队导引差官。通过与金代地方官迎接普通诏书如历日诏②相对照，我们发现，赦诏与普通诏书相比，并无太多特殊之处，只是多了一项打赏差官的“送赦礼物钱”。按“送赦礼物钱”，未见于其他朝代，当为金代独有，其创始时间已不可考。金代的“送赦礼物钱”均从地方府库中支出。天德二年（1150）正月，海陵王曾对各地衙门“送赦礼物钱”的数额做出了严格规定：“禀定随衙门与送赦使臣钱数，以公用钱充，馆待同送宣仪。行省、元帅府五百贯，留守、总管、招讨、统军司三百贯，府、详稳、统牧、都运、节度使二百贯，转运、防御、群牧一百贯。眷下去处，不得率敛馈遗，并例外受者，科违制。”③“送赦礼物钱”一直存在到世宗朝，大定二十九年（1189）六月，刚刚即位不久的章宗下诏将其废除④。

史书中对历代王朝的地方迎接赦诏仪记载无多。笔者目力所及，仅见

---

① （金）佚名：《大金集礼》卷24《赦诏》，“外路迎拜赦诏”，第212页。
② （金）佚名：《大金集礼》卷24《外路迎拜历日诏》，第213页。
③ （金）佚名：《大金集礼》卷24《赦诏》，“外路迎拜赦诏”，第212—213页。
④ 《金史》卷9《章宗纪一》，第210页。

元明清三代。元初地方官迎拜赦诏仪与金代如出一辙，当是沿用金仪[①]。《明史·礼志》中记载了明初洪武（1368—1398）中期的地方官“迎接诏赦仪”[②]。对比二者，明代地方受赦诏仪与金代大体相似，但有一处明显不同：明代地方官在出城见到差官以后，是与乐队一起充当前导进城，而不是像金代那样，地方官一行人跟在差官后面。明代这一变化在清代得到了延续：乾隆间所定的地方迎接诏书仪式，与明代并无二致[③]。

第三节　赦书的送达与执行

赦书是赦令的载体，皇帝大赦天下的命令通过赦书传达至统治区域的各个角落。赦宥因为关系到囚犯的生死，人命至重，所以赦书的传递是十分迅速的。唐代有“赦书一日行千里”[④]的诗句，虽系文学夸张，但也反映出赦书传递速度之快，非比寻常。北齐文宣帝天保九年（558）四月的一次大赦曾写明“赦书日行七百里”[⑤]，不过自唐代开始，历代王朝都规定赦书日行五百里，这一规定一直沿用到清朝。两宋赦书的传递，由总理天下邮递的进奏院负责，政府将各类文书汇总于进奏院，然后由进奏院差官直接发往州县，速度很快[⑥]。

通常情况下，赦书的执行是比较彻底的，但也有例外，尤其是在皇权衰落之时。唐宋皆有赦令不行的情形。如咸通八年（867）五月，唐懿宗下旨：“去年德音赦令，条流事件极多，责其普及生灵，惠沾寰宇，尚闻所在未尽施行，今重举明，俾无留滞。”[⑦]宋真宗初即位，殿中侍御史马亮上书指出：“赦书蠲除州县逋负，而有司趣责愈急。”[⑧]宋仁宗时，范仲

---

① 方龄贵：《通制条格校注》卷8《仪制·贺谢迎送》，“外路迎拜诏赦”，中华书局2001年版，第342页。按，此为元世祖至元八年（1271）礼仪。

② 《明史》卷56《礼志十·嘉礼四·宾礼·迎接诏赦仪条》，第1416页。

③ 《清史稿》卷89《礼志八·嘉礼二·颁诏仪条附迎接诏书》，第2650页。

④ （唐）韩愈：《八月十五夜赠张功曹》，载顾青《唐诗三百首》，中华书局2009年版，第95页。

⑤ （北齐）魏收：《北齐文宣帝大赦诏二首》之二，载（唐）许敬宗编、罗国威整理《日藏弘仁本文馆词林校证》卷670《诏四〇·赦宥六》，中华书局2001年版，第389页。

⑥ 相关研究，参见郭艳艳《宋代赦书研究》，博士学位论文，河南大学，2011年，第106页。

⑦ （宋）宋敏求：《唐大诏令集》卷86《咸通八年五月德音》，学林出版社1992年版，第492页。

⑧ 《宋史》卷298《马亮传》，第9915页。

淹为推行“庆历新政”而上十事，其中第八条便是“推恩信”。该条建议朝廷当恪守赦宥之恩信：“赦令有所施行，主司稽违者，重置于法；别遣使按视其所当行者。”① 可见唐宋时期，赦书下达后，地方政府存在着延宕甚至拒不执行的情形。辽金作为中国古代的封建王朝，其赦诏在执行过程中，自然也难逃这一命运。

一　辽代赦书的送达与执行

约自南朝始，随着权力的不断提高，门下省开始承担封驳诏令之责。帝王每逢赦诏草成，均送门下省审查②。隋唐因之。辽有门下省，赦书完成之后，当亦送交门下省，惜如今苦无证据，以上仅为猜测。

《辽史》不载辽代赦书的送达速度，但从片鳞只甲的材料中，不难得出辽代继承了唐代赦书日行五百里的传统。穆宗时，翰林学士刘景受诏草拟大赦赦书，书成，居然搁置数月不发。刘景启奏：“唐制，赦书日行五百里，今稽期弗发，非也。”③ 从刘景的这番话，可推测出辽代赦书的传递速度也应是沿用唐制，日行五百里。关于辽代赦书的传递速度，还有一条北宋方面的材料可作旁证。宋人王巩云：“大辽谓天使为赦例郎君，依赦例日行五百里也。”④ 即王巩认为，辽帝所派使者，其中有的因日行五百里，故别号“赦例郎君”⑤。另考《辽史·仪卫志三》“符契”条：“银牌二百面，……国有重事，皇帝以牌亲授使者，手札给驿马若干。……法，昼夜驰七百里，其次五百里。”赦书之传递速度在所有文书中，位居次席。

辽代五京州县设有驿递，负责传送朝廷文书⑥。开泰元年（1012）十二月，圣宗下诏各镇建造宣敕楼⑦，用来传播皇帝的各类诏书。与唐代一

① 《宋史》卷314《范仲淹传》，第10274页。

② 如南朝江淹所草《大赦诏》，即发往门下省。见（南朝）江淹《江文通集汇注》卷8，中华书局1984年版，第313页。

③ 《辽史》卷86《刘景传》，第1456页。

④ （宋）王巩：《甲申杂记》，影印南宋刻本，中华书局1984年版，第7叶。

⑤ 按，此处王巩提到的“赦例郎君”，当今有学者认为极有可能是《辽史》中“舍利郎君”之讹传。不过笔者以为，从“天使”二字来看，“赦例郎君”应是使者的身份，“赦例”二字又恰与辽代赦书规定日行五百里相吻合，故不似讹传。笔者此处意见系出自已故刘浦江教授的指点，在此谨向天堂的刘老师致谢。

⑥ 《辽史》卷48《百官志四》，第915页：“五京诸州属县，……有驿递、马牛、旗鼓、乡正、厅隶、仓司等役。”

⑦ 《辽史》卷15《圣宗纪六》，第188页：“（开泰元年十二月）己丑，诏诸镇建宣敕楼。”

样，辽代地方官员在收到赦书之后，也要上贺表。辽末某次大赦，观书殿学士王鼎就被镇州守臣召来撰写贺表[①]。

赦书传递至各地后，开始发生效力。赦书的各项内容，在具体执行过程中又有着不同的落实结果。

（一）减免罪刑

减免囚徒罪刑是赦书的首要内容，辽代自然也是如此，史称辽兴宗“数降赦宥，释死囚甚众”[②]。辽代主刑分为五种：笞、杖、徒、流、死[③]。死刑有绞、斩、凌迟等数种，流刑则“量罪轻重，置之边城部族之地，远则投诸境外，又远则罚使绝域”[④]。前文已述，我们今天在辽代的大赦中，看不到免罪的具体条文，尽管这是必然存在的。因此，我们唯有通过数例“特赦”的个案来推测辽代大赦的免罪情况。

从今存史料来看，辽代减死一等，执行流刑者较为常见，如世宗时，耶律刘哥与盆都、萧翰等人谋反，事觉服罪，耶律屋质以为罪在不赦，但世宗最终“诏免死，流乌古部”[⑤]；穆宗时，卜者魏璘“尝为太平王罨撒葛卜僭立事，上闻之，免死，流乌古部”[⑥]；重熙七年（1038）十二月，南面侍御壮骨里诈取女真贡物，罪当死，兴宗以其有吏能，黥而流之[⑦]。另外，“罚使绝域”的处罚，亦为死刑所降改的流刑的变体，将在本书第六章讨论。不过，辽代减罪免死，还有其他的执行情况，如重熙二十一年（1052）七月，“癸亥，近侍小底卢宝伪学御画，免死，配役终身”[⑧]；大康九年（1083）六月，“诏诸路检括脱户，罪至死者，原之”[⑨]；寿昌五年（1099），萧德里特“坐怨望，以老免死，阖门籍兴圣宫，贬西北统军

---

① 《辽史》卷104《王鼎传》，第1602页：“居数岁，有赦，……守臣召（王）鼎为贺表。”

② 《辽史》卷62《刑法志下》，第1045页。

③ 《辽史·刑法志上》载辽仅有杖、徒、流、死四种主刑，无笞刑，但《辽史》曾多次出现笞刑，如《辽史·圣宗纪一》：统和元年七月，“王子司徒娄国坐称疾不赴山陵，笞二十”；《辽史·圣宗纪二》：统和四年十月“北大王帐郎君曷葛只里言本府王蒲奴宁十七罪，诏横帐太保核国底鞫之。蒲奴宁伏其罪十一，笞二十释之”等，则辽朝实存在笞刑。

④ 《辽史》卷61《刑法志上》，第1038页。

⑤ 《辽史》卷113《耶律刘哥传》，第1658页。

⑥ 《辽史》卷108《魏璘传》，第1627页。

⑦ 《辽史》卷18《兴宗纪》，第249页。

⑧ 《辽史》卷20《兴宗纪三》，第278—279页。

⑨ 《辽史》卷24《道宗纪四》，第326页。

司”[①]。这证明了辽代赦宥的随意性很强，在执行中，充满着变数。

（二）覃恩臣僚

辽代大赦中的覃恩执行得相对认真。覃恩在皇族、后族中的执行，常采取增加爵号、升级散官的方式。如圣宗之姊在开泰元年（1012）受尊号大赦中被册为晋国长公主，在太平元年（1021）受尊号大赦中进册为赵魏国长公主，在兴宗重熙十一年（1042）受尊号大赦中，“复备礼册，命加雍肃二字”[②]。萧德温在道宗咸雍八年（1072）坤宁节大赦中，授“左金吾卫上将军”[③]。大安五年（1089）十一月，燕国王延禧生子，大赦，“妃之族属进爵有差”[④]。再如天祚帝德妃、文妃，在乾统三年（1103）的柴册礼大赦中，分别加号“赞翼”[⑤]“承翼”[⑥]。萧常哥在乾统六年柴册礼大赦中，“加兼侍中”[⑦]，杜悆则以受尊号大赦，“覃左散骑常侍”[⑧]。

辽代覃恩百官往往晋阶一级。统和元年（983）六月辽圣宗大赦，“覃恩中外，文武官各进爵一级”[⑨]；乾统三年十一月天祚帝大赦，“百官各进一阶”[⑩]。因为辽代不存在武散阶[⑪]，故覃迁的落脚点是文散官官阶。例如兴宗时人张绩，“景福秋，解褐，授将仕郎、守秘书省著作佐郎。重熙初，覃加文林郎、武骑尉”[⑫]。据唐统天先生研究，辽代将仕郎为从九品下，文林郎为从九品上[⑬]，张绩在重熙元年（1032）的覃恩中从将仕郎覃加为文林郎，官阶晋升了一级。此后，重熙四年，张绩再遇覃恩，由登仕郎（正九品下）晋阶儒林郎（正九品上）[⑭]，重熙十二年因去年冬大赦覃恩，由承奉郎（从八品上）迁征事郎（正八品下）[⑮]，文散官也是各进一级。

---

① 《辽史》卷111《萧得里特传》，第1643页。
② 《秦晋国大长公主墓志》，载《辽代石刻文编》，第249页。
③ 《萧德温墓志》，载《辽代石刻文编》，第372页。
④ 《辽史》卷25《道宗纪五》，第336页。
⑤ 《辽史》卷71《天祚德妃萧氏传》，第1327页。
⑥ 《辽史》卷71《天祚文妃萧氏传》，第1328页。
⑦ 《辽史》卷82《萧常哥传》，第1295页。
⑧ 《杜悆墓志》，载《辽代石刻文续编》，第305页。
⑨ 《辽史》卷10《圣宗纪一》，第119页。
⑩ 《辽史》卷27《天祚皇帝纪一》，第358页。
⑪ 唐统天：《辽代汉官的散阶制》，《社会科学辑刊》1988年第3期，第67—71页。
⑫ 《张绩墓志》，载《辽代石刻文编》，第313页。
⑬ 唐统天：《辽代汉官的散阶制》，《社会科学辑刊》1988年第3期，第67—71页。
⑭ 《张绩墓志》，载《辽代石刻文编》，第313页。
⑮ 同上书，第314页。

（三）蠲免赋税

本章第一节已有交代：因经济脆弱，辽代赦宥中蠲免赋税的例子极少。更有甚者，辽代极少出现全国性的减免租赋。辽帝蠲免赋税常常只限于局部地区或某类人群，如统和四年（986）八月，“用室昉、韩德让言，复山西今年租赋”[①]，寿昌五年（1099）十月，“振辽州饥，仍免租赋一年”[②]，二者均系地方性减免租赋；而大安十年（1094）十二月“诏改明年元，减杂犯死罪以下，仍除贫民租赋”[③]，减租的受惠者仅限贫民。笔者目力所及，辽代只有一例蠲除全境所有农民赋税的行为，即乾统九年（1109）十月，天祚帝“诏免今年租税”[④]，原因或为当年七月陨霜伤稼比较严重[⑤]。但大赦中出现全面蠲免赋税的实际情形，笔者尚未发现。

（四）遇赦不原

大赦之恩惠虽号称“万民均沾”，但仍有一些限制其效力的条款存在。被列入这些条款的罪犯，往往不得享受大赦的恩惠。这就是“遇赦不原”。目前尚不能完全清楚辽代遇赦不原的所有种类，但辽代法律既主要沿用唐律，则“十恶不赦”[⑥] 必然也存在于辽朝。除此之外，历代对赃官的不赦，也在辽朝得以延续。根据现有史料，笔者总结了辽朝已知的三条遇赦不原的情况。

第一，谋反不赦。谋反为“十恶”之一，在辽朝通常入不赦之列。如辽景宗即位大赦，刺杀穆宗的小哥等人便显然不在赦宥之列，因为他们在五年后被缉捕归案了[⑦]。综合来看，辽代前期的谋反罪，针对不同的人有着不同的处置方式。在辽初多次的谋反案件中，首犯都未被处以极刑。这或许是由于世选制的影响。统和十二年（994）七月，辽朝政府规定“契丹人犯十恶者依汉律”[⑧]。这被视为辽代法律发展的一个重要里程碑，

① 《辽史》卷11《圣宗纪二》，第132页。

② 《辽史》卷26《道宗纪六》，第350页。

③ 《辽史》卷25《道宗纪五》，第342页。

④ 《辽史》卷27《天祚皇帝纪一》，第362页。

⑤ 同上。

⑥ 《唐律》规定的“十恶”指：谋反、谋大逆、谋叛、恶逆、不道、大不敬、不孝、不睦、不义、内乱。

⑦ 李桂芝先生《辽景宗即位考实》一文（《学习与探索》2006年第6期，第158—165页）认为：小哥等人刺杀穆宗乃是景宗策划的夺权活动部署之一，而小哥等人之所以迟至五年之后才被抓获，或是景宗有意包庇。窃以为此论可疑：若果真如此，则景宗既然能想到杀殿前都点检耶律夷腊葛灭口，又怎会想不到立即杀掉小哥等人灭口呢？等到五年以后再抓捕处死小哥等人，泄密的风险岂不是更大？

⑧ 《辽史》卷13《圣宗纪四》，第157页。

反映了契丹传统世选制的衰落。

第二，恶逆不赦。“恶逆”指殴打及谋害祖父母、父母等重要亲属的行为[①]，亦属“十恶”之一。恶逆在辽代也是不赦之罪。如景宗保宁十年（978）九月，“平王隆先子陈哥谋害其父，车裂以徇”[②]。但也有例外。如应历十一年（961）三月，“司徒乌里只子迭刺哥诬告其父谋反，复诈乘传及杀行人，以其父请，杖而释之”[③]。

第三，赃官不赦。与历代王朝严惩赃官一样，辽代赃官亦在不赦之列。太平六年（1026）十二月，“诏大小职官有贪暴残民者，立罢之，终身不录；其不廉直，虽处重任，即代之；能清勤自持者，在卑位亦当荐拔；其内族受赂，事发，与常人所犯同科”[④]，显示了辽朝对贪官的严惩。不过这一情形到了钦哀后秉政时期却一度发生了改变。钦哀后统治时期，法律松弛[⑤]，“先朝所行法度变更殆尽，……犯赃等人累朝切齿，虽经赦宥，并不叙用，山陵未毕，后已洗涤用之，一一擢诸清途”[⑥]。从此，贪墨之官，遇赦后仍可飞黄腾达，以往赃官遇赦不原的规定被打破了。

除了以上三点外，辽代遇赦不原还伴随着皇帝的心情，偶有特殊现象。如辽道宗大赦独王鼎不赦。史载道宗时，王鼎曾抱怨皇帝不赏识自己，被夺官，流放镇州，“居数岁，有赦，鼎独不免。会守臣召鼎为贺表，因以诗贻使者，有‘谁知天雨露，独不到孤寒’之句。上闻而怜之，即召还，复其职”[⑦]。咸雍三年（1067）六月，新城县民杨从谋反，伪署官吏，辽道宗听到此事后，认为：“小人无知，此儿戏尔。”最后“独流其首恶，余释之”[⑧]。这些例子表明辽道宗颁布赦宥的随意性很强。

（五）赦令执行中的扭曲

辽代赦书的执行，也存在着扭曲的情况。保大二年（1122）三月，耶律淳自立于南京，改元建福，大赦。这次降赦便有这样一段曲折：

---

① （唐）长孙无忌等：《唐律疏议》卷1《名例》，“十恶”，中华书局1983年版，第8页。

② 《辽史》卷9《景宗纪下》，第109页。

③ 《辽史》卷6《穆宗纪上》，第85页。

④ 《辽史》卷17《圣宗纪八》，第226页。

⑤ 《辽史》卷62《刑法志下》，第1046页：“郡王贴不家奴弥里吉告其主言涉怨望，鞫之无验，当反坐，以钦哀皇后里言，竟不加罪，亦不断付其主，仅籍没焉。宁远军节度使萧白强掠乌古敌烈都详稳敌鲁之女为妻，亦以后言免死，杖而夺其官。”钦哀后秉政时法纪松弛由此可见一斑。

⑥ 旧题（宋）叶隆礼：《契丹国志》卷13《圣宗萧皇后传》，第164页。

⑦ 《辽史》卷104《王鼎传》，第1602页。

⑧ 《辽史》卷22《道宗纪二》，第302页。

> 方议降赦，燕中父老再告，随驾内库都点检刘彦良，奸佞之人，导引天祚为一切失德之事，国人呼为“肉拄杖”，盖其倚附而行也。妻云奇者，本倡妇也，日夕出入禁中，以为谐谑。夫妇共为国害，请先诛而后降赦。是日，枭彦良夫妇之首于市，人争脔肉而食之，然后肆赦。[①]

此次降赦，燕京百姓早已提前探知消息，故请先诛刘彦良夫妇而后放赦。但此举实际已违背了赦宥之初衷。这种“闻赦杀人”的做法，在其他朝代也是不正常的。例如唐代酷吏来俊臣，“每有赦令”，“必先遣狱卒尽杀重囚，然后宣示”[②]；泰定元年（1324），元集贤大学士张珪等人上书泰定帝，指出宗室辽王脱脱预先闻知有赦而故意杀人以泄私愤，属于“累朝典宪，闻赦杀人，罪在不原”[③]。只是辽末局面动荡，出现了闻赦杀人的情形，亦属无奈。

辽代甚至有假传赦宥杀人之事，可证当时朝政之乱。例如昭怀太子被杀之前，耶律乙辛党羽“给以有赦，召太子出，杀之”[④]。另外，相传天祚帝为了试验一把宝剑的锋利程度，特唤一死囚，给称赦之，令其披上三重厚甲，以宝剑斫其腰[⑤]。

二 金代赦书的送达与执行

金代正隆（1156—1161）以前，诏书在拟成之后，被发往门下省，例如贞元元年（1153）海陵王迁都燕京所颁诏书，便是送至门下省的[⑥]。正隆元年（1156），金朝废中书、门下二省，独置尚书省，故大定元年（1161）世宗即位所颁赦书，便已改成“委尚书省条奏施行”了[⑦]。皇帝发布的赦书送往尚书省后，由尚书省差官传递至京府节镇，再由京府节镇派遣公吏送至下级的支郡属县[⑧]。这便是金代赦书送达的全部过程。

金承前代之制，明确规定：“赦书日行五百里”[⑨]。这个速度在金朝是

---

① 旧题（宋）叶隆礼：《契丹国志》卷11《天祚皇帝纪中》，第137页。
② 《旧唐书》卷186上《来俊臣传》，第4838页。
③ 《元史》卷175《张珪传》，第4076页。
④ 《辽史》卷111《萧达鲁古传》，第1644页。
⑤ （宋）洪迈：《夷坚志》，夷坚支景卷2，“孙俦宝剑”，中华书局1981年版，第891页。
⑥ 《建炎以来系年要录》卷164，绍兴二十三年三月“是春”，小注，第2682页。
⑦ 《三朝北盟会编》卷233，引《神麓记》，第1675页下栏A面。
⑧ （金）佚名：《大金集礼》卷24《外路迎拜赦诏》，第212页。
⑨ 《金史》卷55《百官志一·六部条》，第1236页。

什么水平呢？据大定九年出使金朝的宋人楼钥记载，金朝最快的传递速度也是七百里，由佩戴木牌者执行[①]。金代在主要州府建有驿站，用来传递公文。泰和六年（1206）六月，金朝“初置急递铺，腰铃转递，日行三百里，非军期、河防不许起马”[②]。可见金代赦书的传送速度——“日行五百里”，处于中等水平，与辽代相同。

金宣宗对赦书的传递速度相当重视：“赦书已颁，时刻之间人命所系。其令将命者速往，计期而至。”[③] 不过在具体执行过程中可能会偶有差池。河南省沁阳市博物馆现存有一通金代碑刻[④]，其背面碑文详细记载了金章宗朝一次赦书的执行过程。沁州河内县百姓秦顺遇承安元年十一月的郊祀大赦，因年逾七旬，遇赦恩补官为进义副尉，但迟至承安四年七月十五日方才请得官诰。行政低效的背后，应当也有覃恩人数众多的原因。但是总体而言，金代赦书执行后的落实情况较辽代为优，以下分而述之。

（一）宽宥囚犯

金代大赦，宽宥罪犯，执行得较好。这方面的证据有很多。据《大金国志》载，天会十五年（1137）熙宗杀高庆裔，牵连刘思、李兴麟、赵温讯等，刘思伏诛，李兴麟除籍为民，赵温讯遇改元赦宥，得免[⑤]。在海陵王即位大赦中，田毂党狱牵涉人员得到了原宥，“（孟）浩等三十二人遇天德赦令还乡里”[⑥]。明昌四年（1193）八月，知广宁府事乌古论元忠因在此前知河间府时有“修筑球场扰民”之弊政而被揭发，“会赦下，除顺义军节度使”[⑦]。约章宗、卫绍王时期，孛术鲁德裕曾两次犯罪，两次都因遇赦而得到减刑处理：“明昌末，……丁母忧，起复广宁治中，历顺州、滨州刺史。坐前在顺州市物亏直，遇赦，改刺沈州，累官北京路按察使、太子詹事、元帅左都监，迁左监军兼临潢府路兵马都总管。坐士马物故多，及都统按带私率官兵救护家属，德裕蔽之，御史劾奏逮狱。遇

---

① （宋）楼钥：《北行日录》上：“金法：金牌走八骑，银牌三，木牌二，皆铺马也。木牌最急，日行七百里，军期则用之。”第8—9页。

② 《金史》卷12《章宗纪四》，第276页。

③ 《金史》卷16《宣宗纪下》，第363页。

④ 碑文详见罗火金等《沁阳金代秦顺授官碑考》，《中原文物》2014年第2期，第100—104页。

⑤ （宋）宇文懋昭撰，崔文印校证：《大金国志校证》卷9《熙宗孝成皇帝一》，第140页。

⑥ 《金史》卷89《孟浩传》，第1979页。

⑦ 《金史》卷120《乌古论元忠传》。

赦，谪宁海州刺史。”[①] 宣宗初，高庭玉（“庭”又作“廷”）时为河南府治中，遭知河南府事温迪罕福兴诬陷入狱，及赦书至，已殒命于囹圄之中[②]。与高庭玉有密切往来之人，如雷渊、王权皆受牵连，但幸运的是，他们在赦书到时仍活着，于是得免[③]；孙伯英提前获悉了这个消息，先行逃跑，藏身于外家中，更名改姓，对外宣称是道人王守素，会赦乃归[④]。王恽曾祖王经的妹夫在杀人后藏匿多日，遇赦方重获自由[⑤]。

关于金代流刑存在与否，学界尚有争议。笔者认为金代确实存在着流刑。金代减死一等的处罚，在世宗朝还曾以“杖刑＋除名＋安置”的形式出现，这主要针对于宗室犯罪[⑥]。“安置”即流刑的一种变体，其受罚者的待遇要优于一般流刑囚犯。金代这种免死后的刑罚力度，表面上看是介于死刑与流刑之间，似乎力度很强，但实际上，由于安置地的待遇较好，故犯罪宗室真正遭受的惩罚只是杖刑而已。至于“除名”，也仅仅是名义上的开除，并不对其日后的东山再起构成太多消极影响。例如完颜斜哥，在大定初两次因贪赃触犯死罪，皆被“杖一百五十，除名”，然而他在每次除名之后都能得以重返政坛[⑦]。

至于金代流囚在前往流所的途中遇赦是否能够得到赦免，因为金代流刑案例本身极少，故目前尚缺乏直接的史料证据。不过从金朝前后王朝的情形来看，答案应该是肯定的。唐律明确规定：“流人未到流所会赦者，即从赦原”[⑧]，元政府于至大元年（1308）也制定了相关条例：“流囚中途遇免，未有通例，依准所拟，移咨中书省闻奏释放。”[⑨] 按，金《泰和律》

---

① 《金史》卷101《孛术鲁德裕传》，第2237页。按，章宗朝无太子，故不可能出现“太子詹事”，因此孛术鲁德裕第二次遇赦减罪发生在章宗朝以后，约卫绍王时期。

② （金）元好问：《中州集》卷5《高治中廷玉》，四库全书荟要本，吉林出版集团有限责任公司2005年版，第166页。

③ （金）刘祁：《归潜志》卷2，第14页。

④ （金）元好问：《遗山集》卷31《孙伯英墓铭》，第356页。又见（金）张子和《儒门事亲》卷7《怀恐胁痛一百七》，上海卫生出版社1958年版，第14页。

⑤ （元）王恽：《秋涧先生大全文集》卷49《南墉王氏家传》，上海商务印书馆缩印江南图书馆藏明弘治刊本，第3册，第507页。

⑥ 具体考证与论述参见附录一。

⑦ 《金史》卷74《宗翰附孙斜哥传》，第1699—1700页。

⑧ （唐）长孙无忌等：《唐律疏议》卷30《断狱》，第566页。

⑨ （元）佚名撰，陈高华等点校：《元典章》刑部卷10《典章四十九》，“流囚释放通例”，中华书局、天津古籍出版社2011年版，第1668页。

既以唐律为母法，“唐金两律，在原则的（通则）规定相同”[1]，那么其间关于流囚途中遇赦听还的条文，也应与唐律相差无几。

（二）覃恩官民

关于金代大赦覃恩的情况，李鸣飞先生曾重点探究了金代赐予七十岁以上平民一级散官的特点[2]，另外她还发现金代吏部设有覃科，专门负责覃恩事宜[3]。今笔者就其未涉之史实再作进一步考察。

金代赦宥通常只是覃恩一重，即散官加一阶。《大金国志》云：“每赦必有恩，内外大小文武百官，并与覃迁一资。”[4] 所记不虚。如熙宗时齐某（名□臣，字尧举）在皇统四年（1144）为金吾卫上将军，皇统六年覃迁至龙虎卫上将军。由正三品中覃迁一阶，为正三品上[5]。再如大定元年（1161）世宗即位大赦，赦书中明确规定“覃恩一重”[6]。世宗朝人曹溥在大定七年覃恩为中奉大夫，下一次覃恩（大定十一年）为通奉大夫，散官由从三品下迁为从三品中，覃恩一重。但偶有例外。金末，哀宗逃往蔡州避难，曲赦蔡州，“官吏军民，各覃恩两重”[7]，可谓破例。

从现有材料来看，金代大赦中执行最得力的是覃恩一项。例如赵好古遇大定元年世宗即位大赦，由保义校尉“覃恩一重，资加敦武校尉”[8]等，上文已有举例，兹不重复。在大赦中，凡是年过七旬的平民百姓，均可获得低阶武散官（不是文散官，这一点与辽不同），即“应七十已上者

---

① 叶潜昭：《金律之研究》，台北商务印书馆 1972 年版，第 208 页。针对金代法律渊源的系统研究，参见龙威《金代法律的渊源及其运用》，硕士学位论文，中国政法大学，2002 年，第 9—25 页。

② 李鸣飞：《金元散官制度研究》，博士学位论文，北京大学，2011 年，第 78—79 页。

③ 同上书，第 94 页。

④ （宋）宇文懋昭撰，崔文印校证：《大金国志校证》卷 36《赦宥》，第 520 页。

⑤ 齐某墓志全文见王玉亭：《〈辽末金初齐尧举夫妇墓志〉补校》，载辽宁省博物馆编《辽宁省博物馆馆刊》，辽海出版社 2011 年版，第 109—111 页。但笔者发现此碑文记事有误：先述齐某“（皇）统二年□超迁金吾卫上将军”，后又谓“（皇统）四年，公金吾卫上将军”。核诸上下文，知齐某在皇统三年为奉国上将军（较金吾卫上将军品阶为低），故齐某当在皇统四年才迁为金吾卫上将军。

⑥ （金）刘若虚：《大金故修武校尉中都铁院都监赵公墓志铭》，拓片见北京图书馆金石组《北京图书馆藏中国历代石刻拓本汇编》第 46 册，中州古籍出版社 1989 年版，第 75 页。

⑦ （金）王鹗：《汝南遗事》卷 1，文渊阁四库全书本。

⑧ 《大金故修武校尉中都铁院都监赵公墓志铭》，拓片见《北京图书馆藏中国历代石刻拓本汇编》第 46 册，第 75 页。

特补一官”[①]。在约章宗、卫绍王时的一次大赦中，仍然如此覃恩：“国朝缘抚定之久，乃颁恩赦通行天下，深有尊敬耆老之意，使……及七十……之时……特授进义校尉，旌表其门。”[②]

及至金末，战火纷飞，国家财政支出浩繁，覃恩诰命，居然摇身一变，化为朝廷的敛财工具。兴定元年（1217）正月，东平行省上书：“调兵以来，吏卒因劳进爵多至五品，例获封赠，及民年七十并该覃恩。若人往自陈，公私俱费。请令本路为制诰敕，类赴朝廷，以求印署。使受命者量输诸物而给之。人力不劳，兵食少济。”[③] 同年，潞州行元帅府事粘割贞也上言：“近承奏格，凡去岁覃恩之官，以品从差等听其入粟，委帅府书空宣敕授之，则人无陈诉之劳，而官有储蓄矣。比年屡降覃恩，凡羁縻军职者多未暇授，若止许迁新覃，则将隔越矣。乞令计前后所该输粟积迁。”[④] 对这两个建议，宣宗尽皆听从。从这两个例子可以看到，官民如果想获得大赦覃迁诰敕，还需要缴纳一定财物，方可实现。这充分反映了宣宗时政府财政的困难。

（三）减免租赋

虽然减免租赋并非一定要依赖大赦这个载体，女真皇帝常常在发生水旱之时蠲免受灾地区的租赋，但减免租税始终是金代大赦的一项重要的附加内容。它的执行，直接关系到国计民生，故金帝对此相当重视，如正大八年（1231）四月，以天旱，哀宗下诏“赦，全免京西路军需钱一年。旱灾州县，差税从实减贷”[⑤]。不过，金政府在执行大赦中蠲免赋税的内容时，偶尔会因思虑不周而陷入出尔反尔的窘境，损害了皇帝的信誉。这一特点，在章宗即位初期表现得尤为突出。

金章宗即位后，为昭显新君的皇恩浩荡，开始蠲免多种赋税。应该说，章宗初期，上承世宗近三十载之休养生息，国库丰盈，是有条件减免赋税的。在这些蠲免之中，甚至包括了税收大宗——盐税。尽管金朝

---

① （清）张金吾：《金文最》卷86《成氏葬祖先坟茔碑》，中华书局1990年版，第1265页。

② （金）雷文儒：《李氏墓表》，载（清）仇汝瑚、冯敏昌《孟县志》卷8《金石中》，乾隆五十五年刻本，第8叶。按：此墓表前注时间为“大安四年”，张金吾《金文最》踵袭之，当误。考该墓表末云：“时大安辛未岁四月八日。”则该墓表的撰写时间在大安辛未岁，即大安三年。

③ 《金史》卷15《宣宗纪中》，第327页。

④ 《金史》卷50《食货志五》，第1126页。

⑤ 《金史》卷17《哀宗纪上》，第383页。

"国家经费惟赖盐课"[①]，但章宗仍然坚持在大定二十九年（1189）五月的大赦中做出了降低山东、沧州地区盐价的调整："山东、沧州旧法每一斤钱四十一文，宝坻每一斤四十三文，自大定二十九年赦恩并特旨，减为三十文，计减百八十五万四千余贯。"[②] 此举或亦有借压低官方盐价以打击私盐贩卖的用意，即户部尚书邓俨所谓的"缘官估高，贫民利私盐之贱，致亏官课尔。……官价既贱，所售必多，自有羡余"[③]，但实际效果却是国家盐税收入迅速减少[④]，甚至出现了明昌二年（1191）五月，"山东盐课不足"[⑤] 的意外局面。于是，金廷又更定盐课为每一斤复加三文，为三十三文。至承安三年十二月，金朝因北伐鞑靼诸部导致国库空虚，于是又大幅度提高盐价，山东、沧州地区增加到了每斤四十二文，泰和四年，又提高到每斤四十四文[⑥]。史称章宗"多变更制度，民以为弗便而又改之，纷纷无定"[⑦]，出尔反尔，此言得之。

章宗大定二十九年之赦，还包含着蠲免民租，具体规定是"赦民租十之一"[⑧]。另外，河东两路缘土地贫瘠且地形复杂，难以整齐划一，遂采取"以赦书特免一分外，中田复减一分，下田减二分"的办法减免[⑨]。但如此大规模蠲免租赋，令一些大臣产生了忧虑。明昌元年（1190），当又有人上书请求章宗减免赋税时，宰臣上言："臣等议，大定十八年（1178）户部尚书曹望之奏，河东及鄜延两路税颇重，遂减五十二万余石。去年赦十之一，而河东瘠地又减之。今以岁入度支所余无几，万一有水旱之灾，既蠲免其所入，复出粟以赈之，非有备不可。若复欲减，将何

---

① 《金史》卷49《食货志四》，第1103页。

② 同上书，第1100页。

③ 同上书，第1097页。

④ 经济学理论认为，物价对国家财政收入的影响是同比例的，亦即，物价水平升高，国家财政收入增加；物价水平降低，国家财政收入也随之减少。相关论述参见张伦俊《试析税收与价格的影响关系》，《审计与经济研究》2001年第4期，第53—56页。

⑤ 《金史》卷49《食货志四》，第1099页。值得思考的是，金廷宰执多将盐课不足归咎于盐司官不尽力追捕私煮盗贩者。如明昌二年五月山东盐课不足，省臣认为是"由盐司官出巡不敢擅捕，必约所属同往，人不畏故也"；泰和六年，右丞相宗浩等人认为"今山东亏五十余万贯，盖以私煮盗贩者成党，盐司既不能捕，统军司、按察司亦不为禁"。（以上史料见《金史·食货志四》，第1099、1103页）这虽有一定道理，不过章宗即位初期大幅度降低盐价也是事实。

⑥ 《金史》卷49《食货志四》，第1101—1102页。

⑦ 《金史》卷95《张万公传》，第2103页。

⑧ 《金史》卷47《食货志二》，第1059页。

⑨ 同上。

以待之。"[1] 对此，章宗深表赞同，于是大赦中减免租税的条款，顿时成了有名无实的空头支票。

(四) 官员量叙

大赦之后，一些因事获罪的官员（贪官除外）也能得到叙用，或官复原职，或恢复封爵。如金熙宗时，宁州守臣李之翰、雄州王仲通等因田毂之狱而牵连免官，后遇赦复职[2]。王寂在大定二十六年（1186）由户部侍郎出守蔡州，心灰意懒，自认“无复有飞荣之望”[3]。大定二十七年，王寂遇赦还朝，喜出望外之下，为此特赋诗一首：“平生自信不谋伸，媒孽那知巧乱真。暗有鬼神应可鉴，远投魑魅若为邻。九天汉诏与更始，万里湘累得自新。天地生成知莫报，一杯何日与封人。”[4] 世宗时，曹王府文学赵承元“以疏俊少检，得罪王府。贬废久之，遇赦量叙”[5]。耨碗温敦谦因行贿被罢猛安，会赦，恢复：“乌林答钞兀追捕逃军，至猛安中，谦畏其扰，乃醵民财买银赂钞兀。事觉，钞兀抵罪，谦坐夺猛安。遇赦，求叙，上曰：‘乙迭（笔者注：即耨碗温敦谦）无自与赃，使复其所。’”[6]

(五) 不赦之罪

金朝统治者对“十恶”之人的惩罚相当严厉。金制：“犯十恶奸盗者不得应试。”[7] 即犯“十恶”者不得参加科举考试。在金代，“十恶”通常在不赦之列。大定中，宗望之子完颜京谋反，便属于“不赦之罪”[8]。这一点，也可从章宗朝的一宗案件中窥知。泰和三年（1203），亳州郎中孙士明描摹御宝文字，有司勘治，认罪。值赦，大理寺认为伪造御宝，属于“十恶”中的“大不敬”[9]，遇赦不应原。参知政事贾铉认为描摹并非伪造御宝的行为，应赦，章宗从之[10]。

不过，若具体到每次大赦，仍略有区别。正隆元年（1156）改元大

---

① 《金史》卷47《食货志二》，第1059页。
② （金）元好问：《中州集》卷8《李宁州之翰》、《王雄州仲通》，第266、268页。
③ （金）王寂：《拙轩集》卷6《与文伯起帖二首》，文渊阁四库全书本。
④ （金）王寂：《拙轩集》卷2《丁未肆眚》，文渊阁四库全书本。
⑤ （金）元好问：《中州集》卷9《赵文学承元》，第316页。
⑥ 《金史》卷84《耨碗温敦思忠附子乙迭传》，第1884页。
⑦ 《金史》卷51《选举志一》，第1133页。
⑧ 《金史》卷74《宗望附子京传》，第1710页。
⑨ （唐）长孙无忌等：《唐律疏议》卷1《名例》，“十恶”，第10页。
⑩ 《金史》卷99《贾铉传》，第2192页。

赦，赦书中明确规定："除正谋反大逆、杀祖父母父母外，咸赦除之。"①即谋反和谋逆两种罪人不赦。而大定改元（1161）赦书则只是"除杀祖父母父母不赦外"②，其余囚犯咸赦除之，即仅仅不赦谋逆之人，触犯谋反之罪者，亦可得到赦免。哀宗朝的一次大赦，甚至"谋反大逆，皆蒙湔雪"③。这种大赦效力范围可大可小的现象，金代与历代王朝都是相同的。

除了"十恶"不赦外，金代赃吏也通常在不赦之列。

几乎每个封建王朝都十分重视对贪官污吏的治理，金朝亦然④。金世宗对贪墨之官的惩罚力度很重，他曾三令五申强调贪官遇赦不再叙用。大定三年四月，"诏吏犯赃罪，虽会赦不叙"⑤。大定七年九月，"诏吏人但犯赃罪，虽会赦，非特旨不叙"⑥。大定十二年，尚书省言："内丘令蒲察台补自科部内钱立德政碑，复有其余钱二百余贯，罪当除名。今遇赦当叙，仍免征赃。"世宗以其贪伪，不予叙用，并说道："乞取之赃，若以赦原，予者何辜。自今可并追还其主，惟应入官者免征。"⑦ 大定二十年三月，"诏凡犯罪被问之官，虽遇赦，不得复职"⑧。

但这种严格的规定在章宗朝发生了转变，政府对赃官的处罚逐渐减轻。尽管章宗在明昌六年（1195）八月，"敕宫中承应人出职后三年内犯赃罪者，元举官连坐，不在去官之限，著为令"⑨，但从章宗其他的表现来看，他对赃官的态度要较其祖父温和得多。章宗即位所降诏书中便有"凡除名开落官吏并量才录用"的内容，对此，平章政事张汝霖抬出世宗时的一贯做法，力主"真盗枉法不可恕"加以反对，但太尉兼尚书令徒单克宁则认为："陛下初即位行非常之典，赃吏误沾恩宥其害小，国之大信不可失也。"⑩ 章宗最后听从了徒单克宁的意见，原宥了赃吏。章宗对赃官的惩治逐步放宽，还体现在官员的铨选上：

---

① 《建炎以来系年要录》卷171，绍兴二十六年二月癸酉，引"耿编诏本"，第2812页。

② 《三朝北盟会编》卷233，引《神麓记》，第1675页下栏A面。

③ 《金史》卷128《张特立传》，第2773页。

④ 关于金朝惩赃倡廉的研究，参见徐松巍《关于金朝倡廉惩贪措施的考察》，《东北师大学报》1998年第3期，第69—73页。

⑤ 《金史》卷6《世宗纪上》，第131页。

⑥ 同上书，第139页。

⑦ 《金史》卷45《刑志》，第1016页。

⑧ 《金史》卷7《世宗纪中》，第174页。

⑨ 《金史》卷10《章宗纪二》，第236页。

⑩ 《金史》卷92《徒单克宁传》，第2051页。

> 其有犯公私罪赃污者，谓之犯选格，则虽遇恩而不得与。旧制，犯追一官以至追四官，皆解任周年，而复仕之。承安二年，定制，每追一官则殿一年，凡罢职会赦当叙者，及降殿当除者，皆具罪以闻，而后仕之。凡增课升至六品者，任回复降。既廉升而再任覆察不同者，任回亦降。①

迨至金末，贪官遇赦得原的内容，便已经冠冕堂皇地出现在赦书中了："赃污至徒以上及除名者，夺俸三月。狱成，而会赦原者，亦原之。"②

（六）赦令不行

皇帝的一纸诏令发布到全国各地，因各地条件不一，难免会存在难以执行甚至拒不执行的情形。尤其在皇权衰落不振之时，这种情形便显露得越发清晰。

金熙宗少年即位，军政大权实际上由贵族大臣操纵，故皇权不振。这也导致了"赦令不行"的情况时有发生。熙宗天眷元年（1138）的改元赦令，在推行中便遭到了元帅府诸帅的公然藐视。赦书规定"凡债负皆释去"，但元帅府诸帅缘此前"回易贷缗，遍于诸路，岁久不能偿"，便违反赦令，不同意免除债负，而是重新规定："诸公私债负，无可偿者，没身及妻女为奴婢以偿之。"③ 这种中央诏令不行于地方的情况，即便是在金朝中叶也十分突出。金章宗明昌三年（1192），忻州陈毅上书提及当世弊政，其中一条便是"随处有司不能奉行条制"④，可见中央的诏令下达至底层机构时，推行的阻力很大。作为恩霈万民的大赦赦书，竟也难逃这种命运。兹举两例：泰和末大安初，某任平定州刺史"苛于用刑，盗贼无大小皆棓杀之，闻赦将至，先棓贼死乃拜赦"⑤；石抹元任同知淄州军州事时，"剧盗刘奇久为民患，一日捕获，方讯鞫，闻赦将至，亟命杖杀之，阖郡称快"⑥。二者皆在赦书将至之前处决囚犯，虽目的不一，但均为违背赦宥之举。值得注意的是，这种明知有恩赦而故意论决的现象，历代都不乏其例，这是中央意志贯彻到基层之时，普遍存在的事实，皇帝

---

① 《金史》卷52《选举志二》，第1157—1158页。

② 《金史》卷54《选举志四》，第1209页。

③ 《建炎以来系年要录》卷120，绍兴八年六月，"是夏"，第1949页。

④ 《金史》卷9《章宗纪一》，第221页。

⑤ （金）元好问：《遗山集》卷17《闲闲公墓铭》，第191页。

⑥ 《金史》卷128《石抹元传》，第2769页。

们虽然明知，亦无如之何。

赦宥是皇帝的特权，尽管金初皇权特征并不明显，赦宥之事，皇帝之外的人亦偶有行之①，但随着女真族汉化程度的逐步加深，金朝皇帝也随之将赦宥大权牢牢握在手中。金末，宣宗已经认为“擅出系囚，此自人主当行，非臣下可专”② 了。然而，哀宗后期，随着内忧外患的加剧，特别是哀宗从开封逃往归德以后，皇帝威权大大下降，赦令已没有什么效力了。如金末将领武仙私自囚禁沈丘县尉曹政，遇赦不释：“会赦，犹囚之，及仙败，始得释，与杨全俱降宋。”③ 哀宗的赦书传达到武仙所部，已经流为一纸空文。地方官对皇帝赦令的视若无睹，标志着大金皇权的式微，政令不行，金朝的灭亡已为期不远。

① 如天辅七年，金太祖出征在外，吴乞买与习不失居守，郓王昂因违纪律失众，法当死。习不失认为昂是太祖的兄弟，劝吴乞买屈法以全其命，吴乞买以为然，于是以杖刑了事。见《金史》卷70《习不失传》，第1618页。再如天眷三年，汴梁行台有赦宥死罪之权：“囚有杀人当死者，行台欲宥之，（赵）元不从，反复数四，势不可夺。”见《金史》卷90《赵元传》，第1994页。

② 《金史》卷108《把胡鲁传》，第2392页。

③ 《金史》卷118《武仙传》，第2579页。

第四章　辽金时期的曲赦、德音与录囚

前文已述，辽金赦宥包括大赦、曲赦、德音和录囚四种类型。上章已对辽金大赦作了细致研究，本章则旨在探讨辽金王朝的曲赦、德音和录囚等赦宥类型。

辽代曲赦、德音和录囚的比例约占全部赦宥的71%，金代这个数字是61%，可见在辽金两个少数民族王朝中，大赦之外的这三种赦宥方式占主要地位。那么辽金曲赦、德音和录囚的情况到底怎样？它们又有什么意义和作用？这些都是本章要讨论的问题。

第一节　曲赦

辽代曲赦在整个赦宥中的比例并不高，但金代曲赦则占据了金代所有赦宥的三分之一强。本节拟对辽金两个北方少数民族王朝的曲赦做一分析。

一　辽代曲赦

据本书第一章表1的统计，辽代赦宥共153次，其中曲赦23次，曲赦所占比例为15.0%。从时间上看，曲赦以道宗朝次数最多，为12次，频率也最高。从地域分布来看，辽代曲赦最多的区域是京师（上京）地区，其次是行在和南京。

辽代曲赦的内容大致包含免罪、减租等内容。如天显元年（926）二月，太祖曲赦渤海国："赦其国内殊死以下。"① 重熙二十四年（1055）三月，以皇太弟重元生子，兴宗"曲赦行在及长春、镇北二州徒以下罪"②。

---

① 《辽史》卷2《太祖纪下》，第24页。

② 《辽史》卷20《兴宗纪三》，第282页。

咸雍四年（1068）十月，道宗曲赦南京："曲赦南京徒罪以下囚。永清、武清、安次、固安、新城、归义、容城诸县水，复一岁租。"[1] 下面将辽代曲赦按照颁布特点分类，逐一讨论。

（一）曲赦五京

辽有五京，作为国家的政治、经济、军事中心[2]。辽帝巡幸至五京，往往举行国事活动，故常有曲赦。首先是对京师（上京）的曲赦。作为一个王朝的政治中心，京师无论发生政治事件，抑或自然灾害，都易引起皇帝的关注，因而它一向是曲赦最频繁的地区。如天赞四年（925）十一月，辽太祖幸安国寺饭僧，曲赦京师囚[3]；应历十四年（964）八月，辽穆宗以生日值天赦，曲赦京师[4]；太平二年（1022）十月，圣宗至上京，曲赦畿内囚[5]；等等。辽代还有为帝后生辰曲赦京畿囚徒之例：清宁元年（1055）十二月庚戌，以圣宗冥诞，曲赦上京囚[6]；清宁二年三月，以钦哀后生日应圣节，曲赦京畿百里内囚[7]。其次是对其南京和西京的曲赦：重熙二十三年（1054）十月，辽兴宗以南京开泰寺铸造佛像，曲赦南京囚[8]；清宁八年十二月，道宗与皇太后驻留西京，"以皇太后行再生礼，曲赦西京囚"[9]；等等。

（二）曲赦幽云

除了因帝后巡幸而赦之外，南京道作为辽朝最重要的农业区，也常因此受到曲赦之眷顾。宋人苏辙称："契丹据有全燕，擅桑麻枣栗之饶，兼玉帛子女之富。"[10] 沈括云："契丹之粟果瓠，皆资于燕。"[11] 因此南京是辽代曲赦的一个重点地区。辽道宗清宁三年（1057）七月和咸雍四年十月的两次曲赦，起因均为南京自然灾害严重。不过需要指出的是，对于清宁三年的南京地震，《辽史》记在七月甲申，而宋方史料则系于当年四月

---

① 《辽史》卷22《道宗纪二》，第304页。

② 关于辽代五京的研究，参见康鹏《辽代五京体制研究》，博士学位论文，北京大学，2007年。

③ 《辽史》卷2《太祖纪下》，第23页。

④ 《辽史》卷7《穆宗纪下》，第90页。

⑤ 《辽史》卷16《圣宗纪七》，第213页。

⑥ 《辽史》卷21《道宗纪一》，第287页。

⑦ 同上。

⑧ 《辽史》卷20《兴宗纪三》，第288页。

⑨ 《辽史》卷22《道宗纪二》，第298页。

⑩ （宋）苏辙：《栾城后集》卷11《历代论五》，"燕蓟"，上海古籍出版社1987年版，第1279页。

⑪ （宋）沈括：《熙宁使虏图抄》，贾敬颜疏证本，《文史》第22辑，第127页。

丙寅："雄州言北界幽州地大震，大坏城郭，覆压死者数万人。"[①] 或辽南京地震发生于四月，而曲赦诏书颁降在七月。

此外，西京道的农业生产力虽与南京相比逊色不少，但仍较辽本土地区为优。西京地区在并入辽朝之前，农业就相当发达，史载后唐天成二年(927)，"蔚、代缘边粟，斗不过十钱"[②]。西京地区入辽后，开泰六年(1017)十月南京道发生饥荒，圣宗下令"挽云、应、朔、弘等州粟振之"[③]。这些例子说明西京的农业生产能力还是相当强的。大安四年(1088)正月道宗曲赦西京役徒[④]，大概也是由于当时西京同上京、南京一样，发生了饥馑。归化州张世卿曾因"大安中，民谷不登，饿□死者众"而"进粟二千五百斛"[⑤]，其中的"大安中"，应当就是指大安四年的西京道饥荒。辽朝因自然灾害而曲赦南京道与西京道，表明了统治者对这一地区农业生产的重视。

(三) 曲赦役徒

兴宗和道宗朝，还多次曲赦役徒。重熙十九年(1050)十月，辽兴宗"释临潢府役徒"[⑥]，大安四年(1088)二月，道宗春捺钵，"甲午，曲赦春州役徒，终身者皆五岁免。己亥，如春州。赦泰州役徒"[⑦]。这两朝频频赦徒，反映出当时的劳役之多。从寿隆三年六月"诏每冬驻跸之所，宰相以下构宅，毋役其民"[⑧] 来看，这些役徒似乎都是辽帝四时捺钵时百官住所的建造者。这表明辽末的四时捺钵已经出现了定居化的倾向。

辽朝帝王曲赦役徒的行为，似乎也与其遥遵两汉的特点有关。考"赦徒"一类的赦宥，始创于两汉，两晋南朝并皆承袭，在北朝则鲜有使用。隋唐以来，"赦徒"之事已越发稀少，仅见宋太宗淳化五年(994)十二月，"弛忠、靖二州刑徒"[⑨] 的一次。辽自兴宗朝开始，赦徒再次接连出现，此亦当是其制度遥仿汉朝的表征之一。

(四) 其他

辽代曲赦的发生，还有其他特点，如皇太弟生子、再生礼等。具体的

---

① 《长编》卷185，嘉祐二年四月丙寅，第8册，第4474页。
② 《资治通鉴》卷276，后唐明宗天成二年，"是岁"，第9138页。
③ 《辽史》卷15《圣宗纪六》，第196页。
④ 《辽史》卷25《道宗纪五》，第334页。
⑤ 《张世卿墓志》，载《辽代石刻文编》，第655页。
⑥ 《辽史》卷20《兴宗纪三》，第276页。
⑦ 《辽史》卷25《道宗纪五》，第334页。
⑧ 《辽史》卷26《道宗纪六》，第348页。
⑨ 《宋史》卷5《太宗纪二》，第96页。

例子见重熙二十四年（1055）三月，辽兴宗以皇太弟重元生子，曲赦行在及长春、镇北二州囚[①]；寿昌四年（1098）十二月，道宗以皇孙耶律延禧行再生礼，曲赦行在[②]。

二　金代曲赦

据本书第一章表2的统计，金代赦宥共106次，其中曲赦40次，所占比例为37.7%。从时间上看，金代曲赦以宣宗朝次数最多，频率也居于九朝之冠。从地域分布来看，金代曲赦最多的地区为上京，其次为山东，然后是东京、山西和河南。上京作为金朝的肇兴之地，政治地位极高，自然颇受女真帝王的垂顾。山东是支撑金朝财政收入的重要地区，即所谓“山东之地重于河南”[③]；且山东因毗邻宋境，始终是金朝统治下不甚稳定的地区，职是之故，金朝统治者才屡屡曲赦山东。

金代曲赦的内容与大赦相似，通常也包含免罪、减税、覃恩等内容。如天辅六年十月太祖曲赦蔚州：“官民未附已前，罪无轻重及系官逋负，皆与释免，诸官各迁叙之。”[④] 大定二十四年（1184）四月，世宗曲赦东京：“给复东京百里内夏秋税租一年。在城随关年七十者补一官。曲赦百里内犯徒二年以下罪。”[⑤] 泰和六年（1206）六月，金章宗曲赦寿州：“免今年租税诸科名钱，释死罪以下。”[⑥] 天兴二年（1233）七月，哀宗曲赦蔡州：“自天兴二年七月一日昧爽以前，据蔡州管内支郡属县杂犯死罪以下，并行释免。官吏军民，各覃恩两重。归德以南经过去处曾经应办者，迁一官。百姓逃亡户绝者抛下地土，听人恣耕，并免差税。自来拖欠官房、地基、军须等钱，俱免追征。连年兵饥，多有暴露骸骨，仰所在官司如法埋瘗。”[⑦] 不过金代曲赦内容最值得注意的是兴定五年二月的曲赦东平府，在这次曲赦中，出现了科举免试的条文：

> 凡东平府试诸科中选人，尝被任使，已逾省试期日，特免省试。

---

① 《辽史》卷20《兴宗纪三》，第282页。
② 《辽史》卷26《道宗纪六》，第349页。
③ 《金史》卷27《河渠志》，金世宗语，第678页。
④ 《金史》卷2《太祖纪》，第38页。
⑤ 《金史》卷8《世宗纪下》，第187页。
⑥ 《金史》卷12《章宗纪四》，第276页。
⑦ （金）王鹗：《汝南遗事》卷1，文渊阁四库全书本。

> 惟经童律科即为及第，似涉太优，别日试之。[1]

这次曲赦东平府的原因是蒙古撤围。东平府作为河南的东面屏障，经年战事不断，这也导致了在此举行的科举省试无法按期举行。宣宗因蒙古纲之请，故在曲赦中增添了这一条款。

金代曲赦的颁降原因，主要有战争、灾异、禳疾、赦过责功、巡幸等，以下逐一讨论。

（一）战争与曲赦

金朝以武力得国，并以武力立国。金灭北宋后，被鞑靼、西夏、南宋、高丽包围，尤其是鞑靼与南宋，始终是难缠的劲敌，所以金朝一直潜伏着南北两线同时作战的危险。有金一代，战事不断，因此，金代的曲赦，绝大多数与战争有关。金代39次曲赦中，有26次因战争而起，战争导致的曲赦约占到曲赦总数的67%。

金国肇兴，随即以秋风扫落叶之势攻破辽朝。太祖、太宗两朝共颁降5次曲赦，皆因对辽战事而起，目的主要是为了争取民心，瓦解敌方斗志。如天辅七年（1123）正月“甲子，辽平州节度使时立爱降。诏曲赦平州”[2]。这次曲赦在本纪中记述过于简略，《金史·时立爱传》对此次赦宥内容记之甚详：

> 太祖已定燕京，访求得平州人韩询持诏招谕平州。……立爱未敢即朝见，先使人来送款曰：“民情愚执，不即顺从，愿降宽恩，以慰反侧。”诏曰：“朕亲巡西土，底定全燕，号令所加，城邑皆下。爰嘉忠款，特示优恩，应在彼大小官员可皆充旧职，诸囚禁配隶并从释免。”[3]

从上段引文中可以明显看出这次曲赦的动机在于宽慰反侧，消弭抵抗。金世宗即位初期的曲赦山东农民起义军、曲赦河南和秦陇地区，皆因战事而起。泰和六年（1206），章宗曲赦南线唐、邓、颍、蔡、宿、泗、寿诸州以及京兆、凤翔、临洮三路，也因战乱而发。在金末二十余年之中，因外敌内患此起彼伏，金朝内外形势空前严峻，故而因战争而颁布的曲赦愈加

---

① 《金史》卷102《蒙古纲传》，第2258页。
② 《金史》卷2《太祖纪》，第39页。
③ 《金史》卷78《时立爱传》，第1776页。

繁促，目前所见，达17次之多，具体情况参见附录二，兹不赘举。

（二）灾异、禳疾、赦过责功与曲赦

这里所谓的灾异包括天变与自然灾害。金代因天变而曲赦，全部集中在熙宗朝①。皇统七年（1147）七月，金熙宗曾因太白经天而曲赦畿内。这里需要解释一下为何太白经天属于灾异。按，“太白”是金星的别称，在古人的天象论中，太白主征伐，太白经天，指的是太白昼见于午后，古人认为这是天下动乱的征兆。如东汉班固云：“太白经天，天下革，民更王，是为乱纪，人民流亡。昼见与日争明，强国弱，小国强，女主昌。”②又，元代李克家也总结道：“天子失位，刑罚苛而攻战行，则太白经天。”③所以，古人视太白经天为祸乱之兆，故金熙宗希望借曲赦畿内以度过劫难。除这次曲赦之外，熙宗还在皇统九年五月因四月壬申、丁丑的天变而曲赦上京囚。《金史》对这次天变有详细记载：“（皇统）九年四月壬申夜，大风雨，雷电震寝殿鸱尾坏。有火入帝寝，烧帷幔，上惧，徙别殿。丁丑，有龙斗于利州榆林河上。大风坏民居官舍十六七，木瓦人畜皆飘扬十余里，死伤者数百，同知州事石抹里压死。”④熙宗面对天变十分惊恐，先肆赦，后又曲赦上京囚，欲禳之。这次天变，宋人亦洞悉其内情：“龙见御寨宫中，雷雨大至，破柱而去。亶大惧，以为不祥。”⑤

应当指出，因天变而禳，历史上早有这种思想。齐景公三十二年（前516），彗星出东北，当齐国分野，景公忧心忡忡，向晏子询问可禳此天变否，晏子表示不若修政以平息百姓苦怨⑥。后世帝王也常因天变降赦，如宋徽宗在崇宁五年（1106）正月因彗星见、太白经天而大赦⑦；元朝元统二年（1334）八月，元顺帝因太白屡屡经天，大赦天下⑧；等等。不过，金熙宗两次因天变而曲赦，反映了他本人对天的敬畏与对“不祥之兆”的厌恶，也表明熙宗对汉文化的接纳与学习。司马迁针对天变，

---

① 金代因天变而大赦，见诸章宗朝，《金史》卷10《章宗纪二》，第230页：“（明昌四年）八月己亥，枢密使襄帅百僚再请上尊号，不许。是日，岁星、太白昼见。庚子，大赦。”

② 《汉书》卷26《天文志第六》，第1283页。

③ （元）李克家：《戎事类占》卷13《星类七》，国家图书馆善本部藏，明万历二十五年厌原山馆刻本。

④ 《金史》卷23《五行志》，第536页。

⑤ （宋）岳珂：《桯史》卷12《龙见赦书》，中华书局1981年版，第139页。岳珂将此事系于皇统十年，误，当系于皇统九年。

⑥ 《史记》卷32《齐太公世家》，第1819页。

⑦ 《宋史》卷20《徽宗纪二》，第375页。

⑧ 《元史》卷38《顺帝纪一》，第823页。

有一段精辟论断："日变修德，月变省刑，星变结和。凡天变，过度乃占。国君强大有德者昌，弱小饰诈者亡。太上修德，其次修政，其次修救，其次修禳，正下无之。"① 作为刚刚接触汉文化的女真族天子，金熙宗在面对天变之时，也仿照汉制，采取了降赦"修禳"的办法。

熙宗不仅曲赦以禳天变，而且通过曲赦禳疾。古人认为疾病和死亡是神鬼给人的惩罚，故每当药石无效之时，人们常常转而祈求神鬼，希望得到宽恕。赦宥便是封建帝王祈祷神鬼宽恕的一个重要手段。金代因采取颁降赦宥而禳疾的行为，凡三次，其中一次是大赦，发生在大定二十八年（1188）十二月，起因是金世宗病重（详见上文）；另外两次均发生在熙宗朝。皇统元年（1141）五月，宗幹病危，熙宗曲赦野狐岭囚徒为其禳疾②；皇统二年十二月，皇太子济安病情加剧，熙宗曲赦畿内囚徒以禳疾③。宗幹为养父、济安为长子，二人皆为至亲，熙宗心痛二人病重之无救，寄希望于曲赦囚徒为他们二人祈福，以换取上天的垂怜。

金代亦存在因自然灾害严重而曲赦的情形，见诸史籍者共两例：泰和六年（1206）五月，山东路灾，曲赦死罪以下④；大安二年（1210）六月，以天旱，曲赦西京、太原两路杂犯，死罪减一等，徒以下免⑤。

金末，为补充兵源，哀宗在正大二年正月下诏曲赦河南、关陕、山东诸路："罪无轻重，皆与蠲除。其愿备行伍为国驰驱者，当加旌异。"⑥ 这次曲赦实质上是"赦过责功"思想的体现。

（三）巡幸与曲赦

除了战争与灾异、禳疾、自然灾害之外，金代曲赦的起因还有帝王巡幸。女真族延续了契丹族"春山秋水"的四时捺钵行为，但在时间上远不及契丹那么久，且金帝虽每每四时外出，但并非次次曲赦。因车驾巡幸所经之处供奉亦多，为补偿地方损失，金帝更多的是蠲免途经州县之赋税。总之，金帝因巡幸而曲赦，并不多见。金代最具代表性的巡幸而赦发生在大定二十四年（1184）。大定二十四年四月，世宗北巡路过东京，驻

---

① 《史记》卷27《天官书》，第1608页。

② 《金史》卷76《宗幹传》，第1742页。

③ 《金史》卷80《济安传》，第1797页。

④ 《金史》卷12《章宗纪四》，第275页。

⑤ 《金史》卷13《卫绍王纪》，第292页。

⑥ 旧题（宋）宇文懋昭：《大金国志》卷26《义宗皇帝》，文渊阁四库全书本。按，崔文印先生校证本《大金国志校证》将此系于正大元年，恐有不妥。按崔先生所用《大金国志》底本为扫叶山房本，该本将哀宗正大元年事置入正大二年，正大二年事置于正大三年，以此类推，导致无正大八年，不宜取。

留二三日，曲赦东京百里内犯徒二年以下罪[①]；大定二十五年四月，世宗在上京，曲赦会宁府[②]。史载世宗在上京期间，驸马乌古论元忠曾谏言“鸾舆驻此已阅岁，仓储日少，市买渐贵，禁卫暨诸局署多逃者，有司捕置诸法恐伤陛下仁爱”[③]，清人毕沅在编修《续资治通鉴》时，将此谏言置于世宗曲赦会宁府之前[④]，意世宗曲赦会宁府是因銮舆驻跸于此而导致当地发生了经济困难，笔者认为这样的处置是合理的。其后如章宗明昌四年欲巡幸山后景明宫，董师中便力谏，直陈皇帝出巡对当地“米价甚贵，若扈从至彼，又必增价”[⑤] 的担忧。

世宗这次北巡上京，在南宋引起了轩然大波。南宋朝臣们对金世宗的突然行动做出了种种不利猜测[⑥]，并密切注视着世宗的一举一动，甚至打探到了金朝这次曲赦上京的确切时间：“北主四月十五日曲赦上京。”[⑦] 但这一消息可能有误，《金史》载曲赦之日为四月壬申，即四月十九日[⑧]。

金代帝王其他巡幸而赦的事例还有：明昌五年（1194）六月，章宗前往冰井出猎，拜天，曲赦西北路[⑨]；贞祐二年（1214）六月，宣宗南行，经过彰德府，曲赦其境内[⑩]，至南京开封府，曲赦南京属县[⑪]；天兴二年（1233）正月、七月，哀宗为逃避蒙古军追击，先后入归德府、蔡州，曲赦其境[⑫]等。

第二节　德音

相比在唐宋两个王朝的流行，“德音”在辽金时期的次数并不多。有

---

① 《金史》卷8《世宗纪下》，第187页。
② 同上书，第188页。
③ 《金史》卷120《乌古论元忠传》，第2624页。
④ （清）毕沅：《续资治通鉴》卷150，孝宗淳熙十二年，中华书局1957年版，第4000页。
⑤ 《金史》卷95《董师中传》，第2114页。
⑥ 如宋孝宗从盱眙处听闻“金国以八千剿绝契丹，此事甚为可骇”。见（宋）周必大《文忠集》卷148《盱眙传闻御笔》，淳熙十二年四月二十七日，文渊阁四库全书本。
⑦ （宋）周必大：《文忠集》卷193《王仲行尚书》，淳熙十二年，文渊阁四库全书本。
⑧ 此据陈垣《二十史朔闰表》推定，古籍出版社1956年版，第140页。
⑨ 《金史》卷10《章宗纪二》，第232页。
⑩ 《金史》卷14《宣宗纪上》，第305页。
⑪ （元）晓山老人：《太乙统宗宝鉴》卷16《太乙统运入卦行爻编年》，明抄本。
⑫ 《金史》卷18《哀宗纪下》，第396、399页。

记载的唐代德音共 83 次[①]。宋代德音则由于南宋史料残缺，无法全盘统计[②]，但为数亦多。辽代德音共 18 次，金代德音只有 7 次。

一 辽代德音

辽代首次赦罪形式的德音，发生在天赞元年（922）二月南伐之前，一个重要原因是改元[③]。关于此次德音的其他颁降原因，前文已作分析，兹不赘言。因改元而赦罪的情况，道宗大康十年（1084）十二月再次发生："是月，改明年为大安，赦杂犯死罪以下。"[④]

辽代德音的主要颁布原因，是帝后过生日以及行再生礼。应历二年（952）十二月，穆宗生日，饭僧，释系囚[⑤]。应历三年八月，穆宗再次"以生日，释囚"[⑥]。重熙六年（1037）七月，兴宗以皇太弟重元生子，"曲赦死罪以下"[⑦]。重熙二十二年（1053）十二月，应圣节，"曲赦徒以下罪"[⑧]。咸雍六年（1070）十二月，坤宁节，"赦死罪以下"[⑨]。这种因庆生而降德音的情况，有时也会因纪念故去皇帝的生日而发生：如重熙十五年十二月，以圣宗在时生辰，"曲赦徒以下罪"[⑩]。不过绝非每逢圣节便有恩宥，如应历十三年八月甲申日，正值辽穆宗生日，但穆宗只是"以生日，纵五坊鹰鹘"[⑪]，这表明辽代的赦宥制度有不稳定的一面。

道宗朝以来，辽代出现了因帝王行再生礼而颁布德音的情形。咸雍三年十二月，行再生礼，赦死罪以下[⑫]。咸雍五年"十二月甲子，行皇太子再生礼，减诸路徒以下罪一等"[⑬]。十二年后，即大康五年（1079）十二月，辽道宗再行再生礼，赦杂犯死罪以下[⑭]。

---

① 此据陈俊强先生统计，参见氏著《皇权的另一面：北朝隋唐恩赦制度研究》，第 178 页。

② 郭艳艳：《宋代赦书研究》，博士学位论文，河南大学，2011 年，第 23 页。

③ 《辽史》卷 2《太祖纪下》，第 20 页。

④ 《辽史》卷 24《道宗纪四》，第 328 页。

⑤ 《辽史》卷 6《穆宗纪上》，第 79 页。按穆宗生于天显六年八月初五日，此处作十二月，疑误，但穆宗因庆生而颁赦，当有其事。

⑥ 《辽史》卷 6《穆宗纪上》，第 80 页。

⑦ 《辽史》卷 18《兴宗纪一》，第 267 页。

⑧ 《辽史》卷 20《兴宗纪三》，第 280 页。

⑨ 《辽史》卷 22《道宗纪二》，第 306 页。

⑩ 《辽史》卷 19《兴宗纪二》，第 266 页。

⑪ 《辽史》卷 6《穆宗纪上》，第 86 页。

⑫ 《辽史》卷 22《道宗纪二》，第 303 页。

⑬ 同上书，第 305 页。

⑭ 《辽史》卷 24《道宗纪四》，第 322 页。

需要指出的是，辽代因行再生礼而颁赦，直至兴宗朝始形成制度，在道宗朝得到进一步完善。兴宗朝以前，辽帝虽行再生礼，但都未降赦，如太宗、景宗、圣宗三朝，均有帝后行再生礼之事，然并无赦宥降下，直至重熙八年（1039）十一月，辽朝才首次因皇太后行再生礼而大赦天下。兴宗朝，皇太后行再生礼肆赦，已成为故事，但皇帝行再生礼时，仍无恩霈随降。道宗继位后，继续遵循皇太后行再生礼降赦的惯例，同时又新确立了皇帝、皇太子以及皇孙行再生礼之时，也颁布赦宥的制度。天祚帝朝行再生礼的情况由于史料残缺，已难得其详，不过天祚帝自幼在道宗左右，即位后似应遵循道宗朝的传统。考天祚帝在乾统十年（1110）四月曾预行再生礼[①]，故笔者怀疑当年天祚帝是有行再生礼之事的，且有赦宥降下[②]。

辽代减等形式的“德音”出现得很晚，直至兴宗朝方见其踪。重熙十六年十二月，“乙卯，以太后愈，杂犯死罪减一等论，徒以下免”[③]，这是目前所见辽代皇帝降此类德音的最早记录。另外两次有记载的辽代德音均在道宗朝，分别为咸雍五年（1069）“十二月甲子，行皇太子再生礼，减诸路徒以下罪一等”[④]，和大安十年（1094）十二月“乙酉，诏改明年元，减杂犯死罪以下，仍除贫民租赋”[⑤]。这三次颁降德音，原因各不相同。大安十年冬因明年改元，降德音而非大赦。这个异常现象的发生，很可能是由于辽朝当时的经济状况恶化所致。自道宗即位以来，辽朝的自然灾害发生率便长期居高不下[⑥]，《辽史》本纪所载辽朝赈饥行为共计 31 次，其中道宗朝便有 21 次，所占比例为 67.7%，大安四年四月，道宗甚至通过“立入粟补官法”[⑦] 来征收民间存粮，由此可窥见道宗朝经济困难之境况。

除了上述几种原因之外，辽代降下德音，还有其他两种情形。其一，辽代赦免役徒，有时也以德音的形式进行。重熙二十一年（1052）十二

---

① 《辽史》卷 27《天祚皇帝纪一》，第 363 页。

② 按，《辽史》卷 27《天祚皇帝纪一》载乾统十年十二月有“改明年元”之事。第 363 页。据以往惯例，此时当有赦宥降下，惜史料阙载，不能推定。

③ 《辽史》卷 20《兴宗纪三》，第 272 页。

④ 《辽史》卷 22《道宗纪二》，第 305 页。

⑤ 《辽史》卷 25《道宗纪五》，第 342 页。

⑥ 相关研究，参见蒋金玲《辽代自然灾害的时空分布特征与基本规律》，《东北师大学报（哲学社会科学版）》2012 年第 3 期，第 75—80 页。

⑦ 《辽史》卷 25《道宗纪五》，第 334 页。

月，“释役徒限年者”[1]。大安四年（1088）五月，赦役徒：“丁巳，诏免役徒，终身者五岁免之。”[2] 其二，降赦以替病人（亡人）祈福，辽代亦不乏其例。重熙十二年七月，“北院枢密使萧孝忠薨，特释系囚”[3]。重熙十八年三月，皇子耶律洪基病愈，赦杂犯死罪以下[4]。这里值得注意的是萧孝忠之例。兴宗在其死后才特赦囚徒数人的做法，与常见的因病重而赦的做法不同。兴宗此举，目的是为死去的萧孝忠荐福，透露出兴宗本人对佛教因果轮回的沉迷。

二 金代德音

金代德音形式的赦宥，全部集中在海陵王、章宗与哀宗三朝。

贞元二年（1154）十月，海陵王首降德音：“诏所在州郡，徒流之囚特与释禁，战阵之际令其先锋自效。”[5] 按，利用犯人充当军队先锋，前代有之。秦二世为镇压农民起义，大赦天下囚徒，交与章邯率领反击起义军，大获全胜。这一做法唐代亦有，如万岁通天元年（696）九月，武则天下诏：“天下系囚及士庶家奴骁勇者，官偿其直，发以击契丹。”右拾遗陈子昂认为武后此举不伦不类：“恩制免天下罪人及募诸色奴充兵讨击契丹，此乃捷急之计，非天子之兵。”[6] 按，陈子昂所言，指明了赦囚徒以充兵，只能是临时应急之计，不可长期进行。金代赦囚犯从军，亦仅此一见。

章宗朝共降下四次德音，原因各异。第一次是在明昌二年（1191）十月，“以河北、山东旱，应杂犯及强盗已未发觉减死一等，释徒以下”[7]。明昌四年五月，章宗因累上尊号不受，第二次降德音：“诏谕中外，徒罪以下递降一等，杖以下原之。”[8] 考皇帝受臣僚上尊号，例有大

---

① 《辽史》卷20《兴宗纪三》，第279页。

② 《辽史》卷25《道宗纪五》，第335页。

③ 《辽史》卷19《兴宗纪二》，第261页。《辽史》卷81《萧孝忠传》，第1418页云：“帝素服哭临，赦死囚数人，为孝忠荐福。”

④ 《辽史》卷20《兴宗纪三》，第274页。

⑤ （宋）宇文懋昭撰、崔文印校证：《大金国志校证》卷13《海陵炀王上》，第188页。按，《大金国志》一书，系元人抄撮众书杂糅而成，真伪难辨，应当慎用。但其史料价值也不容忽视，尤其是帝纪部分关于金太祖、太宗、熙宗、海陵王四帝的记载，更是足资考证。

⑥ 《资治通鉴》卷205，则天后万岁通天元年九月，第6622—6623页。

⑦ 《金史》卷9《章宗纪一》，第219页。

⑧ 《金史》卷10《章宗纪二》，第229页。

赦之举。章宗因反感生时上尊号，故不受。然为了抚慰臣子，特减罪，以比大赦。承安二年（1197）五月，章宗以皇子生，第三次颁降德音："降死罪，释徒以下。"[①] 按章宗后妃此前诞有四子，均活不到三岁便告夭折[②]。明昌四年（1193）皇子洪衍死后，章宗久未生育。为此，章宗在明昌六年二月，始祭高禖求子；转年二月，章宗再遣有司祭祀高禖如新仪[③]。承安二年五月，在获知平日最宠爱的元妃李氏为其产下一子后，章宗欣喜若狂，故为之颁布德音，恩霈天下。章宗的最后一次降德音是因为北征鞑靼诸部事定，承安三年十一月，以北边事定，"诏中外，减死罪，徒已下释之"[④]。

哀宗朝的两次德音皆与旱灾有关。自章宗朝以来，金朝长期受旱灾困扰，据有关学者研究："自金章宗至金末的45年间，共发生旱灾53次，平均0.85年发生1次，几乎是年年不断。"[⑤] 正大年间（1224—1232）旱灾发生频繁，史称"金末大荒，民皆食椹"[⑥]，故哀宗多次降德音赦宥囚徒、蠲免赋税。正大二年五月，哀宗以旱责己，赦罪[⑦]。正大五年六月，以旱，"赦杂犯死罪已下"[⑧]。

第三节　录囚

辽金两个少数民族王朝均沿袭了中原王朝的录囚制度。值得注意的是，辽代录囚的原因与中原王朝有着很大差异。笔者更倾向于认为辽代录囚仅仅是个别统治者重视刑狱的行为，其中偶见佛教的"不杀生"思想，却与自然灾害以及"天人感应"学说并没有什么关联。就两朝录囚次数言之，辽代录囚非常频繁，金代录囚次数则相对较少，反映了两个少数民族王朝的差异。以下分别论述。

---

① 《金史》卷10《章宗纪二》，第241页。

② 《金史》卷93《章宗诸子传》，第2058—2059页。

③ 《金史》卷10《章宗纪二》，第235、238页。

④ 《金史》卷11《章宗纪三》，第249页。

⑤ 武玉环：《金代自然灾害的时空分布特征与基本规律》，《史学月刊》2010年第8期，第96页。

⑥ （明）李时珍编纂，刘衡如、刘山永校注：《本草纲目》木部，卷36，"桑"，华夏出版社2011年版，第1387页。

⑦ 《金史》卷17《哀宗纪上》，第376页。

⑧ 同上书，第380页。

一　辽代录囚

辽代录囚，见于记载的共有66次，其中太宗、穆宗朝各2次，圣宗朝30次，兴宗朝20次，道宗朝12次。有辽一代的年录囚频率为0.32次。需要指出的是，辽代尚有不少次录囚，史书失载，或语焉不详。如辽景宗即位后曾"躬录囚徒，尽召而释之"①，便佚去具体年月。对此种种，因无法考证，本书只得暂时放弃统计。

辽朝帝王录囚的思想，可追溯至建国以前。太祖七年（913），阿保机下诏："朕自北征以来，四方狱讼，积滞颇多。今休战息民，群臣其副朕意，详决之，无或冤枉。"遂命北府宰相萧敌鲁等分道疏决滞狱②。修《辽史》的元人以为"有辽钦恤之意，昉见于此"③。太祖以后，辽朝的录囚行为渐多，除世宗、景宗与天祚三朝可能因史书漏载而没有录囚外，其余诸帝皆有录囚之举。这些录囚大多数都带有原宥之意，例如圣宗统和十二年（994）八月，"丁酉，录囚，杂犯死罪以下释之"④；兴宗重熙十七年（1048）七月，"甲寅，录囚，减杂犯死罪"⑤；道宗大安二年（1086），耶律俨"改御史中丞，诏按上京滞狱，多所平反"⑥。诸如此类，不一而足。

辽代诸帝在位期间录囚频率的发展变化，如图5所示：

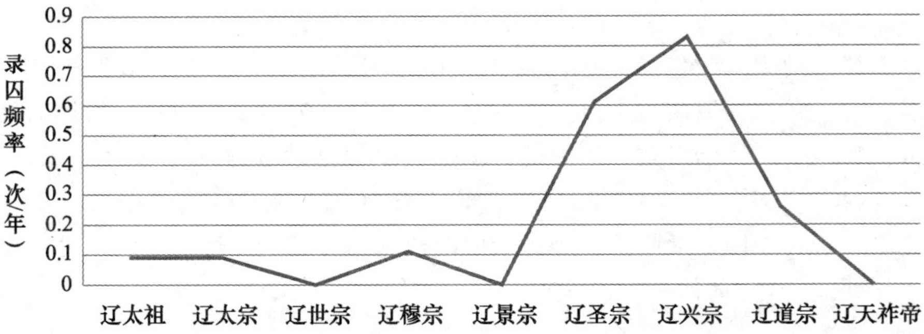

图5　辽代录囚频率

① 《辽史》卷61《刑法志上》，第1041页。
② 同上书，第1039页。
③ 同上。
④ 《辽史》卷13《圣宗纪四》，第157页。
⑤ 《辽史》卷20《兴宗纪三》，第273页。
⑥ 《辽史》卷98《耶律俨传》，第1558页。

从上图可以看出，辽代的录囚频率在圣宗以前很低，大约十年一次。圣宗即位后，辽代的录囚频率骤然上升。圣宗朝之所以会突然出现如此高频率的录囚行为，当是源于景宗以来统治者对以往“重法治国”观念的否定。

还在潜邸之时，景宗便对穆宗严惩囚犯的行为不以为然。即位后，景宗力图扭转这一做法。对此，《辽史·刑法志》记述甚详：

> 季年，（辽穆宗）暴虐益甚，尝谓太尉化葛曰：“朕醉中有处决不当者，醒当覆奏。”徒能言之，竟无悛意，故及于难。……景宗在潜，已鉴其失。及即位，以宿卫失职，斩殿前都点检耶律夷腊葛。赵王喜隐自囚所擅去械锁，求见自辩，语之曰：“枉直未分，焉有出狱自辩之理？”命复絷之。既而躬录囚徒，尽召而释之。

景宗死后，妻萧氏摄政，秉承了这一宽宥理念：“圣宗冲年嗣位，睿智皇后称制，留心听断，尝劝帝宜宽法律。”[①] 母亲的教导对圣宗的影响极深，况且圣宗奉佛，故他在成年之后，不断颁发诏令，修正法律，以减轻刑罚。如不得擅杀奴婢、改盗窃处死的赃款金额十贯为二十五贯等。圣宗还“尝敕诸处刑狱有冤，不能申雪者，听诣御史台陈诉，委官覆问……犹虑其未尽，而亲为录囚”[②]。开泰二年（1013）二月，圣宗命北院枢密副使高正按察诸道狱[③]。元末史官在《辽史·圣宗纪》中称赞圣宗“理冤滞”[④] 乃其出色成就，是符合历史事实的。也正是由于承天太后与圣宗遵循了景宗建立起来的宽宥囚犯的理念，辽代的录囚频率才会在圣宗朝陡然升高[⑤]。不过圣宗朝的录囚，在执行中也存在着不规范的现象。韩德让曾上奏指陈“三京诸鞫狱官吏，多因请托，曲加宽贷，或妄行搒掠，乞行禁止”[⑥]。

辽代的录囚频率在兴宗朝达到峰值。盖兴宗本人对佛教的极度沉迷，致使他滥用赦宥，与人减死。史载兴宗“好名，喜变更，又溺浮屠法，

---

① 《辽史》卷61《刑法志上》，第1041页。

② 同上。

③ 《辽史》卷15《圣宗纪六》，第189页。

④ 《辽史》卷17《圣宗纪八》，第233页。

⑤ 实际上这一理念既始于景宗，则录囚频率陡增当始于景宗朝。因景宗朝录囚史料残缺，故今以圣宗朝为始。

⑥ 《辽史》卷82《耶律隆运（韩德让）传》，第1422页。

务行小惠，数降赦宥，释死囚甚众”[①]。

辽代的录囚频率在经历了一段高速增长之后，从道宗朝至天祚朝，又迅速走低。道宗朝年均录囚0.26次，而这个数据在兴宗朝是0.83次，降低了2/3强。之所以会发生如此大的转变，其原因在于道宗将死刑的核准权从中央下放到了地方官员手中。唐以来，死刑复核权在中央，若复核后仍有争议，则上交皇帝裁决。辽朝在道宗以前，一直沿用唐朝的这项制度。但这项制度的弊端在于中央的负荷过重，如统和十五年（997）十月，“戊申，以上京狱讼繁冗，诘其主者。辛酉，录囚”[②]。这次录囚的起因便是上京狱讼的烦冗。有鉴于此，清宁二年（1056），道宗开始着手对这一传统制度进行调整，先“命诸郡长吏如诸部例，与僚属同决罪囚，无致枉死狱中”[③]，后又下诏：“先时诸路死刑皆待决于朝，故狱讼留滞；自今凡强盗得实者，听即决之。”[④] 这一调整意味着从清宁二年开始，辽朝诸处死刑，可以由所在官司就地决断执行。如此一来，中央政府的死刑复按便大大减少了。不过，这一改革的副作用也随之显现。许多地方官员未经详查便贸然定罪，冤狱也就层出不穷。于是清宁四年（1058）道宗为减少冤狱出现，复降诏旨一道，以弥补前诏之漏：“比诏外路死刑，听所在官司即决。然恐未能悉其情，或有枉者。自今虽已款伏，仍令附近官司覆问。无冤然后决之，有冤者即具以闻。”[⑤] 即采用临近州府覆查的办法，以减少冤狱的发生。经过这两次调整，辽代法律案件的审理程序得以简化，于是“滞狱”的情形大为减少，录囚的频率也就随之降低。

辽代录囚若按具体月份分析，一年当中，每个月都可能出现。这一点颇与中原王朝往往因天旱而录囚的惯例不同。辽代录囚的月份分布图如下[⑥]。（见图6）

从图中不难看出，尽管一年当中的所有月份均有录囚之事，但六月和七月仍明显是辽代两个主要的录囚月份。尤其在辽道宗朝，12次录囚均在夏季五月、六月、七月三个月举行。这种情况的发生，首先与辽朝的农牧业生产息息相关。夏季温湿度适宜，水肥草美，正是农民耕耘和牧民放牧的首要季节，于此时录囚，可以解放大批劳动力，保证生产。其次，这

---

① 《辽史》卷62《刑法志下》，第1045页。

② 《辽史》卷13《圣宗纪四》，第162页。

③ 《辽史》卷62《刑法志下》，第1047页。

④ 同上。

⑤ 同上。

⑥ 太祖朝的1次录囚因不详具体月份，故暂不统计在内。

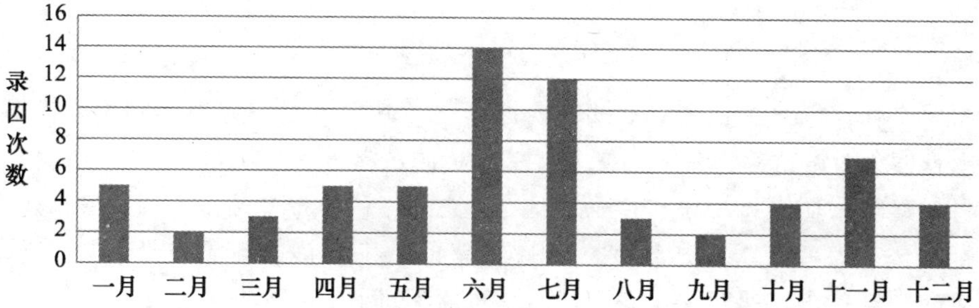

图6　辽代录囚月份分布

与辽代死刑的执行时间有关。古代死刑多在秋后执行[①]，即民间所谓的“秋后问斩”，夏季录囚复按之后，过滤掉一部分冤狱，即进入秋季处决的程序了。

辽代录囚的权力掌握在皇帝手中，若皇帝年幼，则由太后代管。圣宗在位前期，录囚工作的主持者为承天太后，圣宗本人也曾亲自录囚；后来则多遣大臣分道按狱。值得注意的是，辽朝帝后遣大臣外出诸道审决滞狱，所遣者多为汉人。兴宗、道宗朝审决滞狱的汉人能臣有刘伸、窦景庸、马人望等。史载兴宗朝人刘伸提点大理寺之时“明法而恕，案冤狱全活者众”[②]；道宗朝人窦景庸“审决冤滞，轻重得宜，以狱空闻”[③]，“京城狱讼填委，（马）人望处决，无一冤者”[④]。

录囚过后，牢中囚徒数量锐减，有时会出现狱空的情况。“狱空”通常被视作王朝政治清明的特征之一，故辽代皇帝常常奖励“狱空”之地。开泰五年（1016）三月，辽圣宗以“诸道狱空，诏进阶赐物”[⑤]。重熙六年（1037）七月，兴宗“以北、南枢密院狱空，赏赉有差”[⑥]。清宁二年（1056）闰三月，道宗因“南京狱空，进留守以下官”[⑦]。

---

① 当然也有例外，尤其是针对犯下重罪的囚徒，多不待秋后，如元世祖在至元八年便规定重刑囚犯处决可不待秋分。见（元）佚名撰、陈高华等点校《元典章》刑部卷1《典章三十九》，“重刑不待秋分”，第1339页：“在先重囚待报，直至秋分已后施行有来。此上，罪囚人每半年内多趱下，淹住有。议得：今后有重罪底罪人，省部问当了呵，再教监察重审无冤，不待秋分，逐旋施行呵，宜底一般。”

② 《辽史》卷98《刘伸传》，第1559页。

③ 《辽史》卷97《窦景庸传》，第1549页。

④ 《辽史》卷105《马人望传》，第1610页。

⑤ 《辽史》卷15《圣宗纪六》，第194页。

⑥ 《辽史》卷18《兴宗纪一》，第247页。

⑦ 《辽史》卷21《道宗纪一》，第288页。

二　金代录囚

金代录囚，多从宽宥。如承安四年（1199）五月，应奉翰林文字陈载上言四条时政过失，其中第三条便是“审决冤滞，一切从宽，苟纵有罪”①。再如泰和末监察御史王扩受命录囚，也提及：“往时审冤，一切以末减为事，至杀人者之罪，亦贳出之。”② 宣宗时，工部尚书李元忠奉诏“审决河南冤狱，多所平反”③。由上可知，金代录囚，轻决纵遣已属常态。

有金一代录囚共 16 次，其中熙宗朝 1 次，世宗朝 2 次，章宗朝 5 次，宣宗朝 6 次，哀宗朝 2 次。金代录囚频率的发展变化，见图 7：

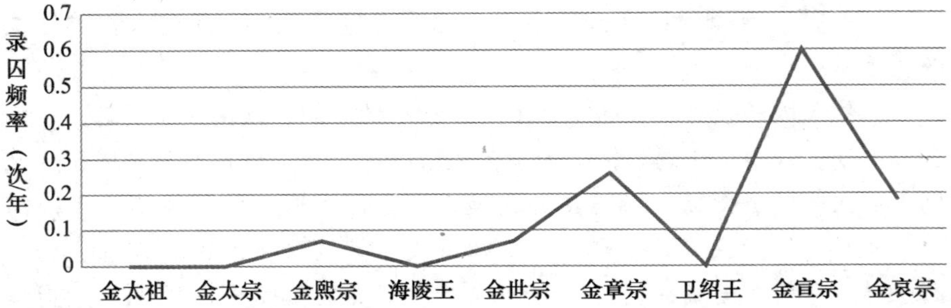

图 7　金代录囚频率

若按照上文的分期法，则金初期录囚率为 0.02（次/年），金中期录囚率为 0.17（次/年），金末期录囚率为 0.31（次/年）。这三个数据显示：金代录囚频率，随着时间的推移，上升趋势愈发明朗。

金初，女真皇帝汉文化水平较低，录囚意识淡薄，故金代前期仅有一次录囚，即天眷三年（1140）熙宗前往西京路凉陉，因大旱，遣萧彦让、田觳决西京囚④。世宗和章宗在位时期，女真皇帝的汉文化水平有了很大改观，每逢天旱，便常常仿效中原皇帝那样，减膳责己，审录囚徒。如大定四年（1164）五月，旱，世宗“敕有司审冤狱，禁宫中音乐，放球场役夫”⑤；明昌三年（1192）四月，以旱灾，章宗下诏责己，“遣御史中丞

① 《金史》卷 11《章宗纪三》，第 250 页。
② （金）元好问：《中州集》卷 8《王都运扩》，第 283 页。
③ （金）刘祁：《归潜志》卷 5，第 51 页。
④ 《金史》卷 4《熙宗纪》，第 75 页。
⑤ 《金史》卷 6《世宗纪上》，第 134 页。

吴鼎枢等审决中都冤狱，外路委提刑司处决”[①]。同时，金世宗和金章宗二人也尤为重视案件的复查工作。史称金世宗“性极仁厚，在熙宗朝，尝侍立，见有桎梏重囚而问者，褒曰：‘何不赦之?’熙宗嘉其意，为降其罪”[②]。世宗即位后曾说：“人皆以奉道崇佛设斋读经为福，朕使百姓无冤，天下安乐，不胜于彼乎。”[③] 其中“百姓无冤”一条，即是世宗重视刑狱的出发点。世宗为此还“每岁再遣审录官”，负责按察民间冤狱等事：“审录之官，非止理问重刑，凡诉讼案牍，皆当阅实是非，囚徒不应囚系则当释放，官吏之罪即以状闻，失纠察者严加惩断，不以赎论。”[④] 如大定十三年十二月，康吉甫“奉朝命，审按河东南北两路重刑”[⑤]。大定末年，世宗任命王元德为大理卿，叮嘱说：“朕为天下往往有冤狱，故授卿此职。”王元德也“赋性宽厚”，“自居棘寺，常以忠恕为己任”[⑥]。大定末，段铎受命审决河北路刑狱事，“济以平恕，咸得平理”[⑦]。章宗在即位前曾任大兴府尹，即位后“留意庶狱”，敕尚书省说：“吾往判大兴，狱犴填满，推官虽小职，尤难其人，可选文臣公平审慎者充。”[⑧] 在制度上，章宗较乃祖更进一步，于即位当年专置提刑司（承安四年更名按察司），分按九路，职责之一便是审察刑狱[⑨]。帝王汉文化水平提高与重视刑狱，是世宗、章宗二朝录囚频率迅速升高的两个主要原因。

金末，金朝外有敌国进攻，内有红袄军起义，故而多处硝烟弥漫。战争催生的案件随之纷至沓来，这是和平时期所没有的，例如在这一时期，宣宗格外重视由于延误军期而下狱的囚徒的审录：兴定二年（1218）十月，宣宗“诏诸郡录囚官，凡坐军期者皆奏谳”[⑩]。需要指出的是，金末录囚频率较高，也与当时囚徒过多直接相关，尤其在宣宗一朝。史称“宣宗喜刑法，政尚威严”[⑪]，“凡台察被推，例皆诬伏”[⑫]，是以宣宗一

---

① 《金史》卷9《章宗纪一》，第221—222页。
② （宋）宇文懋昭撰，崔文印校证：《大金国志校证》卷16《世宗圣明皇帝上》，第221页。
③ 《金史》卷8《世宗纪下》，第199页。
④ 《金史》卷45《刑志》，第1017页。
⑤ （清）胡聘之：《山右石刻丛编》卷21《宝峰寺记》，载国家图书馆善本金石组编《辽金元石刻文献全编》，第1册，北京图书馆出版社2003年版，第186页上栏A面。
⑥ 《王元德墓志铭》，载王新英《金代石刻辑校》，吉林人民出版社2009年版，第196页。
⑦ （清）张金吾：《金文最》卷90《武威郡侯段铎墓表》，第1309页。
⑧ （金）元好问：《遗山集》卷17《朝散大夫同知东平府事胡公神道碑》，第195页。
⑨ 《金史》卷57《百官志三》，第1308页。
⑩ 《金史》卷15《宣宗纪中》，第340页。
⑪ （金）刘祁：《归潜志》卷7，第69页。
⑫ （金）元好问：《遗山集》卷34《毛氏宗支石记》，第409页。

朝，冤案枉死之事不绝于书。比如吏部侍郎李蹊遭蒲察合住诬陷下狱[①]；河南府治中高廷玉遭府尹温迪罕福兴诬陷入狱，廷玉好友如雷渊、王权、辛愿等皆受牵连而身陷监牢[②]；陈州防御使吕子羽“为酷吏所诬，以乏军兴系狱”[③]；凤翔府录事高斯诚因忤权贵下狱[④]；等等。众多无辜之人身陷囹圄，正所谓“时民遭乱后，多以诖误系狱”[⑤]，这直接导致了囚犯人数超过了牢狱的容纳量。正大二年（1225），刑部郎中蒲察元衡被诏审理冤狱，面对的情形是“所在狱犴填满，官吏习于柄臣弄威之后，知有无辜，而彼系者亦莫敢言”[⑥]，故金末录囚频率居高不下，很大程度是由于当时国内形势极为混乱，法纪不严，朝纲不振，导致冤狱接踵，囚牢不堪重负，不得不借录囚之机以释放囚徒，缓解压力[⑦]。

如果具体到每次录囚的月份，则可以明显看出金代录囚都集中在夏季，即每年的四月、五月、六月三个月份进行。这与中原王朝是一致的。主要原因是旱情通常发生在夏季[⑧]，金帝常因旱灾录囚。

若从地域角度分析，首先金代录囚的区域主要为京畿地区，共8次，这一点与其他王朝的录囚特点并无不同；其次是全国受灾地区，共5次；再次是陕西地区2次，西京地区1次。总体而言，金代录囚皆针对受灾地区。不过，哀宗时，礼部尚书杨云翼对这种传统做法提出了质疑：

> 哀宗以河南旱，诏遣官理冤狱，而不及陕西，云翼言：“天地人通为一体，今人一支受病则四体为之不宁，岂可专治受病之处而置其余哉。”朝廷是之。[⑨]

不过杨云翼的建议究竟执行得如何，就不得而知了。

---

① （金）刘祁：《归潜志》卷6，第60页。

② （金）元好问：《中州集》卷5《高治中廷玉》，第166页；《金史》卷127《辛愿传》，第2753页。

③ （金）元好问：《中州集》卷8《吕陈州子羽》，第280页。

④ （金）刘祁：《归潜志》卷5，第44页。

⑤ 《元史》卷164《王恂传》，第3843页。

⑥ （金）元好问：《遗山集》卷20《资善大夫集庆军节度使（富）［蒲］察公神道碑铭》，第240页。

⑦ 此类因监狱人满为患而颁布赦宥的做法，今日仍然得见，2016年7月，非洲安哥拉政府颁布大赦，一个重要目的便是为了减少监狱人数。

⑧ 关于金代的旱情统计，参见武玉环《金代自然灾害的时空分布特征与基本规律》，《史学月刊》2010年第8期，第96页。

⑨ 《金史》卷110《杨云翼传》，第2425页。

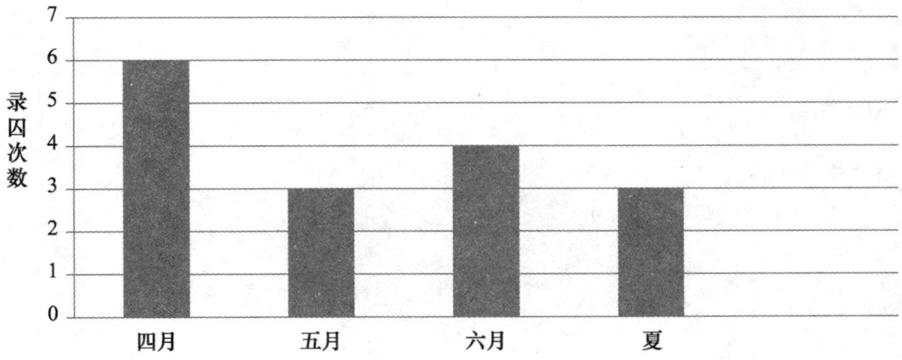

图8　金代录囚月份分布

录囚工作为临时差遣。在京师，通常由皇帝本人审录或委任重臣代理，地方上则由皇帝指派监察御史外出申覆。皇帝本人审录之例如大定八年（1168）夏，金世宗以“诸路淹狱，动二三年”，遂下诏亲录京师囚徒：“在京者，朕当亲决，不以暑月为拘。”① 皇帝委任重臣代理之例，如贞祐四年（1216）六月，“以旱，诏参知政事李革审决京师冤狱”②；再如兴定二年（1218）四月、六月，两次遣重臣“治京狱冤”③。监察御史负责地方录囚之例，如泰和八年夏，旱甚，章宗遣众监察御史分理冤狱④等。

金代帝王也常因“狱空”而对地方官加以褒奖，并对此有明文规定：“凡州郡有狱空者，皆赐钱为锡宴费，大兴府锡宴钱三百贯，其余有差。”⑤ 如大定七年（1167）五月，金世宗“大兴府狱空，诏赐钱三百贯为宴乐之用，以劳之”⑥。章宗大定二十九年，胡景崧任大兴府推官，“莅

---

① （宋）宇文懋昭撰，崔文印校证：《大金国志校证》卷17《世宗圣明皇帝中》，第235页。按，崔文印先生标点此段似有误，今不取。今据萧泰芳先生标点成果改录，参见阎凤梧《全辽金文》，山西古籍出版社2002年版，第3840页。

② 《金史》卷14《宣宗纪上》，第319页。

③ 《金史》卷15《宣宗纪中》，第336、338页。

④ （金）元好问：《遗山集》卷18《嘉议大夫陕西东路转运使刚敏王公神道碑铭》（以下简称“王扩神道碑”），第210页。《遗山集》云泰和八年天旱，《中州集》云泰和七年天旱，同为元好问之手笔，二者不同。考《王扩神道碑》乃是元好问据张天纲所撰《王扩行状》写成，可信度应更高；且《金史·章宗纪四》云泰和八年蝗灾严重，而旱灾与蝗灾常常并发，故金朝大旱之年应是泰和八年。

⑤ 《金史》卷88《唐括安礼传》，第1963页。

⑥ 《金史》卷6《世宗纪上》，第139页。

职不三月，以狱空闻。诏锡宴以宠之”[①]。朔州狱空，章宗也“赐锡宴钱以褒之”[②]。金代的狱空钱一直存在到泰和五年（1205）。当年三月，或因国用不足[③]，为节省开支，章宗下诏“罢狱空钱”[④]。

---

① （金）元好问:《遗山集》卷17《朝散大夫同知东平府事胡公神道碑》，第195页。

② 《金史》卷128《蒲察郑留传》，第2768页。

③ 关于金朝在对鞑靼诸部开战以来出现的财政困难问题，参见［日］外山军治《金朝史研究》，京都东洋史研究会1964年版，第495—504页。

④ 《金史》卷12《章宗纪四》，第271页。

第五章 辽金赦宥的制度化与社会变迁

作为两个少数民族王朝，辽金的赦宥大抵都经历了一个从少到多、从无到有、从零散到完备的过程。在长达一二百年的建国史中，辽金赦宥制度也都逐步走向了制度化，出现了许多固定赦例。相形之下，辽代赦宥制度的随意性始终比较明显，而金代赦宥制度则日渐严谨。

赦宥并不是一个独立的现象，它与社会的方方面面都有着千丝万缕的联系。赦宥正如一个晴雨表，醒目地向人们标识着辽金社会的各种变迁，我们可以从赦宥的变化作为出发点，纵向解读辽金的政治经济文化。本章将首先总结辽金赦宥的制度化进程，揭示其中的发展规律；然后选取不同角度，讨论一下赦宥背后反映的辽金社会的各种特征。

第一节 辽金赦宥的制度化

辽金虽然是紧密相连的两个王朝，但它们的治国理念不甚相同，这也直接导致了它们的赦宥制度化进程有很大区别。对于发达的中原汉式制度文明，契丹统治者似乎并无意考察其来龙去脉，而是多生搬硬套，以致辽朝的制度呈现出令人头疼的琐碎庞芜的面相。女真统治者对汉制则常有一番清晰的梳理，他们从中进行有目的的筛选，对繁冗的中原汉文化进行了大规模简化。这一区别体现在赦宥的制度化层面，便是辽代赦宥的制度化历史远不及金代那样有规可循。

一 辽金赦宥的制度化表现

辽金赦宥经过长期的发展与完善，至王朝末叶，已形成了许多固定赦例，如帝王即位大赦、改元大赦等，尽管偶有例外，但不可否认的是，制度化趋向已经越来越明显。同时，辽金两朝的赦宥制度又有着不同的发展道路，因而两朝的特色赦例也各有千秋。总体而言，辽代赦宥的随意性比较强，制度化的赦例并不多；金代自熙宗朝开始，赦宥的制度化全面提速，并越来越接近汉式赦宥制度。以下分而论之。

辽金共有赦例：

1. 帝后受尊号大赦。如附录二“辽金赦宥总表”编号，辽—1、6、24，金—12、30 等。辽代受尊号大赦始于太祖神册元年（916）二月，金代受尊号大赦始于熙宗皇统元年（1141）正月。

2. 皇帝即位大赦。如附录二“辽金赦宥总表”编号，辽—1、63、105，金—5、24、63 等。辽代皇帝即位大赦始于太祖神册元年（916）二月，金代皇帝即位大赦始于太宗天会元年（1123）九月。

3. 改元降赦。如附录二“辽金赦宥总表”编号，辽—2、116、125，金—10、23、58 等。辽代改元降赦始于太祖天赞元年（922）二月，性质为德音；金代改元降赦始于熙宗天会十五年（1137）十二月。金代改元降赦，性质皆属大赦；辽代则既有大赦，又有德音。

4. 皇子生赦宥。如附录二“辽金赦宥总表”编号，辽—55、78，金—14、46 等。辽代皇子生赦宥始于圣宗开泰六年（1017）九月，金代皇子生赦宥始于熙宗皇统二年二月。

5. 帝后（皇子）不豫赦宥。如附录二“辽金赦宥总表”编号，辽—46、104、110，金—13、37 等。辽代帝后（皇子）不豫赦宥始于圣宗统和二十七年（1009）十二月承天太后病危，金代帝后不豫（皇子）赦宥始于皇统元年（1141）五月宗干病危①。

6. 巡幸曲赦。如附录二“辽金赦宥总表”编号，辽—8、57、68，金—34、35、43 等。辽代巡幸曲赦始于太祖天赞四年（925）十一月幸安国寺，金代巡幸曲赦始于世宗大定二十年（1184）四月巡幸东京。

7. 战乱平定赦宥。如附录二“辽金赦宥总表”编号，辽—4、13，金—3、9、48 等。辽代战乱平定赦宥始于太祖天显元年（926）二月平渤海国，金代战乱平定赦宥始于太祖天辅四年（1120）五月克辽上京。

以上辽金所共有的这七种赦例，在中原汉式赦宥制度中均属常见，它们是汉文化在辽金政权产生影响的证据之一。

辽代有而金代无的赦例：

1. 建（改）国号大赦。如附录二“辽金赦宥总表”编号，辽—1、

---

① 此指皇统元年五月，熙宗以养父宗干病危，曲赦野狐岭罪囚。按，宗干在海陵王即位之后被追尊为帝，庙号德宗，其后帝号虽遭世宗削除，然其作为熙宗养父受到如此优遇，亦非比寻常，故笔者也姑且将其等同于帝王。特此说明。

5、11、23。

2. 帝后病愈赦宥。如附录二“辽金赦宥总表”编号，辽—86、87、90 等。

3. 帝后生辰赦宥。如附录二“辽金赦宥总表”编号，辽—15、84、99 等。

4. 柴册礼赦宥。如附录二“辽金赦宥总表”编号，辽—10、12、66 等。

5. 再生礼赦宥。如附录二“辽金赦宥总表”编号，辽—76、96、118 等。

6. 老人星见赦宥。如附录二“辽金赦宥总表”编号，辽—16。

7. 饭僧赦宥。如附录二“辽金赦宥总表”编号，辽—3、14。

8. 赦免役徒。如附录二“辽金赦宥总表”编号，辽—136、137、142。

金代有而辽代无的赦例：

1. 郊祀大赦。如附录二“辽金赦宥总表”编号，金—32、45、47。

2. 祔庙（祔享）礼成大赦。如附录二“辽金赦宥总表”编号，金—38、59、76 等。

3. 国危大赦。如附录二“辽金赦宥总表”编号，金—64、101。

4. 改葬帝后大赦。如附录二“辽金赦宥总表”编号，金—26、33。

5. 立皇储大赦。如附录二“辽金赦宥总表”编号，金—36、50。

6. 旱灾赦宥。如附录二“辽金赦宥总表”编号，金—11、27、40 等。

7. 天变赦宥。如附录二“辽金赦宥总表”编号，金—18、42、89 等。

8. 增谥祖先大赦。如附录二“辽金赦宥总表”编号，金—16。

以上为笔者总结的 16 种辽金彼此相对独有的赦例，辽金各 8 种。在这 16 种赦例中，辽代第 4、5、6、7 四种为其他王朝所无，属于辽代赦宥制度中的特色赦例。

二　辽金赦宥的制度化进程

辽代赦宥制度的构建，在太祖登基建国伊始便已有一定基础。太祖在位期间，辽朝已出现了即位、改国号、受尊号、改元、巡幸、饭僧、平定战乱等赦宥名目。太宗、世宗、穆宗三朝，辽代赦宥制度得到了进一步发展，涌现出了柴册礼大赦、帝后生辰赦宥、老人星见赦宥等新型赦例。在这一时段内，辽代的恩赦频率一直维持在一个比较低的水平（参阅图3“辽代恩赦频率图”），这与辽初重法治国的情形密不可分，但也反映了辽帝对于赦宥的利用仍处于初级探索阶段。辽朝君臣创造性地将中原赦制与本民族的柴册礼相结合，初步显示了契丹人对中原赦宥制度的改造走向。景宗、承天太后与圣宗一家，针对辽初的行“重法”，改主“用刑详慎”“宽法律”[①]。于是从圣宗朝开始，辽代赦宥制度迅速向汉式制度接近。此时开创了皇太后病危而肆赦、皇子生而大赦的赦例，录囚的频率也骤然攀升。这段时间内，契丹特色赦宥并无发展。兴宗、道宗、天祚帝三朝，辽朝的赦宥制度建设呈现出双轨并进的面貌：在契丹特色赦宥方面，再生礼赦宥于此时正式形成制度；在效仿汉式赦宥制度方面，帝后病愈降赦、赦徒、自然灾害降赦也纷纷出现。

金代赦宥制度起步很晚。太祖、太宗两朝二十年间忙于戎事，赦宥多集中于战乱平定，此外还有太宗即位大赦、北宋徽钦二帝行牵羊礼肆赦的名目，整体而言，远不及辽太祖一朝的赦宥名目种类繁多。金代赦宥制度的构建，熙宗贡献最巨。熙宗仰慕汉文化，在位期间大刀阔斧地采取了多项措施推进女真政权的汉化。他在位期间，金代的赦宥名目迅速增加了改元、灾异、受尊号、皇子生、帝后病危、增谥祖先六种赦宥名目，使得金代赦宥制度初具雏形。熙宗的继任者海陵王是辽金时期唯一一位慎赦之君，他在位期间，金代的赦宥制度并无任何发展。金代恩赦频率，由低变高的拐点在世宗朝（参阅图4“金代恩赦频率图”）。世宗即位后，彻底放弃了灭宋企图，转而关心国内的各项建设。世宗及其嫡孙章宗在位期间，金代的赦宥制度全面汉化，南郊大赦、祔庙大赦、改葬帝后大赦等汉式赦宥名目多次出现。至此，金代赦宥制度已基本定型。卫绍王至哀宗三朝，金朝处于亡国前夜，且自然灾害十分频繁，故此期的赦宥多因战争、灾异而发，赦宥名目也没有超出前代范围。

总而言之，契丹在建国前后，一直保持着四季游牧的生活习惯。这种不稳定的生活习惯，也导致了契丹人普遍存在着动态心理，因此，辽代赦宥制度一直处于发展状态，制度化进程伴随着有辽一代始终。女真在建国前便已有原始农业，并且定居养猪，因而更倾向于向汉地发展，更容易接受、学习汉文化。金代赦宥制度从熙宗开始迅速汉化，至章宗朝已基本完备。

---

① 《辽史》卷61《刑法志上》，第1041页。

第二节　辽金赦宥与社会变迁

从影响程度、背景的复杂性来说，中国古代的赦宥实已远远超出了法律的范围，从赦宥中不难窥见社会的各种特征与变迁。本节认为，辽代赦宥能够反映出后妃势力的强大与辽人的崇孝风俗；辽金赦宥不同程度地存在着二元化的特征；正统问题对金代赦宥制度的完善起到了很大的推动作用；金帝录囚之所以绝大多数是因旱灾引起，主要是因为金代处于一个水灾减少、旱灾肆虐的气候变迁期。

一　从赦宥看辽代的后妃地位与崇孝风俗

辽朝政治的一大特点便是皇族与后族共同治国，元末史官谓“辽史耶律、萧氏十居八九，宗室、外戚，势分力敌，相为唇齿，以翰邦家，是或一道”[①]，是十分恰当的评价。辽史学界关于辽代后族的研究成果丰硕，但笔者尚未见到有从赦宥的角度考察后妃地位的论述。根据本书第二章的探讨，辽代赦宥与后妃相关者甚多，兹依时间先后顺序胪列如下：

（1）天禄元年（947）九月辽世宗在平息祖母述律平的反抗风波后，举行柴册礼，受尊号，大赦。（2）乾亨四年（982）九月，景宗病逝，子隆绪继位，妻萧绰听政。十月，群臣上两宫尊号，大赦。（3）统和二十四年（1006）十月，两宫受尊号，大赦。（4）统和二十七年十二月，承天太后萧绰不豫，肆赦。（5）景福元年（1031）六月，兴宗即位，母钦哀后发动政变，幽禁圣宗齐天皇后，听政，改元大赦。（6）重熙元年（1032）十一月，钦哀后与兴宗同受尊号，大赦改元。（7）重熙四年十一月，兴宗行柴册礼，大赦。此前挫败了钦哀后废立的阴谋。（8）重熙八年十一月，钦哀后行再生礼，大赦。（9）重熙九年三月，钦哀后生辰应圣节，肆赦。（10）重熙十六年四月，钦哀后病危而愈，肆赦。（11）重熙十六年十二月，以钦哀后病愈，降德音。（12）重熙二十年十二月，钦哀后行再生礼，肆赦。（13）重熙二十三年十一月，钦哀后受尊号，大赦。（14）重熙二十二年十二月，钦哀后生日，降德音。（15）清宁二年（1056）三月，钦哀后生辰，曲赦。（16）清宁三年十二月戊辰，钦哀后病危，曲赦。（17）清宁八年十二月，辽道宗母宗天太后行再生礼，曲

---

① 《辽史》卷67《外戚表》序，第1135页。

赦。(18) 咸雍六年 (1070) 十二月,宗天太后生辰,降德音。(19) 咸雍八年十二月,宗天太后生辰,大赦①。(20) 大康二年 (1076) 三月,宗天太后崩,大赦。

以上为辽代赦宥中与后妃直接相关者,共20次,其中14次赦宥的性质为大赦,3次赦宥属于德音,3次为曲赦。有辽一代,大赦凡45次,因后妃而大赦占比例接近1/3,这个比例是中国赦宥史上绝无仅有的,这也与辽代后妃势力强大的历史背景相符。20次赦宥之中,因钦哀后而起的占据12席,令人瞠目。钦哀后能够获得这样的突出待遇,应归结于其后族势力的长期强大。

辽代赦例还有这样一个特点,即往往先应用于太后,然后再应用于皇帝或皇子。例如病危肆赦,首见于统和二十七年十二月承天太后萧绰不豫肆赦,此后才见重熙二十四年 (1055) 八月辽兴宗因不豫而大赦;再如再生礼肆赦②,发端于重熙八年十一月钦哀后行再生礼大赦,尔后咸雍三年 (1067) 十二月方有辽帝道宗行再生礼降赦;病愈降赦例,始创于重熙十六年四月钦哀后病愈肆赦,嗣后重熙十八年三月兴宗因皇子耶律洪基病愈而降德音。这种现象,虽然也可以解释为辽代后妃势力强大所致,但更多的似乎是受契丹人传统的崇孝风俗所影响。辽帝多以能尽孝道而被史家称颂③,契丹族的传统礼仪——再生礼,便是该民族素来崇尚孝道的重大表征之一。再生礼,相传为阻午可汗所创④,尽管"惟帝与太后、太子及夷离堇得行之"⑤,但也足以证明契丹人在从上而下地倡导孝敬老人。元修《辽史》史官对契丹再生礼作了如下评价:

> 善哉,阻午可汗之垂训后嗣也。孺子无不慕其亲者,嗜欲深而爱浅,妻子具而孝衰。人人皆然,而况天子乎。再生之仪,岁一周星,使天子一行是礼,以起其孝心。夫体之也真,则其思之也切,孺子之慕,将有油然发于中心者,感发之妙,非言语文字之所能及。善哉,阻

---

① 《辽史》卷23《道宗纪三》,第312页。

② 此系指在辽代赦宥制度里,纯粹因再生礼而降赦的赦例,不包括既含再生礼又有其他因素掺杂的赦宥。

③ 对于辽帝尽孝的相关史实梳理,参见曹显征《辽代的孝道教育》,《昭乌达蒙族师专学报(汉文哲学社会科学版)》2000年第4期,第55—56页;郭康松《论辽朝契丹人的孝忠妇道观与中原文化的关系》,《北方文物》1999年第1期,第55—57页。

④ 《辽史》卷49《礼志一》,第927页:"阻午可汗制柴册、再生仪。"

⑤ 《辽史》卷116《国语解》,第1693页。

午可汗之垂训后嗣也。始之以三过岐木，母氏劬劳能无念乎。终之以拜先帝御容，敬承宗庙宜何如哉。《诗》曰："无念尔祖，聿修厥德。"①

以赦宥祈福为出发点，辽代帝王也向世人充分展现了自己尊老敬老的作风。与之相伴的，辽代后期出现了因已故皇帝冥诞而降赦的惯例，这也是辽帝纪念祖先的体现。

二　二元体制下的辽金赦宥

辽国建立后，契丹人在同汉族的广泛交往过程中，其道德观念、宗教信仰、丧葬、服饰等习俗都逐渐接近汉族。但是契丹统治者非如北魏孝文帝一样全盘汉化，而是仍坚持保留着许多本民族的特色传统。同时，辽朝疆域广阔，境内民族众多，地理环境不同，经济发展状况也各异。针对这样的国情，契丹统治者推行了"因俗而治"的治国方针，于是辽代政治、经济制度都体现出了鲜明的"二元化"双轨特征。

考察辽代的德音、曲赦与录囚的地域特点后，我们不难发现，辽代赦宥多布降于五京的核心地区。有学者认为辽朝之所以频频遣使审决滞狱，"大概是因为五京人口众多、民族成分复杂、社会矛盾比较突出，狱讼滞积"②。这当然是一个重要原因，但原因并不止此。中西古代赦宥制度有着明显区别，中国古代赦宥制度包括"赦免囚徒"和"恩赐臣民"两大内容，而欧洲古代赦宥的对象"仅限于反抗国家之暴民与政客，非兼及于一般人民"③。这种情况决定了中国古代赦宥的颁降，并非全部缘于犯罪，还有很大一部分原因是君主企图借赦宥以实现经济目的。因此，辽代赦宥多颁降于五京，除了因为辽五京人口众多、社会矛盾与民族矛盾尖锐之外，还因为五京核心区是辽朝主要的农业地带。开泰三年（1014）四月，圣宗曾下诏"南京管内毋淹刑狱，以妨农务"④，反映的正是这个情况。汉式的赦宥制度重点应用在农耕区，也是辽朝"以国制治契丹，以汉制待汉人"⑤ 的体现。

---

① 《辽史》卷53《礼志六》，第976页。

② 关树东：《辽朝州县制度中的"道""路"问题探研》，《中国史研究》2003年第2期，第131页。

③ 蔡墩铭：《唐律与近世刑事立法之比较研究》，台北"中国学术著作奖助委员会"1968年版，第319—320页。

④ 《辽史》卷15《圣宗纪六》，第191页。

⑤ 《辽史》卷45《百官志一》序，第773页。

赦宥制度对于农耕的重要意义在于补充社会劳动力。明末思想家王夫之有言："省囚系以疏冤滞，宥过误以恤蠢愚，止讼狱以专农务，则君上应行之政。"[①] 君主通过赦宥释放囚犯回归劳作，可以起到劝农的作用。韩茂莉先生曾制作了一张辽代农业开垦区分布图（参下图），从中不难看出，辽代农业主要分布在南京道与西京道，以及围绕着上京、中京和西京的几个区域。

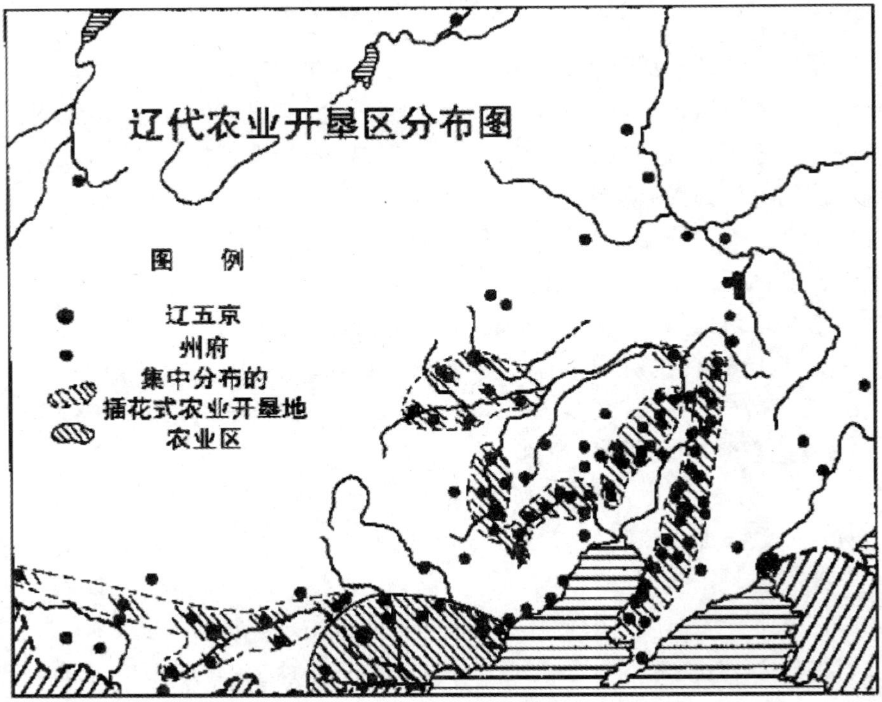

图 9　辽代农业开垦区分布图[②]

辽朝国都上京临潢府，"地沃宜耕植"[③]，是辽国最大的农业人口聚居地[④]。中京大定府原系奚地，"土肥人旷"[⑤]，统和中圣宗于此建京后，增设附属州县，从外地向中京迁入了大量人口，令其成为辽中后期的主要城

---

① （清）王夫之：《读通鉴论》卷 20《唐太宗》，中华书局 1975 年版，第 592 页。

② 图片转引自韩茂莉《辽金农业地理》，社会科学文献出版社 1999 年版，第 48 页。

③ 《辽史》卷 37《地理志一》，第 498 页。

④ 韩茂莉：《辽金农业地理》，社会科学文献出版社 1999 年版，第 47 页。

⑤ 旧题（宋）叶隆礼：《契丹国志》卷 22《州县载记·中京》，第 241 页。

市之一。谭其骧先生甚至有“辽后期迁都中京”一说[①]。宋使苏颂使辽，“出奚山路，入中京界，道旁站舍颇多，人物亦众”[②]。中京地区在辽中叶以后，已是辽朝倚重的重要经济区之一。东京地区“地衍土沃”[③]，辽初灭渤海国后不久，即大规模迁徙渤海人入辽东一带，渤海人与这里的汉人、奚人一起耕作，使之成为辽朝的主要粮食产地之一。南京与西京地区地势平坦，平原广袤，历来都是北方重要的粮食生产基地。辽代赦宥重点颁降于这些发达的农耕区，必然能够起到促进农业生产的作用。

这种情形一直延续到了金朝初叶。辽朝中后期逐渐形成的八个专司理财路，即燕京三司使司、西京转运使司、中京度支使司、上京盐铁使司、东京户部使司以及长春、辽西、平州三路钱帛司[④]，是辽金鼎革之际，女真统治者曲赦的重点地区。据书末附录二“辽金赦宥总表”统计，在金初的灭辽战争中，自天辅四年至天会二年（1120—1124），金代曲赦的区域为上京临潢府、山西诸部、平州、南京析津府、中京大定府。这些赦宥的直接起因虽然是战争，但在金初那么多战场中，女真帝王只选择降赦于这些地区，毫无疑问是因为这些地区都是亡辽重要的农业经济区，为了安抚战争流民，促其恢复农业生产，才频频降赦。

灭辽以后，金人“近取辽人制度”[⑤]，政治上也沿袭了辽朝的二元体制。陶晋生先生总结说：“大致上，东北和长城以北的地域构成女真本部，是由中央政府直接统治；而长城以南包括燕地的地区，是本部之外的边区，由另一个汉化的枢密院治理。”[⑥] 设在汉地的枢密院，金太宗、金熙宗并不能在上京有效遥控。也就是说，中央朝廷曲赦汉地的赦令，并不一定能够在汉地得到认真的贯彻执行。例如熙宗天眷元年（1138）的改元赦令，在推行中便遭到了汉地元帅府撒离喝诸帅的公然抵制。赦书规定“凡债负皆释去”，但元帅府诸帅缘此前“回易贷缗，遍于诸路，岁久不能偿”，便违反赦令，不同意免除债负，而是颁降新规：“诸公私债负，无可偿者，没身及妻女为奴婢以偿之。”[⑦] 由于中央对汉地控制力的缺失，

---

① 谭其骧：《辽后期迁都中京考实》，载氏著《长水集》下册，人民出版社1987年版，第278—289页。

② （宋）苏颂：《奚山路》题注，载苏颂《苏魏公文集》卷13《后使辽诗》，第171页。

③ 《辽史》卷75《耶律羽之传》，第1366页。

④ 向南、杨若薇：《辽代经济机构试探》，《文史》第17辑，1983年，第107—112页。

⑤ 《金史》卷70《宗宪传》，第1615页。

⑥ 陶晋生：《女真史论》，食货出版社1981年版，第34页。

⑦ 《建炎以来系年要录》卷120，绍兴八年六月，“是夏”，第1949页。

导致金初二元化赦宥的执行力与辽朝相比，显得不那么有效与突出。

三　正统观与金代赦宥制度的汉化趋势

众所周知，金朝与北魏相似，都是力主汉化的少数民族王朝。所以，汉文化中的“正统观”对于这两个王朝的历史都产生过巨大影响[①]。就金朝的赦宥制度来说，正统观可谓是金代赦宥制度全面走向汉化的内在动因。

建国前的女真族，文明程度较低，其入主汉地之初，并无正统观念。熙宗改制揭开了金朝汉化的序幕，至海陵朝，女真人已形成大一统的政治观念[②]。关于金人争正统的意义与影响，宋德金先生有过这样一个重要论断：“金代文化之所以获得发展，有多方面的原因，其中正统理论起了一定的作用。”[③] 在我看来，正统观的影响尚不止于此，它还对金代的制度建设产生了重大影响。

在金代历史上，世宗朝堪称是划分前后期的最佳分界点。此前，女真人生机勃勃，以对外扩张、开疆拓土为基本国策；此后金朝则进入到平稳发展、经营内部的时期。标志着金朝对外政策发生转变的事件是宋金“隆兴和议”的签订，这次和议宣告了金朝武装统一全国努力的终结。随后，金世宗将主要精力投入到国内的经济建设之中，转而从文化、外交上力争正统，竭力打造自身相对于南宋的宗主国形象，以实现自己在“名义上”统一全国的愿望。世宗、章宗在位期间不断推出的“树正统”“争中国”等一系列举措，比如礼制建设、制定法律、确定德运、尊儒崇文等，无不是出自强化金朝宗主国地位的需要。

这一转变也直接影响了金代赦宥制度的构建，使其全面向中原汉式的赦宥制度转化。自此以后，金代赦宥制度出现了“郊赦”“祔庙大赦”“定德运大赦”等此前从未出现过的赦例。这些赦例的出现，推动了金代赦宥制度最终走向了汉式，并日趋完备。

首先我们来分析郊祀大赦。皇统五年，礼官已有“自古辨祀，以南

---

① 有关北魏的正统化问题，学界研究成果极多，主要有：何德章：《北魏国号与正统问题》，《历史研究》1992 年第 3 期，第 113—125 页；罗新：《十六国北朝的五德历运问题》，《中国史研究》2004 年第 3 期，第 47—55 页；陈金凤：《北魏正统化运动论略》，《黑龙江民族丛刊》2008 年第 1 期，第 95—103 页。

② 关于金朝正统观的形成、发展过程，可参见宋德金《正统观与金代文化》，《历史研究》1990 年第 1 期，第 70—85 页。

③ 宋德金：《正统观与金代文化》，《历史研究》1990 年第 1 期，第 70 页。

北郊、太社、太稷、太庙为序"[1] 的言论，表明其时熙宗一定是知晓南郊之重要性的。不过熙宗在位期间，金朝的各项建设刚刚起步，如太庙自皇统三年开建，皇统八年始竣工，故于南郊之事似有未暇。海陵王即位后，汉化步伐继续向前，不过尽管海陵王已有举行南郊大礼的想法，但他显然囿于自己"天下一家，然后可以为正统"[2] 的成见，未能付诸实际行动。随着海陵王的身死梦灭，这一计划已不可能完成，故金代的郊祀大赦实始于金世宗。豪情万丈、"怀抚万邦"[3] 的金世宗有言："我国家绌辽、宋主，据天下之正，郊祀之礼岂可不行!"[4] 此语道出了女真君主坚持正统的决心[5]。郊祀之礼既行，郊祀大赦亦随之。并且金世宗还将此次郊赦的赦文广布南北，赦文中规定："向来被俘之人，能自拔者，放免五年差税。"[6]此次郊赦德泽被于南宋居民，无疑是向南宋宣告自己的宗主国地位。

再来看与正统化息息相关的德运问题。有关金代德运的讨论，学界研究已相当成熟[7]。刘浦江先生认为金朝自世宗初开始，奉行金德，至章宗泰和二年十一月始改为土德[8]，对此笔者是认可的。金代凡两次讨论德运，第一次是从明昌四年开始，前后历经八年的讨论，在泰和二年十一月终于议定德运为土德。泰和三年（1203）五月，章宗"以定律令、正土德、凤凰来、皇嗣建，大赦"[9]，大赦的一个重要背景便是德运的确定。章宗借助大赦的效力，将改正后的土德德运广告于天下臣民，无疑在宣扬自己才是天下之正统。

---

① 《金史》卷32《礼志五》，第775页。

② 《金史》卷129《李通传》，第2783页。

③ 《金史》卷135《高丽传》，第2887页。

④ 《金史》卷28《礼志一》，第694页。

⑤ 赵永春先生认为"金人已经萌生了多统意识"，笔者对此说法并不认同。参见赵永春《试论金人的"中国观"》，《中国边疆史地研究》2009年第4期，第12页。

⑥ （宋）薛季宣：《艮斋先生薛常州浪语集》卷17《奉使淮西与丞相书》，载《宋集珍本丛刊》，第278页。

⑦ 关于金代德运问题的讨论，可参见陈学霖《"大金"国号之起源及其释义》，原载《辽金契丹女真史研究》1985年第2期，后收入氏著《金宋史论丛》，香港中文大学出版社2003年版，第11—21页；刘浦江《德运之争与辽金王朝的正统性问题》，原载《中国社会科学》2004年第2期，后收入氏著《松漠之间——辽金契丹女真史研究》，第7—16页。

⑧ 刘浦江：《德运之争与辽金王朝的正统性问题》，载《松漠之间——辽金契丹女真史研究》，第7—16页。

⑨ 《金史》卷11《章宗纪三》，第260页。

贞祐二年（1214）正月，宣宗“命有司复议本朝德运”①。对于宣宗重议德运的原因，冯家昇先生猜测是章宗虽改定土德，但“当时士大夫多以有违祖训，故宣宗即位，复怂恿重议”②。陈学霖先生则认为宣宗重议德运，旨在强化其正统地位。郑丞良先生近来提出新解：宣宗在蒙古进逼之下，有意迁都汴梁，希望借重议德运的事件来观察朝臣的意向，以规避南迁的政治风险：若主张继宋的土德者居多，则南迁汴梁必无太多阻力③。

笔者以为以上论点皆有道理，但亦有不同意见。窃以为宣宗重新讨论德运问题，是由于金朝自章宗定德运为土德以后，边患不已，危机频现，原定的土德国运遭到了人们的巨大怀疑。此次德运参加人之一的翰林应奉黄裳，在力主金德时追忆说：“自丑日为腊以来，时和岁丰，中外禔福，干戈偃息，八十余年，呜呼休哉！金得其正也！泰和之初，议者以汴宋尝帝中原为可继，于是改金为土。……改之诚是矣，其天时人事之应果愈于前日邪？抑不及邪？……诚能复金德之旧，则上以副祖宗之意，下有以慰遗老之思，祛除不祥，感召善气，在此举矣。”④ 言下之意就是自章宗改金德为土德以来，金朝反而灾异频发，战祸绵连，国祚衰退。田庭芳亦主张“今则如能必复金德之运，必依祖义，则事自然无所不断，位自然无所不固”⑤，也是希望恢复金德以保国祚。笔者甚至怀疑宣宗内心也是希望恢复金德的，因为在登基次日，宣宗便“谕尚书省，事有规画者皆即规画，悉依世宗所行行之”⑥。世宗在位期间既用金德，则朝野呼唤金德的声音，也自然是宣宗内心的想法。但此次讨论德运并没有结果。因此此次再议德运之后，亦无大赦之事。《金史》虽载其始而未载其终，大概也是因为结果并不如宣宗意愿吧⑦。

四　旱灾与金代赦宥

日本学者外山军治认为金代之衰亡，与其经济发生困难有很大关联，

---

① 《金史》卷14《宣宗纪上》，第303页。

② 冯家昇：《辽史源流考·附录》，载《辽史证误三种》，第63页。

③ 郑丞良：《德运与迁都——试探金宣宗贞祐集议的政治关联》，台湾第四届“两岸宋史研讨会”会议论文，2015年6月。

④ （金）佚名：《大金德运图说》，文渊阁四库全书本。

⑤ 同上。

⑥ 《金史》卷14《宣宗纪上》，第301页。

⑦ 《金史》卷16《宣宗纪下》，第355页：兴定四年十二月“庚辰，腊，享于太庙”。从这条史料看来，宣宗朝仍主土德。

并着重讨论了章宗一朝的黄河河患问题[①]。其实几乎历代政权的衰亡都或多或少与严重的自然灾害有关，据武玉环先生研究，金代章宗朝及其以后发生的灾害，年均为3.8次，远超此前的1.5次，并且“金代几次大的较严重的饥馑都发生在金后期”[②]。赦宥正如检测金代自然灾害破坏程度的试纸，也准确地反映了金代自然灾害的发生规律。据附录二统计，章宗朝以前，金帝只有两次因自然灾害而降赦，分别在天眷三年六月、大定四年五月；自章宗朝至金亡，这一数字达到了19次，其中章宗朝7次，卫绍王朝1次，宣宗朝6次，哀宗朝5次。

在金代的自然灾害赦宥中，我们惊讶地发现，赦宥的起因几乎全部是旱灾，特别是自唐宋以来盛行的因久雨而录囚的做法，在金代濒临绝迹。这个奇特现象值得深究。

唐以前的录囚，常因天旱，迨至唐、宋，又出现了因阴雨不绝而录囚的行为。唐代如长庆四年（824）六月辛巳，敬宗“敕以霖雨命疏决京城系囚”[③]；大中四年（850）四月壬申，宣宗“以雨霖，诏京师、关辅理囚”[④]。宋代如庆历八年（1048）三月壬戌，仁宗“以霖雨，录系囚”[⑤]；隆兴二年（1164）六月辛酉，孝宗“以淫雨，诏州县理滞囚”[⑥]。此种因雨雪不止而录囚的行为，首先应归因于古代的“天人感应”观念。将久雨也视作阴阳失衡的表象，这种理论大概源于西汉。西汉地节三年（前67）夏，京师雨雹，对此大臣萧望之向汉宣帝给出的解释是“善祥未臻，阴阳不和”[⑦]。唐宋人认为，愁苦之气会伤阴阳之和，所以有旱灾、暴雨。当牢狱之中怨气淤积、冤气积聚时，不仅会出现旱灾，而且可能也会导致水灾，正所谓“久雨者，阴气凌阳，冤塞不畅之所致也”[⑧]。唐大和六年（832）正月久雨雪；文宗下诏自责说：“朕之菲德，涉道未明，不能调序

① ［日］外山军治：《金朝史研究》，李冬源译，黑龙江朝鲜民族出版社1988年版，第388—408页。

② 武玉环：《金代自然灾害的时空分布特征与基本规律》，《史学月刊》2010年第8期，第94、97页。

③ 《旧唐书》卷17上《敬宗纪》，第510页。

④ 《新唐书》卷8《宣宗纪》，第245页。

⑤ 《宋史》卷11《仁宗纪三》，第225页。

⑥ 《宋史》卷33《孝宗纪一》，第627页。

⑦ 《汉书》卷78《萧望之传》，第3273页。

⑧ （宋）王钦若等：《册府元龟》卷144《帝王部·弭灾第二》，凤凰出版社2006年版，第1616页。

四时，导迎和气。自去冬已来，逾月雨雪，寒风尤甚，颇伤于和。"[①] 宋天圣七年春，京师降雨弥月不止，仁宗谓辅臣："岂政事未当天心耶?"于是"戒有司，决狱议罪，毋或枉滥"[②]。唐宋两位帝王的反应，都表达了这一认知。据有关学者研究，唐代因灾害录囚，以旱灾为主，水灾次之[③]，宋代录囚其实亦然。

但金代录囚却绝大部分因旱情而起，对于久雨，金帝的表现多只是一些祈祷的行为，如大定"十七年夏六月，京畿久雨，遵祈雨仪，命诸寺观启道场祈祷"[④]；明昌四年五月、明昌六年六月，章宗皆"以久雨，禜"[⑤] 等，唯见哀宗正大三年（1226）四月，有一例因河南干旱、大雨雹并发而遣使录囚之事[⑥]。前文业已指出，金代赦宥制度实际上是非常接近汉族王朝的，那么为何因旱灾而赦宥占据绝对主流呢?

笔者以为，此种差异的出现，首先应考虑到女真统治者对"天人感应"的理解水平不及唐宋帝王。虽然承安五年（1200）金章宗曾有"间者亢旱，近则久阴，岂政有错谬而致然欤"[⑦] 的怀疑，但金帝应对久雨的措施还是像上文所提到的，仅仅是祈祷而已。其次，这还可能和金王朝所处的地理环境与气候变化有关。金代因自然灾害降赦，仅为应对旱灾，表明金代（特别是金代后期），北中国地区的旱情已十分严重。目前金史学界关于金代自然灾害的研究，仍多徘徊在宏观地粗线条勾勒，而对灾异对金代社会的具体威胁程度，缺乏关注。事实上，金代旱灾不仅比水灾发生得更为频繁[⑧]，且对金朝经济的威胁也明显要比水灾严重。一者，旱灾与蝗灾往往并发，故对农业危害尤大；二者，金朝地处北方，也决定了其

---

① 《旧唐书》卷 17 下《文宗纪下》，第 544 页。

② 《宋史》卷 201《刑法志三》，第 5027 页。

③ 李军:《灾害危机与唐代政治》，博士学位论文，首都师范大学，2004 年，第 41 页。

④ 《金史》卷 35《礼志八·祈禜条》，第 826 页。

⑤ 《金史》卷 10《章宗纪二》，第 229、236 页。

⑥ 元好问《遗山集》卷 18《内相文献杨公神道碑铭》，第 208 页，载："哀宗以河南雨雹，诏公审理冤狱而不及陕西。"同一事，在《金史·杨云翼传》却被记作"哀宗以河南旱，诏遣官理冤狱，而不及陕西"。一记因雨雹录囚，一记因旱灾录囚。考《金史·哀宗纪上》，正大三年四月，"辛丑，以旱，遣官祷于济渎。癸卯，祈于太庙。禁伞扇。河南大雨雹。己酉，遣使虑囚，遣使捕蝗"，知元好问所指录囚当系正大三年四月之事，然则此时河南既有旱情，亦有雨雹，故笔者以为此次录囚或与旱灾、大雨雹皆有关。

⑦ 《金史》卷 11《章宗纪三》，第 254 页。

⑧ 根据武玉环《金代自然灾害的时空分布特征与基本规律》（《史学月刊》2010 年第 8 期，第 94 页）统计，旱灾占金代自然灾害总数的 24%，水灾占 20%。

农业生产更易受旱灾干扰。更重要的是，作为“金前期至中期的经济重心”[①] 的华北地区，一改唐宋以来多雨的气候，竟频频发生旱情。笔者据竺可桢先生的研究，将北中国五省在七世纪至十四世纪时的旱、水灾次数[②]，整理成以下表3、表4[③]：

表3　　七世纪至十四世纪北中国五省旱灾次数统计表

	直隶（河北）	山东	山西	河南	陕西	合计
七世纪	3	5	4	3	5	20
八世纪	2	1	1	1	5	10
九世纪	1	3	5	8	3	20
十世纪	6	5	5	30	6	52
十一世纪	14	2	1	23	8	48
十二世纪	3	4	1	2	6	16
十三世纪	23	8	12	12	6	61
十四世纪	16	6	10	12	9	53

表4　　七世纪至十四世纪北中国五省水灾次数统计表

	直隶（河北）	山东	山西	河南	陕西	合计
七世纪	2	1		3	4	10
八世纪	2	1	1	6	13	23
九世纪	2	3	1	3	8	17
十世纪	5	8	1	15	1	30
十一世纪	9	4	4	19	3	39
十二世纪	4			5	4	13
十三世纪	7	2	1	6	3	19
十四世纪	18	17	3	26	3	67

金代的统治时段在十二世纪至十三世纪，据上表所列，在此时段内，

① 韩茂莉：《辽金农业地理》，社会科学文献出版社1999年版，第206页。

② 注：金代华北统治区，约相当于今日河北、山东、山西、河南、陕西五省，故笔者仅取此五省统计数字作为讨论依据。

③ 二表数据摘引自 Co-Ching Chu，“Climatic pulsation during historical time in China”，*Geographical Review*，Vol. 16，1926，pp. 276－277。

旱灾为77起，其中十三世纪旱灾共发生61次，是十世纪至十四世纪当中的峰值；水灾凡32起，处于十世纪至十四世纪当中的低谷，因此，金代是一个旱灾迅速肆虐、水灾处于低谷的时期，金政府频频因旱灾降赦，正是当时旱灾严重的一个清晰反映。

第六章　辽金赦宥的特色与影响

前面五章探讨了辽金赦宥制度的具体情况，本章将着重讨论辽金赦宥的特色与影响。

辽金作为两个少数民族王朝，它们的赦宥制度自然有着与中原王朝不同的一面。那么辽金赦宥制度的特色都有哪些？辽和金，作为契丹族和女真族建立的两个王朝，它们之间的赦宥制度又有何区别？它们与唐宋的赦宥制度又有着怎样的异同？辽金赦宥制度对辽金社会的影响如何？有何积极意义？又有哪些消极作用？以上种种，都是本章试图解决的问题。

第一节　辽金赦宥的特色

清末法学家沈家本在总结辽代赦宥时说："自唐以后，专赦役徒之事，史不多见。道宗时，赦徒凡五，亦可见尔时役徒之多。终身者五岁免之，亦一时之例也。……其赦之事则有与历代大异者，如饭僧、观市、行柴册礼，并历代所无，最异者为再生礼。"[①] 沈家本所总结的辽代赦宥特色，有饭僧、观市、行柴册礼三种。不过其中的"观市"一条，实际是《周礼·地官·司市》"国君过市，则刑人赦"[②] 的具体表现，似不应视作辽代赦宥的特色。

事实上，辽代赦宥的特色不止于此，除了饭僧、行柴册礼之外，还有行再生礼、四时捺钵等。相较于辽朝，金朝赦宥的特色远不鲜明，这与女真本身极度缺乏传统文化有关。文化越落后越贫乏，越难保持固有特色，越容易全盘接纳高水平文化。与之相反，本身的文化水平越高，其接纳外来文化时的表现便越强硬，其接受程度便越有限。在本节中，笔者拟从饭

① （清）沈家本：《历代刑法考·赦考九》，第732页。

② （清）孙诒让：《周礼正义》卷27《地官·司市》，第4册，第1073页。

僧与辽代赦宥、四时捺钵与赦宥、契丹特色礼仪与赦宥、出使绝域后免罪、老人星与辽穆宗赦宥五个方面探讨辽代赦宥特色，从猛安谋克犯法遇赦和招徕南宋归正人两个角度，考察金代赦宥的特点。

一　饭僧与辽代赦宥

“饭僧”，意即向和尚施饭，是一种流行于官方民间的迷信的修善祈福行为。饭僧并非辽朝所特有，史载唐“懿宗奉佛太过，常于禁中饭僧，亲为赞呗”①。北宋雄州团练使何承矩以老疾卸任后，死于齐州。死讯传至河北，“缘边涖涿、易州民闻承矩卒，皆挥涕，有相率诣雄州发哀饭僧者”②。不过，辽代君主饭僧，与以往不同的是，偶尔伴随赦宥。太祖天赞四年（925）十一月，“幸安国寺，饭僧，赦京师囚”③；穆宗应历二年（952）十二月，“以生日，饭僧，释系囚”④。这种饭僧与赦宥并行的赦例，在中国古代历史上是独一无二的。据笔者检核，仅见王氏高丽的末期有过类似行为。高丽恭愍王二十二年（1373）二月“丁亥，以公主忌辰，幸王轮寺，饭僧三百，赦二罪以下”，“五月丁未，以诞辰，饭僧于仁熙殿，赦二罪以下”⑤。因此，在辽代赦宥制度中，饭僧颁赦是一个特色现象。这种现象的发生，当然应该归结于辽朝统治者的极度崇佛。

辽代不是每次饭僧均有赦宥随之。太宗会同五年（942）六月“丁丑，闻皇太后不豫，上驰入侍，汤药必亲尝。仍告太祖庙，幸菩萨堂，饭僧五万人。七月乃愈”⑥。此饭僧目的是为应天太后祈福，并无赦宥。圣宗统和二年（984）九月“辛未，以景宗忌日，诏诸道京镇遣官行香饭僧”⑦，亦无赦宥。圣宗在位期间的饭僧行为还有：统和四年七月“辛巳，以捷告天地。以宋归命者二百四十人分赐从臣。又以杀敌多，诏上京开龙寺建佛事一月，饭僧万人”⑧，统和七年四月、统和十二年四月，圣宗先

---

① 《旧唐书》卷178《李蔚传》，第4625页。

② 《长编》卷64，景德三年九月乙丑，第3册，第1427页。

③ 《辽史》卷2《太祖纪下》，第23页。

④ 《辽史》卷6《穆宗纪上》，第79页。按穆宗生于天显六年八月初五日，此处作十二月，文字有误。

⑤ ［朝鲜］郑麟趾等著，孙晓主编：《高丽史》卷44，恭愍王二十二年二月丁亥、五月丁未条，第1328、1329页。

⑥ 《辽史》卷4《太宗纪下》，第56页。

⑦ 《辽史》卷10《圣宗纪一》，第122页。

⑧ 《辽史》卷11《圣宗纪二》，第131页。

后两次幸燕京延寿寺饭僧①，统和十年九月，圣宗“幸五台山金河寺饭僧”②，太平二年（1022）三月“戊子，为宋主饭三京僧”③。重熙十一年（1042）十二月，兴宗“以宣献皇后忌日”，“与皇太后素服饭僧于［燕京］延寿、悯忠、三学三寺”④。咸雍八年（1072）正月，军将“奏北边捷”，道宗“以战多杀人，饭僧南京、中京”⑤。这些饭僧的行为之后，均未见有赦宥降下，可见辽帝并非每次饭僧皆赦。这也能够反映出辽代赦宥的随意性。

二　四时捺钵与赦宥

作为北方游牧民族，契丹人过着“逐水草而居”的生活。这一生活特征，在辽朝建立后得到了延续，表现为契丹民众的四季游牧⑥与辽帝的四时捺钵。“捺钵”，意为皇帝巡幸之驻所，即辽帝的行帐。捺钵制度实际上是契丹人游牧特征与中原皇帝巡幸制度的结合体。辽朝前期，君主率军征伐不已，捺钵制度尚在形成阶段。直至澶渊之盟后，辽朝的军事扩张告一段落，捺钵制度方才稳定下来。封建帝王巡幸，例有降赦之举，因此辽帝在四时捺钵之时，也常降赦。如天显四年（929）七月，辽太宗驻跸凉陉，观市，曲赦系囚⑦；大安四年（1088）二月，道宗前往鱼儿泺春捺钵，曾先后曲赦春州、泰州役徒；大安八年三月，道宗驻跸挞里捨淀，“丁未，曲赦中京、蔚州役徒”⑧；等等。

辽帝四季都在巡幸，日常政务与军机重事皆在捺钵处理。傅乐焕先生指出：“（捺钵）乃契丹民族生活之本色，有辽一代之大法，其君臣之日常活动在此，其国政之中心机构在此。”⑨ 所以，辽帝颁布大赦，其地点应当在捺钵。应当说，这是有辽一代的主流情况。不过也有材料表明，辽朝后期，出现了在中京举行重大礼仪活动的情形：

---

① 《辽史》卷12《圣宗纪三》，第144页；卷13《圣宗纪四》，第156页。

② 《辽史》卷13《圣宗纪四》，第155页。

③ 《辽史》卷16《圣宗纪七》，第212页。

④ 《辽史》卷19《兴宗纪二》，第260页。

⑤ 《辽史》卷23《道宗纪三》，第311页。

⑥ （宋）苏颂《契丹帐》诗：“行营到处即为家，一卓穹庐数乘车。千里山川无土著，四时畋猎是生涯。”题下原注：“鹿儿馆中见契丹车帐，全家宿泊坡坂。”见苏颂《苏魏公文集》卷13《后使辽诗》，第171页。

⑦ 《辽史》卷3《太宗纪上》，第32页。

⑧ 《辽史》卷25《道宗纪五》，第338页。

⑨ 傅乐焕：《辽代四时捺钵考五篇》，载氏著《辽史丛考》，第37页。

道宗即位，将行大册礼，北院枢密使萧革曰："行大礼备仪物，必择广地，莫若黄川。"六符曰："不然。礼仪国之大体，帝王之乐不奏于野。今中京四方之极，朝觐各得其所，宜中京行之。"上从其议。[①]

由上可知，道宗此次册礼的发生地是在中京大定府，并不在捺钵。不过，清宁四年的柴册大赦礼，仍然选择在永兴甸举行[②]。

大约自太宗朝开始，金朝仿照辽制，也逐步建立起捺钵制度。但辽金立国根本的不同，导致它们的捺钵制度出现了差异。金朝在首都从上京迁至燕京后，立国根本发生了彻底转变：即金朝已经进入农业社会，人们普遍习惯于定居生活。因此金朝捺钵没有辽朝那么明显的季节之分，金帝离开首都的时间也没有辽帝那么长，只是春水秋山而已，金帝捺钵的目的很大程度上是为了鼓励族人操习骑射[③]。

金朝帝王在捺钵时也有曲赦之事发生，但已少见，见诸史籍的只有明昌五年六月，章宗往冰井出猎，拜天，曲赦西北路[④]。

三 契丹特色礼仪与赦宥

契丹的传统特色礼仪与赦宥相关的主要是柴册礼和再生礼[⑤]。在辽代赦宥制度中，二者的地位不尽相同。以下分而论之。

柴册礼，学界多据《辽史·礼志》"阻午可汗制柴册再生仪"认为定型于契丹遥辇氏初期，但必须指出的是，这种燔柴告天的仪式，起源甚早，实非契丹族所独有，而是广泛存在于南北各民族当中。早在东汉末年桓阶劝曹丕代汉称帝时，就曾说"陛下应天受禅，当速即坛场，柴燎上帝"[⑥]，此处"柴燎上帝"，即焚柴告天。此后，西晋与南朝宋、齐、梁、

---

① 《辽史》卷86《刘六符传》，第1458页。

② （宋）王易：《燕北录》："清宁四年戊戌岁十月二十三日，戎主一行起离靴甸，往西北约二百七十余里，地名永兴甸，行柴册之礼"，载罗炳良主编《中华野史·辽夏金元卷》，泰山出版社2000年版，第10页。

③ 相关研究，参见刘浦江《春水秋山——金代捺钵研究》，原刊《文史》第49—50辑，后收入氏著《松漠之间——辽金契丹女真史研究》，第289—328页。

④ 《金史》卷10《章宗纪二》，第232页。

⑤ 有学者认为"柴册礼是契丹传统旧俗与中原传统礼制互相融合的成果，而并非完全是契丹旧俗的遗迹"。参见朱子方《论辽代柴册礼》，《社会科学辑刊》1985年第1期，第88页。

⑥ 《三国志》卷2《魏书·文帝纪》，第62页。

陈，北朝北齐、北周、隋朝开国之君，在即位之时，皆有柴燎告天之举①；十六国南燕末主慕容超、北魏孝文帝，在位时也有柴燎告天之事②。后唐明宗长兴元年（930）二月“祀昊天上帝于圜丘”时，仍有柴燎礼③。契丹柴册礼与中原王朝所不同者，是“契丹祖神为白马天神，举行柴册礼，以白马作仪注”④ 而已。经笔者统计，《辽史》所载辽代历次柴册礼如表5所示：

表5　　辽代柴册礼与大赦关系

帝王	时间	《辽史》本纪记载	有无大赦
辽太祖	太祖元年（907）正月	命有司设坛于如迂王集会埚，燔柴告天，即皇帝位	无/未载
	六年十月	壬辰，还次北阿鲁山，闻诸弟以兵阻道，引军南趋十七泺。是日燔柴	无/未载
	七年十二月	十二月戊子，燔柴于莲花泺	无/未载
辽太宗	天显二年（927）十一月	冬十一月壬戌……即皇帝位。癸亥，谒太祖庙。丙寅，行柴册礼。戊辰，还都。壬申，御宣政殿，群臣上尊号曰嗣圣皇帝。大赦	有
	会同元年（938）十一月	甲子，行再生柴册礼。丙寅，皇帝御宣政殿，刘昫、卢重册上尊号曰睿文神武法天启运明德章信至道广敬昭孝嗣圣皇帝。大赦，改元会同	有
	会同三年（940）十二月	十二月壬辰朔，率百僚谒太祖行宫。甲午，燔柴，礼毕，祠于神帐	无/未载
辽世宗	大同元年（947）九月	九月壬子朔，葬嗣圣皇帝于怀陵。丁卯，行柴册礼，群臣上尊号曰天授皇帝。大赦，改大同元年为天禄元年	有

① 《晋书》卷3《武帝纪》，第50页；《宋书》卷3《武帝纪下》，第51页；《南齐书》卷2《高帝纪下》，第30页；《梁书》卷2《武帝纪中》，第33页；《陈书》卷2《高祖纪下》，第31页；《北齐书》卷4《文宣帝纪》，第49页；《周书》卷3《孝闵帝纪》，第46页；《隋书》卷1《高祖纪上》，第13页。

② 《魏书》卷95《徒何慕容廆传附德从子超传》、卷108之一《礼志一》，第2749、2072页。

③ 《旧五代史》卷41《唐书·明宗纪七》，第642页。

④ 田广林：《契丹自然崇拜礼俗研究》，《昭乌达蒙族师专学报》（汉文哲学社会科学版）1996年第3期，第26页。

续表

帝王	时间	《辽史》本纪记载	有无大赦
辽穆宗			无/未载
辽景宗	应历十九年(969)十一月	十一月甲辰朔，行柴册礼，祠木叶山，驻跸鹤谷	无/未载
辽圣宗	统和二十七年(1009年)十一月	冬十一月壬子朔，行柴册礼	无/未载
辽兴宗	重熙四年(1035)十一月	行柴册礼于白岭，大赦	有
辽道宗	清宁四年(1058)十一月	十一月癸酉，行再生及柴册礼，宴群臣于八方陂。庚辰，御清风殿受大册礼。大赦	有
辽天祚帝	乾统六年(1106)十一月	丙申，行柴册礼。戊戌，大赦	有

从表5中可以看出，辽太祖曾三次燔柴，史籍皆不载有大赦之举。辽太宗在位期间三度燔柴：第一次在天显二年十一月，太宗登基后，谒太祖庙，行柴册礼，还都后受尊号，大赦；第二次在会同元年十一月，行再生柴册礼，受尊号，大赦；第三次在会同三年十二月，谒太祖行宫，燔柴，无大赦。前两次柴册礼之后有大赦颁下，会同三年十二月则无。世宗在消弭述律平与李胡的阻力后，也举行了柴册礼，受尊号，大赦。穆宗在位时《辽史》不载其行柴册礼之事，景宗在即位当年十一月"行柴册礼，祠木叶山，驻跸鹤谷"，也未见有赦宥随之颁降。圣宗统和二十七年十一月行柴册礼，也没有赦宥的记录。辽末三帝兴宗、道宗和天祚帝，皆在柴册礼过后颁行大赦。这里仍旧不能忽视史籍阙载的可能性。不过，如果不是史籍阙载的话，那么辽代柴册礼之后颁布大赦的赦宥制度，迟至兴宗朝才完全形成。至此，随着社会的发展，大赦已与契丹族的柴册礼一样，都成为了皇帝权力的象征。

下面我们再来分析辽代再生礼与赦宥的关系。辽代再生礼的举行周期，《辽史》称是"凡十有二岁"①，但正如许多学者业已指出的那样，再生礼的举行周期并不固定。关于再生礼的意义何在，学术界也有不同的解释。武玉环先生认为，随着契丹社会的发展，"再生礼"衍生出了"祭

① 《辽史》卷53《礼志六》，第976页。

神祈福”的新内涵[①]。

表6 **辽代再生礼与赦宥关系**

人物	时间	《辽史》本纪记载	有无赦宥
辽太祖			无/未载
辽太宗	天显四年（929）九月	戊寅，祠木叶山。己卯，行再生礼	无/未载
	会同元年（938）十一月	甲子，行再生柴册礼。丙寅，皇帝御宣政殿，刘昫、卢重册上尊号曰睿文神武法天启运明德章信至道广敬昭孝嗣圣皇帝。大赦，改元会同	与柴册礼同时进行，有大赦
辽世宗			无/未载
辽穆宗			无/未载
辽景宗	保宁三年（971）四月	己卯，祠木叶山，行再生礼	无/未载
辽圣宗	统和元年（983）七月	辛酉，行再生礼	无/未载
承天太后	统和二年（984）七月	秋七月癸丑，皇太后行再生礼	无/未载
	统和四年（986）九月	甲午，皇太后行再生礼	无/未载
	统和四年（986）十月	丁酉，皇太后复行再生礼，为帝祭神祈福	无/未载
耶律休哥	统和七年（989）三月	戊子，赐于越宋国王红珠筋线，命入内神帐行再生礼，皇太后赐物甚厚	无/未载
辽圣宗	统和十二年（994）十一月	十一月戊申朔，行再生礼	无/未载
法天太后	重熙八年（1039）十一月	戊申，皇太后行再生礼，大赦	有
辽兴宗	重熙十三年（1044）七月	庚午，行再生礼	无/未载
	重熙十八年（1049）六月	丁亥，行再生礼	无/未载

① 武玉环：《契丹族的“再生仪”刍议》，《史学集刊》1993年第2期，第74—75页。

续表

人物	时间	《辽史》本纪记载	有无赦宥
法天太后	重熙二十年（1051）十二月	十二月乙酉，以皇太后行再生礼，肆赦	有
辽道宗	清宁四年（1058）十一月	十一月癸酉，行再生及柴册礼，宴群臣于八方陂。庚辰，御清风殿受大册礼。大赦	与柴册礼同时进行，有大赦
	清宁七年（1061）六月	戊辰，行再生礼，复命群臣分朋射柳	无/未载
宗天太后	清宁八年（1062）十二月	戊子，以皇太后行再生礼，曲赦西京囚	有
辽道宗	咸雍三年（1067）十二月	丁巳，行再生礼，赦死罪以下	有
耶律濬	咸雍五年（1069）十二月	十二月甲子，行皇太子再生礼，减诸路徒以下罪一等	有
辽道宗	大康五年（1079）十二月	戊午，行再生礼，赦杂犯死罪以下	有
耶律延禧	大安二年（1086）十一月	十一月甲戌，为燕国王延禧行再生礼，曲赦上京囚	有
	寿昌四年（1098）十二月	十二月壬辰，为燕国王延禧行再生礼，曲赦三百里内囚	有
辽天祚帝	乾统十年（1110）四月	丙戌，预行再生礼	无/未载

从表6中不难发现，再生礼与赦宥首次发生关联的时间，是重熙八年十一月为法天太后行再生礼之时。正如李月新博士所指出的："自重熙八年（1039年）十一月'戊申，皇太后（钦哀后）行再生礼，大赦'之后，帝、后亲行及恩赏'再生礼'的目的开始与'大赦''释囚'等国家恩典联系在一起，并且日趋紧密。由此可见契丹统治集团的再生礼已经渐渐走下神坛，与契丹民族的覆诞习俗融为一体，成为契丹国家带有庆祝、祈福色彩的庆典之一。"①不过，这一分析仍嫌粗疏。上表揭示，辽兴

① 李月新：《辽代再生礼小考》，《北方文物》2014年第1期，第81—82页。

宗在位期间曾两度为自己举行再生礼，但之后并无赦宥颁降。这表明再生礼与赦宥的制度化关系在兴宗朝似乎仅限于太后行再生礼，而帝王行再生礼与赦宥真正建立制度关系，则始于辽道宗咸雍三年十二月。此点充分反映出了辽代政治环境中后族势力的强大。

四　使绝域后免罪

辽代规定，犯流罪而有才华者，罚其出使绝域①，若得生还，即予免罪。譬如辽世宗天禄二年（948），惕隐刘哥与其弟盆都结耶律天德谋乱，事泄，耶律屋质审判众人，诛天德，迁刘哥，“以盆都使辖戛斯国”②；圣宗朝“郎君老使沙州还，诏释宿累”③。这种犯人“使绝域后免罪”的做法，是前代所没有过的，它实质上是一种变相的赦过责功。

在古代，交通工具不够发达，社会治安也不太稳定，出行是一件饱尝艰辛、险难重重的事。从出发到归来，往往要花上一年半载，甚至可能遭遇不测，命丧途中。尤其是出使绝域，长途跋涉，风餐露宿，极易殒命，如韩知古曾孙韩椅曾获罪出使沙州，几乎死于途中：“忽生舋缫于私门，欻被累囚于制狱。虞书文命，宁杀不辜，孔记冶长，信知昨罪，遂以笞刑断之，仍不削夺在身官告，念勋旧也。明年，奉使沙州，册主帅曹恭顺为燉煌王。路岐万里，砂碛百程，地乏长河，野无丰草。过可敦之界，深入达妬，□囊告空，糗粮不继。”④ 再如，兴宗朝耶律庶成被妻子胡笃所诬陷，夺官，“使吐蕃凡十二年，清宁间始归”⑤。正是由于出使绝域充满着凶险，辽朝统治者才将此作为对犯人减罪后的一种惩罚。出使者若能够侥幸归来，则可免罪，甚至获得奖励，如韩椅归来后获赐白金二百两、毳布八十段、帛百匹⑥。

---

① 《辽史》卷61《刑法志上》，第1038页：“流刑量罪轻重，置之边城部族之地，远则投诸境外，又远则罚使绝域。”知辽代“绝域”指的是比“境外”更遥远的地区。考辽代的“境外”，当系边境以外附近的地方，如《辽史·营卫志下》载，辽朝的附属部族术哲达鲁虢部和伯斯鼻骨德部，均“戍境内，居境外”。

② 《辽史》卷77《耶律屋质传》，第1387页。按，“辖戛斯”，中国古代西北少数民族，为铁勒部之一。汉称鬲昆、坚昆，又作纥骨、居勿、结骨等，唐称黠戛斯，又作纥扢斯、戛戛斯。参见王钟翰《中国民族史概要》，山西教育出版社2010年版，第234页。辽代辖戛斯约位于今俄罗斯联邦叶尼塞河上游。

③ 《辽史》卷16《圣宗纪七》，第210页。

④ 陈述：《全辽文》卷6《韩椅墓志铭》，第121页。按，“舋缫”应为“舋隟”之误，意为仇隙。

⑤ 《辽史》卷89《耶律庶成传》，第1486页。

⑥ 陈述：《全辽文》卷6《韩椅墓志铭》，第121页。

五 老人星与辽穆宗赦宥

在辽代赦宥中，有一种独具特色的赦宥：因老人星见而颁赦。辽穆宗应历十一年（961）“三月丙辰，萧思温奏老人星见，乞行赦宥”①，当年六月有赦，便缘此而发。

老人星是南天球船底座的 α 星，其亮度仅次于天狼星，距离地球约200 光年。因其在天球的位置是赤纬 -52°42′，所以位于北半球的人要观测到它，至少需要在地理纬度低于 37°18′的地方才可以。职是之故，在中国通常只有长江以南的人们才能有机会欣赏到老人星的美丽，北方人则只能望空兴叹②。也正是由于难得一见，老人星在我国古人眼里成为了吉祥之星。唐人司马贞云：“寿星，南极老人星也，见则天下理安。”③《晋书·天文志》也云：“老人一星，在弧南，一曰南极，常以秋分之旦见于丙，春分之夕而没于丁。见则治平，主寿昌，常以秋分候之南郊。”④ 中国历朝古人看到老人星的次数相当多，汉、晋、南朝、隋、唐、五代、辽、宋、金、明、清均有“老人星见”的记录，但将老人星见与赦宥联系起来的，却唯有辽朝⑤。

前已述及，老人星至少要在低于北纬 37°18′的地方才有可能看到。而辽南京（今北京）的地理纬度为 39°54′，南京道最南端的地理纬度至低也只有 39°，仍高于 37°18′这一标准线。因此，在辽南京，是看不到老人星的，时任南京留守的萧思温很可能是误听误报。对于在今北京看不到老人星这一点，清人已有很清醒的认识，譬如他们对明人在北京（辽南京）观测到老人星的记录便表示不信：“老人星则江以南常见，而燕京必无见理。”⑥

不过，虽然辽人萧思温所奏“老人星见”很可能是子虚乌有之事，但这并不妨碍我们通过此事分析穆宗朝的赦宥特点。有趣的是，除了这次

---

① 《辽史》卷 6《穆宗纪上》，第 85 页。

② ［美］邹豹君：《大环境地理学》，中国友谊出版公司 1991 年版，第 64—65 页。黄勇、张景丽、金昌海：《新编中国大百科全书》（B 卷），“宇宙空间”，延边大学出版社 2005 年版，第 51—52 页。

③ 《史记》卷 12《孝武本纪》，“索隐”，第 605 页。

④ 《晋书》卷 11《天文志上》，第 306 页。

⑤ 按，《晋书》卷 9《孝武帝纪》载：东晋孝武帝太元十年（385）七月，“旱，饥。丁巳，老人星见。八月甲午，大赦”。考晋孝武帝此次大赦，实非因老人星见而起，而是因当年五月的大水和七月的旱灾。参见《文馆词林》所收东晋孝武帝赦诏内容。

⑥ 《明史》卷 27《天文志三·客星条》“序”，第 404 页。

记载之外，辽代还有四次“老人星见”的记录，分别为应历十三年（963）二月、应历十五年正月、统和元年（983）十月与统和三年七月[①]。《辽史》记载老人星凡五见，三次皆在穆宗朝。但因老人星见而降赦宥的，仅有应历十一年一例。那么这次特殊赦宥的背后，又有着怎样的原因呢？

笔者以为，这次赦宥与老人星是“国主寿昌”的象征息息相关。在辽朝九帝当中，穆宗堪称是最渴望长生不老的一位。他在位早期，甚至招来了“女巫肖古上延年药方”，并深信不疑。因制药需用男子胆，穆宗杀人甚众，直至应历七年四月方察觉其伪[②]。另外，应历三年九月北汉曾遣使向辽穆宗贡药[③]，这与以往贡香药、茶药不同，或亦用来延穆宗之年，益穆宗之寿。有论者认为，尚在二十四五岁的辽穆宗便开始服用延年之药，事出蹊跷，故穆宗所服用之药，乃是为了治疗其性无能的隐疾[④]。笔者对此有不同看法。考察中国古代君主开始追求长生不老的年龄，并不乏年纪轻轻者。例如，元光二年（前133），年仅24岁的汉武帝便召见了方士李少君，向其询问炼丹求仙之法[⑤]；东晋哀帝司马丕在21岁即位后就“雅好黄老，断谷，饵长生药，服食过多，遂中毒”[⑥]，最终在25岁的时候一命呜呼。唐穆宗也因追求长生不老而“饵金石之药”，遂于长庆四年（824）正月崩于寝殿，时年30岁[⑦]。以上三位帝王，皆在二十多岁的年纪便已痴迷于长生之术。所以，我们并不能认定年轻的辽穆宗不可能有追求延年益寿之梦想。相反，笔者认为年轻的穆宗追求长生不老是确有其事的。关于这一点，笔者还找到了一处旁证。在辽代九帝当中，首先因生日而降赦的，也是穆宗。人类庆生，“表明了人们对生命的渴望和持续”[⑧]。《辽史·穆宗纪》记载穆宗在位期间曾三次因生日而释囚，目的无非是借释放囚徒为自己祈福。

---

① 详见《辽史》诸帝本纪。

② 《辽史》卷6《穆宗纪上》，第82页。

③ 同上书，第80页。

④ 林鹄：《辽穆宗草原本位政策辨——兼评宋太祖“先南后北”战略》，《中国史研究》2016年第1期，第131页。

⑤ 关于汉武帝追求长生不老的过程，参见陈金花《汉武帝追求长生的心路历程》，《贵州文史丛刊》2013年第2期，第27—31页。

⑥ 《晋书》卷8《哀帝纪》，第208页。

⑦ 《旧唐书》卷16《穆宗纪》，第504页。

⑧ 张礼花：《中西方生日习俗的起源与象征》，《经济研究导刊》2014年第21期，第309页。

实际上，年轻的辽穆宗因老人星见而降赦，正是他极度渴求长生不老的表现。人类追求长生不老，应当是希望自己能够永久保持在生命力最旺盛的那一刻，而非一直活着不死——“长生”与“不老”相比，“长生”只是基本诉求，“不老”才是终极目标。所以中国古代才会出现这么多年纪轻轻就开始搜求长生不老药方的帝王。不过，辽穆宗之所以如此，还与其性无能的苦衷有关。早在即位之初，穆宗便将堂兄辽世宗次子耶律贤鞠育于太宗斡鲁朵永兴宫宫中①，而此时穆宗只有 21 岁。此事反映出穆宗在 21 岁之时便已深知自己已彻底无法生育。尽管已收留耶律贤为养子，但在穆宗的内心深处，自己的血脉既已无法通过生育后代的方式进行延续，所以他只能转而追求本身的长生不老。因此，当应历十一年三月萧思温首次奏报南京有老人星见的时候，31 岁的穆宗才会在欣喜之下，同意颁布赦宥，以谢上天。至于为何应历十三年、十五年两次老人星见而未降赦，一种原因是史籍阙载，另一种原因则是穆宗随着阅历的增加，已经意识到，长生不老只是虚幻不实的妄求罢了。

六　猛安谋克犯法遇赦

“猛安”“谋克”是金代颇具民族特色的专有名词，它们既是金代女真族的军事和社会组织单位，又是职官的代称。

金代猛安谋克的组织原不仅限于女真人，在建国初期，尚有契丹、汉人、渤海和奚人猛安谋克。史载太祖“尝用辽人讹里野以北部百三十户为一谋克，汉人王六儿以诸州汉人六十五户为一谋克，王伯龙及高从祐等并领所部为一猛安。”② 天辅七年（1123）奚王回离保所建立的奚国灭亡后，金太祖也将归降的奚人与先前投附的奚人编为猛安谋克③。随着对外战事的结束，熙宗开始加强女真集权，于皇统五年（1145）“罢辽东汉人、渤海猛安谋克承袭之制，浸移兵柄于其国人”④。在契丹农牧民大起义平定后，世宗又“诏罢契丹猛安谋克，其元管户口，及从窝斡作乱来降者，皆隶女直

---

① 《辽史》卷 8《景宗纪上》，第 97 页。
② 《金史》卷 44《兵志》，第 992 页。
③ 《金史》卷 67《奚王回离保传》，第 1588 页：“初，太祖破辽兵于达鲁古城，九百奚营来降。至是，回离保死，奚人以次附属，亦各置猛安谋克领之。”
④ 《金史》卷 44《兵志》，第 993 页。

猛安谋克”[1]，但不久又对契丹猛安谋克有所恢复[2]。至此，金代猛安谋克除了保留有奚人六猛安和少数契丹猛安谋克外[3]，绝大多数已悉数是女真人。

这些女真猛安谋克因为战功的关系，拥有很大特权。大定初年，右丞相宗宪曾言：“太祖皇帝抚定天下，誓封功臣袭猛安谋克。”[4] 是知金代猛安谋克自国初便已立定世袭之誓约。作为女真政权的支柱力量，猛安谋克在犯法时，往往会得到减免。大定十七年四月，世宗对宰臣说：“郡县之官虽以罪解，一二岁后，亦须再用。猛安谋克皆太祖创业之际于国勤劳有功之人，其世袭之官，不宜以小罪夺免。”[5]

章宗即位以后，西北战事迭起，而女真士兵在战斗中的颓废表现实在令他失望与担忧。为了更好地应对西北新兴的劲敌，提振猛安谋克的战斗力，章宗对族人的态度发生了变化。通过制定一系列政策，章宗加强了对猛安谋克的国家控制[6]。承安五年（1200）正月，为整肃猛安谋克的纪律，章宗下诏“定猛安谋克军前怠慢罢世袭制”[7]，同年五月，又“定猛安谋克斗殴杀人遇赦免死罢世袭制”[8]。世袭当是猛安谋克最大的特权。猛安谋克杀人，遇赦虽可免死，但作为惩罚，仍会被剥夺世袭的权利，这个惩罚是空前严厉的。章宗无疑希望借此惩戒族人的骄纵不法，以保护大金王朝的支柱不损。

七　招徕南宋归正人

本书第三章第一节已述，金代赦书中出现了招徕南宋“归正人”的条文，尤其是大定十一年（1171）郊赦赦文中，“向来被俘之人，能自拔

---

① 《金史》卷 90《完颜兀不喝传》，第 1998 页。

② 《金史》卷 90《完颜兀不喝传》，第 1999 页：“顷之，世宗以诸契丹未尝为乱者与来降者一概隶女直猛安中，非是，未尝从乱可且仍旧。……上曰：‘分隶契丹，以本猛安租税给赡之，所弃地与附近女直人及余户，愿居者听，其猛安谋克官，选契丹官员不预乱者充之。’”据此，知世宗废罢契丹猛安谋克后，又有少量恢复。《金史·武仙传》载金末移剌瑗为“世袭契丹猛安”，是其证。

③ 《金史》卷 47《食货志二》，第 1046 页：大定二十一年正月，世宗提到“奚人六猛安，已徙居咸平、临潢、泰州”，知此时奚人猛安谋克尚存，故大定初解散契丹猛安谋克时，并不涉及奚人。

④ 《金史》卷 70《宗宪传》，第 1617 页。

⑤ 《金史》卷 7《世宗纪中》，第 167 页。

⑥ ［日］三上次男：《金代女真研究》第六章第一节，金启孮译，黑龙江人民出版社 1984 年版，第 222—227 页。

⑦ 《金史》卷 11《章宗纪三》，第 252 页。

⑧ 同上书，第 253 页。

者，放免五年差税"[1] 一目赫然在列。这是金代赦宥出现的不同于其他王朝的另一特色。对于金朝此次大赦的实际招徕效果，宋人薛季宣声言"实未闻有应之者"[2]，实系护短之辞。同期，王质在给宋孝宗的上书中坦承："近者谁为葛褒之谋，宽诱中原之众，吾淮南迁徙之民稍复还归。"[3]可见金世宗此次大赦实实在在地起到了招徕南宋归正人北返的作用。

需要指出，金朝此举，已公然违背了宋金"隆兴和议"的约定。在"隆兴和议"的条款中，金宋双方商定不再遣还叛亡之人[4]。那么金世宗为何会甘冒不韪，在大赦之时招徕南宋归正人呢？

窃以为金朝这样做，既有政治考虑，也有经济原因。政治上，借招徕远人以示本国之强大可依，以示本国为正统；经济上，增加劳动人手，促进社会经济发展。政治上的原因尚属其次，经济上的原因更为关键。

无论在任何时代，人都是最重要的生产力要素。金朝统治者向来对人口问题高度重视，还专门建立了"三年一籍"的户口登记制度。这一制度大受今天中国人口史学界的褒扬[5]。此外，金廷对索要逃亡他国的百姓也相当积极。例如，金初政府对逃入高丽的百姓，曾坚持索要十多年。史称"自太祖与高丽议和，凡女直入高丽者皆索之，至十余年，索之不已"，后太宗以完颜勖之谏，方才放弃要求[6]。再如海陵王末年，西夏趁正隆南伐失败之机，袭占了金朝陕西荡羌、通峡、九羊、会川等城寨。金世宗即位后，西夏迫于压力，将所侵土地归还，但无意归还所掠人口、牲畜。金朝索之，西夏百般上表陈情，以战争损失巨大为由，祈求金朝能停止理索。金世宗在西夏"屡以为请"的情况下，才答应不再索要[7]。以上两例可证，金朝对滞留在他国的人口从不轻易放弃，而是极力索求。因此，金朝会在大赦之时招徕逃往南宋的原金朝居民，便不足为奇了。

---

① （宋）薛季宣：《艮斋先生薛常州浪语集》卷17《奉使淮西与丞相书》，载《宋集珍本丛刊》，第278页。

② 同上。

③ （宋）王质：《雪山集》卷1《上皇帝书》，文渊阁四库全书本。按，王质此次上书，并未交代时间，但从该文内容推断，其上书时间当在乾道七八年，即金大定十一年、十二年之际。故文中所谓"近者谁为葛褒之谋，宽诱中原之众"，指的便是金朝大定十一年大赦赦书中招徕南宋"归正人"的有关条文。

④ 《宋史》卷33《孝宗纪一》，第630页载：隆兴二年十二月，宋孝宗下旨曲赦沿边州军，其中提及："怜彼此之无辜，约叛亡之不遣，可使归正之士咸起宁居之心。"是知"隆兴和议"中规定了双方不许理索叛亡者。

⑤ 葛剑雄：《中国人口发展史》，福建人民出版社1991年版，第54—56页。

⑥ 《金史》卷66《勖传》，第1558页。

⑦ 《金史》卷134《西夏传》。

第二节　辽金赦宥制度的对比

辽朝是游牧民族契丹所建立的帝国，金朝则是渔猎民族女真建立的政权。金灭辽而兴，且女真曾长期臣服于辽朝，所以辽朝的许多制度文化都在金朝打下了深深的烙印①。南宋归正人张棣曾总结道："金虏有国之初，立法设刑，悉遵辽制。"② 元代学者苏天爵也有言："金之制度，大抵多袭辽旧。"③ 金代赦宥制度也曾受到辽朝影响，例如皇统元年（1141）正月金熙宗大赦，取得金鸡后的"合支赐分例"，便沿用了"亡辽大册体例恩赏下项"④。但是，经过本书的讨论，我们发现，辽朝赦宥制度对金朝的影响极为有限——我们委实找不到更多这方面的证据。在契丹文化与汉文化之间，女真人更容易也更乐意选择汉文化。这是受两个民族的固有特点决定的：契丹属于游牧民族，女真人的生活则以渔猎农耕为主。因此，在辽朝灭亡后，那些具有契丹特色的赦宥制度例如再生礼赦宥、柴册礼赦宥，也全都随之消亡，并未得到后来女真人的传承。

概括地说，同为北方少数民族建立的王朝，辽代赦宥始终呈现出极大的随意性，制度化并不十分明显；而金代前期的赦宥制度虽然也存在着某种程度上的不稳定性，但随着女真君臣汉文化水平的快速提高，金代的赦宥制度越来越接近中原王朝的赦宥制度。因此可以说，金代赦宥制度远较辽代健全。下面从建国大赦、帝后生辰降赦、赦宥中的度僧内容、灾异与赦宥四个方面，探讨辽金赦宥制度之间的差异。

一　建国大赦

辽太祖建国时，曾大赦天下⑤，而金太祖建国则无此举。这个差异不仅是缘于金朝建国之际的领土远较辽初为小，尚不足以大赦"天下"，还缘于两位开国领袖的汉化程度不同。辽太祖的汉文化水平相当高，而金太

---

① 关于辽代文化在金代的传承，宋德金先生已有相当系统的研究，参见氏撰《辽金文化比较研究》，《北方论丛》2000 年第 1 期，第 43—49 页。

② 《三朝北盟会编》卷 244，引张棣《金虏图经》，第 1754 页下栏 B 面。

③ （元）苏天爵：《滋溪文稿》卷 4《金进士盖公墓记》，第 55 页。

④ （金）佚名：《大金集礼》卷 24《赦诏》，第 211 页。

⑤ 本书以神册元年（916）为辽朝的立国之岁。公元 907 年，耶律阿保机任契丹八部可汗，亦即《辽史》所称"即皇帝位"，但当时并无大赦之事。

祖的汉文化水平则要逊色得多。笔者以为这种强烈反差的出现，主要归因于契丹与女真兴起前所处的地理位置不同，由此带来的是它们建国前后的汉文化水平有着较大的差距，并对两国日后的历史发展走向，产生了极为深远的影响。

契丹是东胡鲜卑宇文部的一支，原居于辽河流域，东晋时期开始发展壮大。登国三年（388），契丹被北魏击败，逃至潢水（今西拉木伦河）、土河（今老哈河）之间，但仍时常侵扰北魏边塞。隋唐以来，契丹一直依违于中原王朝与突厥（以及后来的回纥）之间，直至唐末崛起。换言之，从北魏开始，契丹就一直保持着与中原王朝的联系。唐朝末年，耶律阿保机继续通过各种途径与中原交往。除了屡屡南侵之外，还利用了结盟、交聘的方式。天祐二年（905），时为契丹八部于越的耶律阿保机与唐河东节度使李克用在云州会盟，结为兄弟。次年，阿保机又与汴州朱全忠联络，寻求册命。尤其值得重视的是，五代时幽州节度使刘守光“残虐，军士多归于契丹；及守光被围于幽州，其北边士民多为契丹所掠”①。在这种情况下，辽太祖从幽、蓟地区得到了三位主要的汉人幕僚，即韩延徽、韩知古和康默记。在这些汉族士人的辅佐与熏陶下，辽太祖日益受到汉文化的影响，于是辽朝在建国伊始便有大赦之事，便不足为奇了。

反观女真族则完全没有契丹那种得天独厚的地理优势。女真属于肃慎一系，生活在松花江流域及以东地区，距离中原王朝太远。北宋初，女真人虽曾越海前往北宋贩卖优良马匹，但这项商业贸易不久便在辽朝的粗暴干涉下而被迫中断②。此后女真便一直与中原文化相隔离，他们只能就近从汉文化水平本不甚高的契丹人和高丽人那里学到一些汉文化知识。这个地理劣势导致了“女直初无文字，及破辽，获契丹、汉人，始通契丹、汉字”③。换言之，女真建国前的文化水平与中原汉文化相差十分悬殊。因此，完颜阿骨打在登基称帝时，仅仅是“陈耕具九，祝以辟土养民之意。复以良马九队，队九匹，别为色，并介胄弓矢矛剑奉上”④，仪式可

---

① 《资治通鉴》卷269，后梁贞明二年十二月，第8929页。

② 《三朝北盟会编》卷3，第19页下栏B面—20页上栏A面：“本朝（按，指北宋）建隆二年始遣使来贡方物，多名马、貂皮。自此无虚岁，或一岁再至。雍熙中，来诉契丹置三栅屯兵，绝其朝贡之路，乞遣兵平之。真宗为降诏抚谕而不发兵。……至仁宗朝，遂不复通中国。”

③ 《金史》卷66《勖传》，第1558页。

④ 《金史》卷36《礼志九》，第831页。

谓相当简朴。甚至直到天辅六年（1122），金太祖的汉文化水平都还是乏善可陈。当年，金太祖入燕京，“与其臣数人皆握拳坐于殿之户限上，受燕人之降，且尚询黄盖有若干柄，意欲与其群臣皆张之”[①]。要之，金太祖虽是女真族杰出的政治家、军事家，但他的汉文化水平委实不高。因此，金太祖在建国之际，不可能出现大赦。

二　帝后生辰降赦

帝王于诞辰（即圣节）颁赦，目的是为了“报上方覆露之恩”[②]，普天同庆。圣节的设置始于唐开元十七年（729）[③]，在萌生伊始便与赦宥紧密相连。开元十九年八月，唐玄宗“以千秋节，降死罪，流以下原之”[④]。辽朝建立后，也在一定程度上继承了这一做法。

辽初圣节尚无颁布赦宥的习惯。辽太宗天授节、述律后永宁节，庆祝仪式皆是群臣上寿而已[⑤]。直至穆宗，方屡次因生日而释囚。兴宗时，“梅里狗丹使酒杀人而逃，会永寿节（兴宗生辰）出首，特赦其罪”[⑥]。辽代还有为已故皇帝生辰（冥诞）降赦之例，但没有形成制度。如清宁元年（1055）十二月庚戌，道宗以当日为圣宗冥诞，曲赦上京囚；而清宁二年二月乙巳，道宗以当日为兴宗冥诞，宴群臣，命各赋诗，并无赦宥[⑦]。

值得注意的是，在汉族王朝里，通常只有在皇帝生辰时才降下恩赦，但辽朝自兴宗开始，几乎每逢太后生辰，必降赦宥。例如应圣节（钦哀后生辰），辽朝通常赦宥，或大赦，或曲赦，或降德音。这种在太后生辰降恩赦宥的思想，其实在圣宗朝就已露雏形。统和四年（986）五月，辽军在反击北宋雍熙北伐的战争中，击败宋军于岐沟关，宋方还有“挽漕数万人匿岐沟空城中”，被辽军团团围住，后“以皇太后生辰，纵还”[⑧]。迨至兴宗朝，在太后生日颁降赦宥，便正式成为赦例的一种了。

---

① 《三朝北盟会编》卷12，引《北征纪实》，第86页上栏A面。
② 《张世卿墓志》，载《辽代石刻文编》，第656页。
③ 《旧唐书》卷8《玄宗纪上》，第193页。
④ 《新唐书》卷5《玄宗纪》，第136页。
⑤ 《辽史》卷3《太宗纪上》，第31页。
⑥ 《辽史》卷62《刑法志下》，第1046页。
⑦ 《辽史》卷21《道宗纪一》，第287—288页。
⑧ 《辽史》卷11《圣宗纪二》，第130页。

辽朝因太后生辰而颁赦，其原因要归结到辽代契丹族妇女享有较高的政治与社会地位。首先，社会分工在很大程度上决定社会地位。作为“顺寒暑，逐水草畜牧”[①] 的游猎民族，契丹妇女并没有条件像汉族妇女那样可以足不出户、依靠织织补补维持生计，她们除了与男子一样骑在马背上放牧狩猎外，别无选择。这便铸就了契丹女性强健的体魄和豪迈的性格，也导致了她们必将在政治上有所作为。其次，辽国脱胎于文化较为落后的氏族社会，母系氏族社会的母权制仍然残存，且人们受汉族儒家传统礼教的束缚尚轻，因而辽朝女性的地位相对较高[②]。有辽一代，后族萧氏势力十分强大，几乎到了与皇族分庭抗礼的地步。元人称“耶律与萧，世为甥舅，义同休戚”[③]，是恰如其分的。外戚与皇太后、皇后表里呼应，构成了辽朝中央政权的两大支柱之一。因此，辽朝的皇太后才会享受着某些汉族王朝皇太后所没有的礼遇。表现在赦宥方面，便是辽朝出现了因皇太后圣节而颁布恩赦的情况。

还有两点情况需要说明。其一，辽代有更改圣节日期的习惯[④]，那么是否只在帝后的真正生辰才颁赦呢？关于这个问题，钦哀后应圣节降赦可为我们提供一个线索。辽代四度因钦哀后生辰（应圣节）降赦，其中三次在三月，一次在十二月，其中十二月的应圣节乃是改期后的日子，同样有赦宥降下，可见更改圣节日期对赦宥可能并无太大影响。其二，圣节年年过，但赦宥并非年年有。仍以应圣节降赦为例。《辽史》本纪中出现的“应圣节”庆祝活动总共只有 9 次，其中明书降赦的仅有 4 次，清宁二年十二月的应圣节，仅有上寿行为，未见赦宥。这里当然不能排除有史料阙载的情形，但考虑到圣节降赦，由于日期固定，容易引发不轨分子趁机犯案，故笔者更倾向于认为辽代帝后生辰降赦，并非每年都有。

辽亡金兴，号称少赦的女真人成为统治者，每逢帝王生辰，只是群臣拜表称贺，再无赦宥之举[⑤]，并且女真族女性的政治地位也远不如契丹族

① 《辽史》卷 34《兵卫志上 · 序》，第 449 页。

② 相关研究，参见宋德金《辽金妇女的社会地位》，原刊《中国史研究》1995 年第 3 期，后收入氏著《宋德金集》，中国社会科学出版社 2008 年版，第 296—298 页。张国庆、韩志远、史金波：《中国妇女通史 · 辽金西夏卷》，辽代“概论”，杭州出版社 2011 年版，第 5 页。

③ 《辽史》卷 30《天祚皇帝纪四》，“史赞”，第 405 页。

④ 傅乐焕：《辽帝后生辰改期受贺考》，载氏著《辽史丛考》，第 241—250 页。

⑤ 金代逢圣节降赦，唯见天会十年（1132）十月壬寅，太宗天清节，大赦。然此次大赦实因耶律余睹之叛得以平定，详见前文第二章第二节。

女性那样高，所以帝后生辰降赦的惯例便随之湮没无闻了。

三　赦宥中的度僧内容

辽朝是一个极度崇佛的朝代。自兴宗开始，辽朝崇佛、佞佛之风大盛，一直持续到辽朝灭亡[①]。在政府的支持下，寺院数量急剧攀升，贵戚望族也“多舍男女为僧尼”[②]。表现在赦宥方面，便是辽兴宗以后的赦文中常有“恩度”内容，上文第三章第一节已述。此外，辽朝还多次出现因佛教事宜而降赦的例子，如兴宗重熙二十三年（1054）十月，“以开泰寺铸银佛像，曲赦在京囚”[③]。此亦是辽朝佞佛之明证。

女真族在建国之前，虽主要信仰萨满教，但在辽与高丽佛法昌盛的影响之下，他们也“奉佛尤谨”[④]。北宋天禧三年（1019），东、西女真首领来朝，甚至“乞佛经一藏”，真宗“诏赐之”[⑤]。建国初期，在女真的下层百姓中，仍不乏信仰佛教者：天会四年（1126）十二月二十七日，在占领北宋都城开封的金军中，便有“二十一人诣大相国寺爇香礼佛”，翌年正月初一，又有“金使二十一人诣相国寺烧香”；二月十九日，复“移文索禅学通经僧行数十人”，后留二十人，“传闻待遇颇厚，诸寨轮斋襯施无虚日”[⑥]。但女真皇帝目睹辽代崇佛过甚，对佛教的态度却相当冷淡，天会元年（1123）十月，上京庆元寺僧献佛舍利，太宗却之[⑦]，天会八年五月，太宗复下诏“禁私度僧尼”[⑧]。直至熙宗朝，金帝才开始效仿辽代大赦度僧的做法。皇统二年（1142），金熙宗以皇子生，大赦，赦文中便有度僧的内容。时被扣留在金朝的宋使洪皓目睹了在此次赦宥中人们得到剃度的情形：“金主以生子肆赦，令燕、云、汴三台普度，凡有师者皆落发。奴婢欲脱隶役者，才以数千属请，即得之，得度者亡虑三十万。”[⑨]但这只是昙花一现。继熙宗之后的海陵王、金世宗和金章宗对佛教的控制都相当严格，除了在战争时期临时采取发放度牒的手段筹措军需外，这一

---

① 关于辽金的佛教政策，参见刘浦江《辽金的佛教政策及其社会影响》，载氏著《辽金史论》，第304—322页。

② 旧题（宋）叶隆礼：《契丹国志》卷8《兴宗文成皇帝》，第92页。

③ 《辽史》卷20《兴宗纪三》，第281页。

④ 《三朝北盟会编》卷3，第17页上栏B面。

⑤ 《长编》卷94，天禧三年十一月己卯，第4册，第2172页。

⑥ （宋）丁特起：《靖康纪闻》，载《全宋笔记》第4编·四，第115、135页。

⑦ 《金史》卷3《太宗纪》，第48页。

⑧ 同上书，第61页。

⑨ （宋）洪皓：《松漠记闻》，第10页。

时期并没有大规模的度僧行为，在平常的大赦文书中，也极少出现度僧的条款。唯在泰和二年（1202）十一月，金章宗“以皇子晬日，放僧道戒牒三千”[①]，然而这两次度僧的数量也十分有限。

但金朝统治者对佛教的控制，在金末发生了根本性转折。这一点在学界以往的研究中尚未引起重视。其表现之一，即金末出现了大赦之中赐予僧服的现象。如卫绍王崇庆元年（1212）大赦，便有不少非法私自出家的人得到了官方承认，获得僧服。如惠寂“父殁，乃祝发，居孝义之寿圣，时年已五十有一矣。崇庆初，以恩例得僧服”[②]；澄辉“崇庆初，以恩例得僧服”[③]。笔者颇疑此举是朝廷通过赐予非法僧人僧服的手段换取收入，以缓解对蒙战争带来的财政压力。

四　灾异与赦宥

灾异一直是古代君主颁赦的主要原因之一。“灾者，天之谴也；异者，天之威也”[④]，古人将“天”与“人”联系起来，认为凡是发生灾异，皆为人事不修之故。因此帝王们因灾异而降赦，一为召和气以谢天谴敬天威，二为抚恤受灾民众，三为避免民众在穷困之下起事反叛。因为每逢自然灾害发生之时，受生计所迫的一些底层民众，常常铤而走险，打家劫舍，以致犯罪率上升。

灾异之“灾”，指的是直接造成损害，如水旱、蝗虫、地震、疾疫等；“异”则指非常、可怪之事物，包括天变（如日食、太白昼见）、动物畸形、奇装异服等。古人将“灾”“异”视为一体，都看作天意的表露。

唐代皇帝每逢天变，多避正殿，撤乐、减膳，如唐昭宗天祐二年（905）四月，因彗星见而避正殿，敕曰：“彗星谪见，罪在朕躬。虽已降赦文，特行恩宥，起今月二十四日后，避正殿，减常膳，以明思过。付所司。”[⑤]宋代皇帝亦然。但辽代皇帝与他们有很大不同。辽帝在发生天灾之时并没有自省过失的行为。如应历十六年（966）五月，辽穆宗“以岁

---

① 《金史》卷11《章宗纪三》，第259页。

② （金）元好问：《遗山集》卷31《华严寂大士墓铭》，第354页。

③ （金）元好问：《徽公塔铭》，载《全辽金文》，第3135页。

④ （汉）董仲舒：《春秋繁露》卷8《必仁且智第三十》，中华书局1975年版，第318页。

⑤ 李希泌、毛华轩：《唐大诏令集补编》卷1《彗星见避正殿敕》，上海古籍出版社2003年版，第31页。

旱，泛舟于池祷雨；不雨，舍舟立水中而祷，俄顷乃雨”[1]。辽穆宗祈雨的方式，实际上仍是契丹族的传统做法。

韩国学者金渭显先生认为：“契丹皇帝对天灾地变的认识，和唐宋皇帝不一样。旱灾时，祷天祈雨以外没有谨身之痕迹，只免岁租及出粟赈恤而已。以此看来，从契丹皇帝的灾害观念，看不到天子之面貌，可以看出来人君之态度。”[2] 此言得之。也正是由于这个原因，辽帝以灾害而非异象而颁赦，似专为抚恤受灾百姓。更多时候，辽帝并不赦宥囚徒，而是选择蠲免受灾地区的赋税。例如应历三年（953）冬，穆宗“以南京水，诏免今岁租”[3]；大康元年（1075）二月，道宗以“祥州火，遣使恤灾”[4]；大康二年九月，“以南京蝗，免明年租税”[5]；等等。

直至辽代后期，某些契丹人对天灾原因的看法才开始接近中原人，如道宗时萧文对人们捕杀蝗虫不以为然，他认为：“蝗，天灾，捕之何益！”于是“但反躬自责”[6]。再如天祚朝的耶律石柳认为：“怨气上结，水旱为沴。”[7] 这明显都是受到了汉文化的影响。于是辽代后期，皇帝在遇到天灾之时，也出现了降赦的行为，如清宁三年（1057）七月，南京地震，道宗下诏曲赦其境；咸雍四年（1068），南京道水灾，道宗曲赦徒罪以下囚；等等。

金代女真人的汉文化水平整体而言要比辽代契丹人高得多。女真人进入中原后，迅速融入到汉文化当中，因而女真知识分子对于灾异的认识也接受了汉人的那一套解释：灾异，乃上天示警，为政者需修德以应之。譬如纥石烈良弼在金世宗询问他“每旦暮日色皆赤”的原因时，回答说：“旦而色赤应在东，高丽当之。暮而色赤应在西，夏国当之。愿陛下修德以应天，则灾变自弭矣。”[8] 大定、明昌重臣徒单克宁也认为“报应之来皆由人事”[9]。再如兴定元年（1217），术虎高琪夸赞金宣宗道：“雨雪应

---

① 《辽史》卷7《穆宗纪下》，第91页。

② ［韩］金渭显：《辽代自然灾害与虫害》，载辽宁省辽金契丹女真史研究会《辽金历史与考古国际学术研讨会论文集》上册，辽宁教育出版社2012年版，第207页。

③ 《辽史》卷6《穆宗纪上》，第80页。

④ 《辽史》卷23《道宗纪三》，第314页。

⑤ 同上书，第316页。

⑥ 《辽史》卷105《萧文传》，第1609页。

⑦ 《辽史》卷99《耶律石柳传》，第1568页。

⑧ 《金史》卷88《纥石烈良弼传》，第1955页。

⑨ 《金史》卷92《徒单克宁传》，第2050页。

期，皆圣德所致。”① 兴定三年，平凉等处地震，把胡鲁上言：“皇天不言，以象告人，灾害之生必有其故，乞明谕有司，敬畏天戒。”② 女真诸帝也是一样。金世宗曾对完颜京兄弟说：“朕每见天象变异，辄思政事之阙，寤寐自责不遑。凡事必审思而后行，犹惧独见未能尽善，每令群臣集议，庶几无过举也。”③ 这段话反映了金世宗对天变灾异的敬畏。在金源九帝当中汉文化水平最高的金章宗，对灾异的理解也最接近中原汉族帝王。明昌三年（1192）天旱，章宗认为：“天啬时雨，荐岁为灾，所以警惧不逮。方与二三辅弼图回遗阙，宜思有以助朕修政。上答天戒，消沴召和，以康百姓。”④ 章宗还认为：“灾异不可专言天道，盖必先尽人事耳。”⑤ 所以女真皇帝与契丹皇帝不同，他们有的甚至还学习了汉族皇帝逢灾异避正殿、减膳等做法，如金世宗、章宗面对严重旱灾，都有过下诏责躬、祷祠山川之事。金代帝王因灾异而降赦的例子，也远比辽代为多。如明昌二年（1191）十月，金章宗“以河北、山东旱，应杂犯及强盗已未发觉减死一等，释徒以下”⑥。承安四年（1199）五月初一，金章宗“以旱，下诏责躬，求直言，避正殿，减膳，审理冤狱”⑦；正大二年（1225）五月，金哀宗“以旱甚责己，避正殿，减常膳，赦罪”⑧；等等。金代诸帝因旱灾降赦，一是为了感召和气，祈祷上天宽宥，降下雨露；二是为了抚恤受灾的民众，稳定社会秩序。这些也都与汉族皇帝遇灾降赦的目的相同。

第三节　辽金赦宥与唐宋之对比

辽金作为北方少数民族王朝，它们的赦宥制度虽直接取材于前代的唐、同时期的两宋，但必然也有所不同。譬如，唐宋大赦的一项重要内容——“量移”，辽金由于并未建立相关的惩罚体制，便并不存在。再如

① 《金史》卷106《术虎高琪传》，第2344页。
② 《金史》卷109《把胡鲁传》，第2390页。
③ 《金史》卷74《宗望附子京传》，第1708页。
④ 《金史》卷73《完颜希尹附孙守贞传》，第1687页。
⑤ 《金史》卷95《张万公传》，第2102页。
⑥ 《金史》卷9《章宗纪一》，第219页。
⑦ 《金史》卷11《章宗纪三》，第250页。
⑧ 《金史》卷17《哀宗纪上》，第376页。

两宋皆有因与辽金通和而大赦之举[1]，对应地，辽朝只是“大饗将卒，爵赏有差”[2]，金朝对宋和议后未见因此而大赦国内，反而是金宣宗在与蒙古议和后，宣布大赦[3]。本节选取受尊号、功臣号、郊赦、明堂大赦、誓券、赦书的申禁职能、录囚制度七个角度，将辽金赦宥与唐宋赦宥作了初步比较，并进一步阐发了辽金赦宥制度的特色。

一　受尊号与赦宥

尊号，又称“徽号”，是封建时代臣子对在世帝后的尊称。最早的尊号是秦始皇自号为“皇帝”。此后，有西汉哀帝自号“陈圣刘太平皇帝”[4]，北周宣帝自号“天元皇帝”[5] 等，但均属君主的个性之举，皇帝受尊号尚未制度化。一般认为，皇帝受尊号制度的确立，始于唐高宗，盛于武周，定型于唐玄宗时。有学者指出唐代的这一做法，是受到了柔然、突厥“可汗号”政治文化的影响[6]。《魏书·蠕蠕传》云：

> 社仑远遁漠北，侵高车，深入其地，遂并诸部，凶势益振。……小国皆苦其寇抄，羁縻附之，于是自号丘豆伐可汗。“丘豆伐”犹魏言驾驭开张也，“可汗”犹魏言皇帝也。蠕蠕之俗，君及大臣因其行能即为称号，若中国立谥，既死之后，不复追称。[7]

即柔然君臣在世时，均因其品行才华取一称号，死后不复追加谥号，这一做法恰似后来皇帝的生受尊号。柔然后为突厥所灭，突厥也沿用了柔然的这种做法，可汗皆有美号。唐朝借鉴了北方少数民族政权的这一特点，形成了受尊号的制度。

自唐则天武后开受尊号而大赦之端，其后历代皇帝上尊号，例有大赦

---

① 《宋史》卷7《真宗纪二》，第127页：“（景德）二年春正月庚戌朔，以契丹讲和，大赦天下，非故斗杀、放火、强盗、伪造符印、犯赃官典、十恶至死者，悉除之。”《宋史》卷29《高宗纪六》，第538页：“（绍兴九年正月）丙戌，以金国通和，大赦。”

② 《辽史》卷14《圣宗纪五》第175页。

③ 《金史》卷14《宣宗纪上》，第304页：“（贞祐二年四月）至是以大元允和议，大赦国内。”

④ 《汉书》卷11《哀帝纪》，第340页。

⑤ 《周书》卷7《宣帝纪》，第119页。

⑥ 罗新：《从可汗号到皇帝尊号》，载氏著《中古北族名号研究》，北京大学出版社2009年版，第225—237页。

⑦ 《魏书》卷103《蠕蠕传》，第2290—2291页。

之举。迨至北宋中叶，帝王受尊号之事开始遭到广泛质疑。宋仁宗时，君臣关于尊号的认识，有下面一段记载：

> 尊号非古也，自宝元之郊，诏群臣毋得以请，殆二十年。嘉祐四年孟冬祫，丞相又欲因此上尊号，宋景文曰："却尊号，甚盛德也。臣下乃欲举陛下所不用之故事，是一日受虚名，而损实美也。"上曰："我意正如是。"于是遂止。[①]

宋仁宗以后，宋神宗也认为尊号乃虚文溢美之词，毫无意义，于是下旨彻底废除了逢大礼上尊号的惯例[②]。从此，宋代皇帝不再接受尊号，只为太上皇、皇太后上尊号。

辽朝建立后，完全沿袭了"受尊号"这一制度，辽代九帝皆有尊号。不过笔者认为，辽代皇帝不仅拥有汉式"皇帝尊号"，而且很可能还有契丹式"汗尊号"。罗新先生认为：有辽一代，阿保机称帝时，"天皇王"的称号就是"天可汗"，因此辽太祖是拥有契丹式"汗尊号"的。罗先生又云："辽太宗以下诸帝，不再见可汗称号，而只有类似唐宋诸帝的皇帝尊号。可是辽天祚帝被金人俘虏后，耶律大石建立西辽时，'号葛儿罕，复上尊号曰天祐皇帝'。……罕即可汗，葛儿或菊儿，是可汗号。"[③] 即罗新先生发现，耶律大石有着汉式和契丹式两种尊号。综合来看，罗新先生认为辽太祖和耶律大石均有汉式尊号和契丹式尊号，所以他对辽太宗以下诸帝不再见有可汗称号而耶律大石复突然再次使用可汗称号表示惊讶。那么辽代果真是仅仅阿保机与大石才拥有双重尊号吗？

笔者以为，辽代皇帝自太宗以下，是有可能存在着契丹式可汗尊号的。证据有二。其一，辽道宗帝后仍有"可汗""可敦"之名号。《辽史·后妃传》云："辽因突厥，称皇后曰'可敦'。"[④] 辽人王鼎《焚椒录》也的确提及了重元之妻呼道宗皇后为"可敦"："明年，后生皇子濬，皇太叔重元妃入贺……归骂重元曰：'汝是圣宗儿，岂虎斯不若。使教坊奴得以可敦加吾。'"此外，《焚椒录》还提及道宗后被赐自尽时，"乞更

---

① （宋）朱弁：《曲洧旧闻》卷1，载《全宋笔记》第3编·七，大象出版社2008年版，第9页。

② （宋）佚名：《宋大诏令集》卷4《大礼罢上尊号诏》，第18页。

③ 罗新：《可汗号之性质》，载氏著《中古北族名号研究》，第13—14页。

④ 《辽史》卷71《后妃传·序》，第1318页。

面可汗一言而死"[1]，按此处的"可汗"无疑是指辽道宗。这可证明：道宗帝后是拥有汉式和契丹式（突厥式）双重名号的，在契丹人内部称"可汗""可敦"，对外则称"皇帝""皇后"。名号是尊号的基础，故辽道宗可能也拥有契丹式尊号。其二，辽朝皇帝拥有双重尊号，我们还可以从册仪中分析得出。辽代皇帝受尊号，例有册仪。据《辽史·礼志》记载，辽代皇帝受册仪，分为"上契丹册仪"和"受汉册仪"两类："又有《上契丹册仪》，以阻午可汗柴册礼合唐礼杂就之。又有《上汉册仪》，与此仪大同小异，加以《上宝仪》"[2]。二者具体事例有"太平中行汉册礼"[3]"兴宗重熙九年，上契丹册"[4]。另外，"契丹宝，受契丹册仪，符宝郎捧宝置御坐东"[5]。以上几条史料说明辽代皇帝存在着受契丹册的情形。但是，《辽史·乐志》所记重熙九年（1040）辽兴宗受契丹册的这段文字，遭到了后世学者的普遍质疑，不过现在看来，《辽史·乐志》这段记载还是不宜轻易否定的。笔者以为，重熙九年辽兴宗确有受尊号之事。《高丽史》记载了《辽史》这次契丹通报高丽重熙九年（1040）冬将受尊号的诏书：

> 近以群舆抗议，徽懿加尊，虽答疏以屡回，而叫阍之莫却。载矜恳到，难默都俞。眷藩国之同休，宜诏函之宠锡。今已定十二月上旬大行礼册，故兹诏示。[6]

按辽代逢有帝后受尊号之事，有时会提前通报高丽，如太平元年（1021）圣宗受册，便令东京遣左常侍王道冲使高丽告知[7]；重熙十一年兴宗上尊号，遣检校礼部尚书兼御史王永言往高丽通报[8]；乾统三年（1103）天祚帝上尊号，派报册使边唐英知会高丽[9]等，都是辽朝在行大礼之前遣使通报高丽知晓的例子。所以，辽朝在重熙九年是有过受尊号册礼的。

这就出现了一个问题：既然辽帝后受尊号册礼分为汉式和契丹式两

---

① （辽）王鼎：《焚椒录》，丛书集成初编本，中华书局1991年版，第2、5页。
② 《辽史》卷52《礼志五》，第955页。
③ 《辽史》卷55《仪卫志一·汉舆》，第1001页。
④ 《辽史》卷54《乐志·雅乐》，第981页。
⑤ 《辽史》卷57《仪卫志三·符印》，第1016页。
⑥ ［朝鲜］郑麟趾等著，孙晓主编：《高丽史》卷6，靖宗六年十月，第165页。
⑦ ［朝鲜］郑麟趾等著，孙晓主编：《高丽史》卷4，显宗十二年正月，第115页。
⑧ ［朝鲜］郑麟趾等著，孙晓主编：《高丽史》卷6，靖宗八年十一月，第169页。
⑨ ［朝鲜］郑麟趾等著，孙晓主编：《高丽史》卷12，肃宗八年六月，第336页。

种，那么是否两种受尊号大礼之后，均有赦宥颁降呢？从目前掌握的材料推测，可能唯有受汉式尊号之时，辽帝才肆赦；受契丹式尊号之后，或许只有常规的封赏。

金帝受尊号者较辽代而言少了许多。收国二年十二月，金太祖受尊号为“大圣皇帝”①。宗翰等占领汴京后，曾强迫北宋上金太宗尊号，事在靖康二年（1127，金天会五年）正月，徽号为“崇天继统昭德定功敦仁体信修文偃武光圣皇帝”②。这个尊号显然表达了被困中的宋钦宗期盼金太宗能够“敦仁体信”和“修文偃武”的痴心妄想。但金太宗似未接受这一尊号。在金代，唯有熙宗和世宗曾因受尊号而放赦③。章宗以降，再无皇帝受尊号之事。章宗对皇帝生前受尊号一事有着自己的理解。明昌五年（1194）五月己巳，章宗接连拒绝群臣的累请上尊号，为安慰臣僚，下诏降德音：“谕中外，徒罪以下递降一等，杖以下原之。”④ 泰和五年（1205）章宗与张行简的一段对话阐明了他拒受尊号的缘由：

> （泰和）五年，群臣复请上尊号，上不许，诏行简作批答，因问行简宋范祖禹作《唐鉴》论尊号事。行简对曰：“司马光亦尝谏尊号事，不若祖禹之词深至，以谓臣子生谥君父，颇似惨切。”上曰：“卿用祖禹意答之，仍曰太祖虽有尊号，太宗未尝受也。”行简乞不拘对偶，引祖禹以微见其意。从之。⑤

原来章宗赞同北宋范祖禹之论，认为“臣子生谥君父，颇似惨切”，故而屡次拒受尊号。赵秉文对章宗此举极为称赞，说他“竟辞徽号册”⑥。章宗以后，金朝皇帝再无受尊号降赦之事。在此后的朝代，帝王受尊号的传

---

① 《金史》卷2《太祖纪》，第30页。

② （宋）丁特起：《靖康纪闻》，载《全宋笔记》第4编·四，第122页。

③ 按金世宗之尊号，史籍与碑刻所记有出入。据《金史·世宗纪》载，大定五年三月，世宗尊号为“应天兴祚仁德圣孝皇帝”，大定十一年十一月，尊号为“应天兴祚钦文广武仁德圣孝皇帝”。但《建福院多罗藏碑》（参见北京图书馆金石组《北京图书馆藏中国历代石刻拓本汇编》第47册，中州古籍出版社1989年版，第167页）却载世宗尊号为“应天兴祚钦文广武神德至明皇帝”，与《金史》所记不同，待考。

④ 《金史》卷10《章宗纪二》，第229页。

⑤ 《金史》卷106《张行简传》，第2331页。

⑥ （金）赵秉文：《闲闲老人滏水文集》卷6《章宗挽词》，第84页。

统也渐渐淡化[①]。

二 功臣号与赦宥

功臣号始见于唐朝。唐中期以后，皇帝开始赐予臣僚“功臣”名号。唐朝的这一做法亦如尊号一样，是受北方少数民族政权的启发。柔然等少数民族政权不仅可汗拥有可汗号，大臣也有相应的名号，即“蠕蠕之俗，君及大臣因其行能即为称号，若中国立谥，既死之后，不复追称”[②]。唐代中后期的赦宥与加封功臣号挂钩，表现在赦文中常有赐“功臣”名号之文，且功臣犯罪可得减等处罚。如兴元元年（784）正月，唐德宗在奉天行宫受朝贺，大赦，赦书中宣布：“应赴奉天并进收京城将士，并赐名‘奉天定难功臣’，身有过犯，减罪三等，子孙过犯，减罪二等。”[③] 唐代功臣号制度被后来之辽、高丽、宋所沿用。

辽代功臣制度袭取于唐代，但也有一些变化[④]。辽帝封赐功臣号时，往往并不伴随赦宥；而百官拥有功臣号，也不代表就能在犯罪时获得宽免，相反还可能会被夺去功臣号，如统和十二年（994），东京留守萧恒德因伐高丽有功，获赐“启圣竭力功臣”封号；统和十四年，复因征兀惹不克，封号被褫夺[⑤]。

入金以后，功臣号制度渐趋湮没，甚至辽、宋以及后来的元朝例赐高丽王功臣号的做法，在金代也荡然无存。大定十七年（1177）正月，金世宗“诏诸大臣家应请功臣号者，既不许其子孙自陈，吏部考功郎其详考其劳绩，当赐号者，即以闻”[⑥]。既称“不许其子孙自陈”，则必然所赐功臣号是在大臣死后所赐的谥号，已不属功臣号制度。结合该事的前因后果，此理愈明。大定十四年十月，“诏图画功臣二十人衍庆宫圣武殿之左右庑”，大定十七年十月，有司奏：“衍庆宫所画功臣二十人，惟五人有

---

① 元朝世祖、武宗、文宗、顺帝都有过受尊号之事，但并不频繁。明朝皇帝不受尊号，只尊皇太后，且一般无大赦。唯有明世宗即位初期追尊生父母、上明太祖与高皇后尊号，有大赦。清朝太宗、世祖时，皇帝、皇太后受尊号后，仍颁恩赦；但自圣祖康熙帝始，皇帝均不受尊号。

② 《魏书》卷106《蠕蠕传》，第2290—2291页。

③ 《旧唐书》卷12《德宗纪上》，第340页。

④ 相关研究，参见陈晓伟《辽代功臣制度初探》，《辽宁工程技术大学学报》（社会科学版）2009年第3期，第280—282页。

⑤ 《辽史》卷13《圣宗纪四》、卷88《萧恒德传》。

⑥ 《金史》卷7《世宗纪中》，第166页。

谥，今考检余十五人功状，拟定谥号以进。”世宗从之[①]。从石刻史料中也可窥知这次赐功臣谥号的情形，例如完颜娄室在大定十七年“大祫，配享太宗庙庭，谥曰壮义”[②]。功臣号制度，在金朝彻底消失了。

值得一提的是，虽然功臣号制度在金朝消失了，但金末却出现了新的“忠臣号制度”，如金宣宗赐同知平阳府事史咏为“守节忠臣”[③]，在封建九公时并赐他们号“宣力忠臣”[④]，再如金哀宗授予国用安“英烈戡难保节忠臣”[⑤]，等等。这与金末国祚衰微有关，赐忠臣号，无疑是激励武臣们忠贞报国。不过，金朝的忠臣号制度，也与赦宥无关。

三　郊祀与赦宥

《左传》：“国之大事，在祀与戎。”[⑥] 南郊祭天更是天子独享的祭祀。中国古代“皇帝登位应祀南郊”[⑦]，以示得命于天，代天治民。皇帝在南郊之后大赦天下，雨露均沾，目的是让万民感知皇权的合法性。但郊祀起初并非与赦宥紧密相连。史籍中出现的最早一次郊赦，是在汉文帝十五年（前165）四月，“上幸雍，始郊见五帝，赦天下”[⑧]。这次郊赦的发生极其偶然。沈家本认为：“此文帝惑于公孙臣、新垣平之说而有此赦也。十六年夏四月又郊则不赦，迨至赵宋之世，凡郊必赦，则惑之甚矣。”[⑨] 沈家本的看法可谓真知灼见。事实上，郊祀与大赦关联成例，在历史上有所反复。东晋时，“郊祀往往有赦”，但廷尉王彪之认为这会导致“黎庶不达其意，将谓效祀必赦，至此时，凶愚之辈复生心于侥幸矣”，晋简文帝遂放弃了这一惯例[⑩]。郊赦成为制度，形成于五代，至北宋始为定制，三年一郊、逢郊必赦。

与两宋相比，郊赦制度在辽金两个少数民族王朝有着截然不同的命运。契丹人自有本民族的拜天之仪，在立国的二百余年之中，始终不曾采

---

① 《金史》卷7《世宗纪中》，第162、168页。
② （金）王彦潜：《完颜娄室神道碑》，载《金代石刻辑校》，第52页。
③ 《金史》卷16《宣宗纪下》，第364页。
④ 《金史》卷118《苗道润传》，第2574页。
⑤ （元）王恽：《玉堂嘉话》卷4《赐国用安铁券文》，第107页。
⑥ 杨伯峻：《春秋左传注》，成公十三年，中华书局2009年版，第861页。
⑦ 《资治通鉴》卷265，唐昭宣帝天祐二年五月，第8761页。
⑧ 《汉书》卷4《文帝纪》，第127页。
⑨ （清）沈家本：《历代刑法考·赦考二》，第546页。
⑩ 《晋书》卷76《王廙传附彬子彪之传》，第2007页。

用汉族王朝的郊祀礼仪[①]，即所谓“终辽之世，郊丘不建”[②]，故郊祀大赦也就无从谈起。需要补充的是，在辽天祚帝降金的上表中，他提道“伏念臣祖宗创二百年之基，承天统位，继子传孙，郊祀上帝，内外欢庆”[③]，个中的“郊祀上帝”，并无旁证，似乎也指的是拜天。契丹人的祭天行为史不绝书，或以鹅，或以青牛白马，或以酒脯，或以黑白羊，别具一格。

金代女真人继承了辽代契丹人的拜天习俗，拜天活动一直伴随王朝始终。同时，在王朝中期，女真帝王也仿照唐、宋制举行了郊祀活动。对于金朝郊祀的起始时间，《大金国志》与《金史》的记载差别很大。《大金国志》谓“（天辅五年）五月，国主用杨朴议，始合祭天地于南北郊及禘享太庙”[④]，又云“（天辅六年）三月，郊，合祭天地，依天辅年间例施行”[⑤]。按《大金国志》此处叙事与正史相差一年，此处所谓天辅五年、六年者，实际应值天辅六年、七年。因而，《大金国志》谓金代郊祀始于太祖时。不过《金史》则对金代郊祀却有着另一番清晰的脉络梳理：

> 金之郊祀，本于其俗有拜天之礼。其后，太宗即位，乃告祀天地，盖设位而祭也。天德以后，始有南北郊之制，大定、明昌其礼浸备。[⑥]

两相对照，《金史》的记载更可信一些。太祖时期正值金朝立国伊始，庶事草创，不大可能举行郊祀之仪。因此，金代的郊祀当始于大定十一年(1171)[⑦]。大定十一年十一月十七日，金世宗有事于南郊，背景十分复杂，其中之一是金朝刚刚平定北方鞑靼诸部的侵扰，即所谓的“柔然之

---

① 据《辽史·太宗纪下》载，辽太宗会同三年七月，后晋“遣使请行南郊礼，许之”，则辽朝君主理应知晓中原王朝的南郊大礼。又，田广林先生认为：“辽朝在木叶山上进行的祭天祀地，其隆重程度，相当于郊天大礼。”见氏著《契丹自然崇拜礼俗研究》，《昭乌达蒙族师专学报》（汉文哲学社会科学版）1996年第3期，第29页。

② 《辽史》卷56《仪卫志二·汉服》，第1010页。按《辽史·萧革传》：“会南郊，阿剌以例赴阙，帝访群臣以时务……”此“南郊”既是辽道宗向群臣咨询国事，显然并非郊祀。

③ 《三朝北盟会编》卷21，《亡辽遗录》，第155页上栏B面。

④ （宋）宇文懋昭撰，崔文印校证：《大金国志校证》卷2《太祖武元皇帝下》，第24页。

⑤ 同上书，第29页。

⑥ 《金史》卷28《礼志一》，第693页。

⑦ 海陵王时虽有南北郊之制，但未见行南郊之事。相关研究，参见徐洁《金代祭礼研究》，博士学位论文，吉林大学，2012年，第47—49页。

种落不庭，兵一征而获丑”①。

金代凡郊祀三次，除大定十一年之外，还有承安元年（1196）十一月和承安二年十一月两次。《金史》明载大定十一年和承安元年两次郊祀均伴随有肆赦，但承安二年冬至日的南郊，却未载放赦。那么此次南郊，是否便真的如《金史·章宗纪》所载的那样没有大赦呢？笔者认为是有大赦的。因为从承安二年乡村耆老受覃恩为低级散官可以窥知，承安二年郊祀之后，章宗似乎也颁布了赦诏。如真定府藁城人赵彦在“承安二年，以耆老受官保义副尉”②，中都路易州涞水人刘民“迨承安二年中，年八十有四岁，以乡老，特蒙国恩，受赐进义校尉”③。

综上所述，目前所见，金代皇帝一共只进行了三次郊祀活动，且均有肆赦降下。郊赦仅占金代大赦总数的7%，这显然与两宋制度化的郊赦不可同日而语。那么金代为何只有这三次郊祀呢？金代的郊祀之举又为何没有持续进行呢？

窃认为主要是由于南郊大礼耗资不菲，金廷不堪重负；其次是由于章宗朝边陲不宁者数岁，也在一定程度上影响了郊祀的举行。这从承安元年（1196）章宗与礼部尚书张暐的一次对话中可以窥知。当年八月，也就是章宗首次南郊大礼前夕，章宗召礼部尚书张暐至内殿，问道：“南郊大祀，今用度不给，俟他年可乎？”表示自己已有因财政困难推迟南郊的打算。但张暐认为应尽快举行：“陛下即位于今八年，大礼未举，宜亟行之。”章宗又提出了新的顾虑：“北方未宁，致斋之际有不测奏报何如？”张暐辩论说：“岂可逆度而妨大礼。今河平岁丰，正其时也。”④

需要指出的是，金章宗时南郊耗资巨大也与他本人的奢侈习性有关。金世宗为人节俭，大定十一年南郊大礼时，祭天地之玉皆以次玉代之⑤；仪仗队人数只有七千人⑥。迨至承安元年十一月章宗将举行郊礼时，礼官对使用次玉的节俭做法提出异议，认为这样并不足以表达对天地的诚敬之

---

① （金）佚名：《大金集礼》卷2《帝号下》，大定十一年册礼，第29页。

② （金）王若虚著，胡传志、李定乾校注：《滹南遗老集校注》卷43《保义副尉赵公墓志》，辽海出版社2005年版，第520页。

③ 《刘民寿塔幢》，拓片参见《北京图书馆藏中国历代石刻拓本汇编》，第47册，第62页。

④ 《金史》卷106《张暐传》，第2328页。

⑤ 《金史》卷28《礼志一》，第707页。

⑥ 《金史》卷42《仪卫志下》，第950页：“大定十一年，将有事于南郊，朝享太庙，右丞石琚奏其礼，上曰：‘前朝汉人祭天，惟务整肃仪仗，此自奉耳，非敬天也。朕谓祭天在诚，不在仪仗之盛也，其减半用之。’于是，遂增损黄麾仗为大驾卤簿，凡用七千人，摄官在内，分八节。”

心："礼神之玉当用真玉，燔玉当用次玉。昔大定十一年，天、地之玉皆以次玉代之，臣等疑其未尽。礼贵有恒，不能继者不敢以献。若燔真玉，常祀用之恐有时或阙，反失礼制。若从近代之典及本朝仪礼，真玉礼神，次玉燔瘗，于礼为当。"[①] 礼官所言有理，而章宗更进一步，他并不屑于礼官"真玉礼神，次玉燔瘗，于礼为当"的建议，而是诏命礼神与燔瘗都用真玉，以向苍天表示真诚。徐洁博士认为，"燔瘗"用真玉是超越当时的"近代之典"的做法，虽费用较高，但是我们能从中看出章宗对郊祀大礼的重视[②]。此言极是。不过若从另外一个角度上看，金代当时已有财政困难之端倪，似不应如此铺张。章宗在南郊仪仗队的排场也要比世宗时更盛："承安元年，省臣奏：'南郊大礼，大驾卤簿当用人二万一千二百一十八、马八千一百九十八。世宗亲行郊祀，仗用七千人。今拟大定制外量添甲卒三百，栲栳队、执檛人二百四十八，通七千五百四十八人，仍分八节。'从之。"[③]

章宗以后，金代皇帝的郊祀活动，随着蒙古铁蹄的到来而被迫终止了。从世宗、章宗在位期间均有南郊之举来分析，金帝继位后举行南郊以示正统，似乎自世宗以来已成惯例。因此不难想象，如果没有蒙古的突然攻击，卫绍王也必然会按例举行郊祀的。

《大金国志》载有卫绍王在大安四年（1212）五月改元崇庆，"合祭天地于南郊"之事[④]。有学者据此认为卫绍王时存在南郊行为[⑤]，窃以为此结论恐需斟酌。按《金史》载卫绍王改元崇庆在大安四年正月初一，与《大金国志》所记五月不同，又《金文最》收有崇庆元年投龙碑碑文，其末题"大金崇庆改元二月"云云[⑥]，知卫绍王确于大安四年元旦改元，《大金国志》所记改元日期有误，则所谓崇庆元年五月南郊之事，恐也系子虚乌有。核诸《南迁录》"（壬申岁）五月，天时大暑，复少雨……上（即卫绍王）亲祀南郊与地祇合祭"[⑦]，疑是《大金国志》记载的此次郊祀所本。《南迁录》一书谬误百出，早在问世后不久，便被李心传、赵与时

---

① 《金史》卷28《礼志一》，第707页。
② 徐洁：《金代祭礼研究》，博士学位论文，吉林大学，2012年，第53页。
③ 《金史》卷42《仪卫志下》，第953页。
④ （宋）宇文懋昭撰，崔文印校证：《大金国志校证》卷23《东海郡侯下》，第310页。
⑤ 徐洁：《金代祭礼研究》，博士学位论文，吉林大学，2012年，第51—52页。
⑥ （清）张金吾：《金文最》卷80《投龙碑》，第1175页。
⑦ 旧题（金）张师颜：《南迁录》，丛书集成初编本，中华书局1985年版，第18页。

等南宋学者鉴定是伪造①，现代学者邓广铭先生更是痛斥它是“一本彻头彻尾出于捏造的伪书”②。因此，《大金国志》所载的卫绍王这次南郊，恐怕并非真实。

金代南郊，延续了前代的一贯做法，均择冬至日进行③。元初人王恽曾听说有金章宗承安元年（1196）“郊天仪仗图”“郊天圜丘图”，图中所展示的郊天阵势十分浩大④。关于郊祀的地点，大定十一年（1171）郊祀，选在大兴县南七十里的拜郊台举行⑤，礼毕，御驾仍回应天门颁赦。

四　明堂大赦的废弃

“明堂”是中国古代室内祭天祀祖的场所，兼有政教等功能。目前学界普遍认为，明堂在中国起源很早，而“明堂”一词则始见于西周时期⑥。但关于明堂的具体形制如何，古今学者却聚讼千载，莫衷一是。

明堂大赦的历史可追溯至西汉。元封四年（前107年）刘奋上疏汉武帝时提及“往年觐明堂，赦殊死，无禁锢，咸自新，与更始”⑦，是知汉武帝时已有明堂大赦之事。此后明堂大赦得到了继承：东汉永和元年（136），顺帝“宗祀明堂，登灵台，改元永和，大赦天下”⑧；南朝宋孝武帝大明六年“辛卯，车驾亲祠南郊。是日，又宗祀明堂，大赦天下”⑨；

---

① 参见（宋）李心传《建炎以来朝野杂记》乙集卷19《女真南徙》附注，第845页；（宋）赵与时《宾退录》卷3，上海古籍出版社1983年版，第39—40页。

② 邓广铭：《〈大金国志〉与〈金人南迁录〉的真伪问题两论》，载《邓广铭自选集》，首都师范大学出版社2008年版，第650页。

③ 需要指出的是，唐末由于皇权不振，南郊的时间并不严格在冬至举行。

④ （元）王恽：《玉堂嘉话》卷4《金道陵元会图等》，第103页。

⑤ （元）刘应李原编、詹有谅改编、郭声波整理：《大元混一方舆胜览》卷上《腹里》“大兴府”，第26页。按《金史·礼志一》，第693页，载：“南郊坛，在丰宜门外，当阙之巳地。”考丰宜门为大兴府正南门，《金史》所记之地当与《大元混一方舆胜览》同。

⑥ 关于明堂问题的代表性研究论述有：汪宁生：《释明堂》，《文物》1989年第9期；［日］谷川道雄：《则天武后の明堂》，《同朋》第55号，同朋舍1993年；曹春平：《明堂初探》，《东南文化》1994年第6期；杨鸿勋：《明堂泛论——明堂的考古学研究》，“第一届中国建筑史学国际研讨会”论文，1998年8月18日；张一兵：《明堂制度研究》，中华书局2005年版；杨高凡：《宋代明堂礼制研究》，博士学位论文，河南大学，2011年；吕博：《明堂建设与武周的皇帝像——从“圣母神皇”到“转轮王”》，《世界宗教研究》2015年第1期。此外，日本学者南泽良彦对魏晋南北朝隋唐时期的明堂制度也有很深的研究。

⑦ 《汉书》卷46《石奋传》，第2198页。

⑧ 《后汉书》卷6《孝顺帝纪》，第265页。

⑨ 《宋书》卷6《孝武帝纪》，第129页。

唐武则天、中宗在位期间，亦有享明堂之后大赦天下之事，但明堂大赦制度固定下来则是在宋代①。

不过，盛行于唐宋两朝的明堂大赦，在辽金两朝却遭到了废弃。辽代史料中毫无明堂踪影，《金史》中“明堂”仅一见——大定十一年太常议雅乐：“圜钟，夹钟也，用为宫者以上应房、心，有天帝明堂之象也。”②而金代碑刻史料中所见“明堂”，皆系风水术语，也与祭祀之所无涉③。要之，有金一代，只有室外祭祀之圜丘，而无室内祭祀之明堂，故明堂大赦无从谈起。

辽金废弃明堂大赦的原因史书并未交代，我们也看不到辽金时人有关明堂的讨论。笔者以为，明堂问题既然已困扰汉族知识分子达千年之久，那么对于契丹与女真人来说，明堂问题显然太过深奥了。崇尚游牧狩猎的辽国皇帝自然不屑斤斤于“无聊”的明堂争论，他们自有本民族的拜天祭祖习俗，即便是热衷于汉文化的金朝诸帝，对汉文化中的明堂问题也一定是望而生畏，不甚了了的。

事实上，中国古代的祭天仪式自南宋便出现了简化的趋势④，明堂祭天在元明清已基本退出了历史舞台⑤。同样的简化倾向也出现在北中国地区，辽金皆本有拜天之礼，金代又仿中原王朝而行郊天之仪，故明堂祭祀已无必要，因之遭到废弃。

五　誓券与赦宥

誓券起源于汉代，有“丹书铁契”“铁券”“金券”“银券”“世券”等多种异名，民间俗称“免死金牌”，具有获得赦宥的功用。但最初的誓券仅仅作为皇帝颁发给功臣的一种荣誉凭证，并未附加任何赦宥的内涵。誓券在两晋时代鲜见踪影。迨至北朝，誓券开始具备了免罪的功用，最著名的例子莫过于西魏宇文泰赐李穆铁券，“恕以十死”⑥。隋唐五代，誓券的使用达到巅峰⑦，唐代“凡开国功臣、中兴功臣，甚至连少数民族首领

---

① 戴建国：《唐宋大赦功能的传承演变》，《云南社会科学》2009 年第 4 期，第 136 页。

② 《金史》卷 39《乐志上》，第 884 页。

③ 彭善国：《辽阳金正隆五年瓷质“明堂之券”》，《文物》2010 年第 12 期，第 88—91 页。

④ 杨高凡：《宋代明堂礼制研究》，博士学位论文，河南大学，2011 年，第 70 页。

⑤ 其间明世宗在位时，曾一度重设明堂，但其死后明堂便被废弃。

⑥ 《周书》卷 30《于翼传附李穆传》，第 527 页。

⑦ 关于唐代誓券的研究，参见洪海安《唐代铁券相关问题研究》，博士学位论文，陕西师范大学，2010 年。

都赐予铁券"[①]。至两宋，誓券的应用忽然减少，仅在北宋初与南宋初使用过。元代唯见木华黎曾受赐誓券[②]。明太祖为赏赐开国功臣，复颁用誓券，并为以后诸帝所效仿[③]。清代，誓券已基本绝迹。

历代铁券的使用，绝大多数都与军事战争密切相关。尤其是在王朝的初创时期与中衰之际，为了嘉奖忠君护主的效命功臣，帝王广颁誓券以笼络人心，维持稳定。辽朝虽然沿用了唐末五代的誓券，但辽朝统治者对于誓券的使用却与唐宋大相径庭。

辽代誓券集中颁发于辽朝中后期，且颁发的对象皆为亲贤，并以皇亲为主。如开泰元年（1012）十二月，辽圣宗"赐皇弟秦晋国王隆庆铁券"[④]，《耶律宗政墓志铭》也云："隆庆初封秦晋国王，赐以铁券，俾示子孙。"[⑤] 兴宗之弟耶律重元曾两次获赐金券：重熙十七年（1048）十一月，辽兴宗"赐皇太弟重元金券"[⑥]；清宁四年（1058）闰十二月，辽道宗"赐皇太叔重元金券"[⑦]。圣宗仲子宗愿（《辽史》多作"侯古"）在道宗时也曾获赐铁券："留金丘而养粹，赐铁契以盟凡。"[⑧] 天庆五年（1115），耶律淳诱斩怂恿自己称帝者，获得天祚帝奖赏："进封秦晋国王，拜都元帅，赐金券，免汉拜礼，不名。"[⑨] 不难看出，这些人皆为皇帝至亲，且多对帝位产生过威胁。出于防范的目的，辽帝向他们颁发誓券，亦有险中求全、弱化威胁之意。

辽代誓券的持有者也偶见于一些贤臣。如康公弼的曾祖父康胤在"保宁间以战功授誓券"[⑩]；韩德让被赐姓耶律，"拜大丞相、蕃汉枢密使、南北面行营都统，徙封齐王。隆绪亲书铁券以赐之"[⑪]；再如萧袍鲁"曾王父讳割辇，北宰相，金印此绶，首居丞相之尊；铁券丹书，长守功臣之约"[⑫]。辽代名号制度多仿汉朝，如辽代南枢密院中的御史台官员设置是

---

① 朱子彦：《铁券制与中国封建社会》，《社会科学》1987年第5期，第67页。

② 《元史》卷119《木华黎传》，第2932页。

③ 关于明代誓券的研究，参见朱子彦《论明代铁券制度》，《史林》2006年第5期，第133—139页。

④ 《辽史》卷15《圣宗纪六》，第188页。

⑤ 陈述：《全辽文》卷7《耶律宗政墓志铭》，第156页。

⑥ 《辽史》卷20《兴宗纪三》，第239页。

⑦ 《辽史》卷21《道宗纪一》，第291页。

⑧ 《耶律宗愿墓志》，载《辽代石刻文续编》，第149页。

⑨ 《辽史》卷30《天祚皇帝纪四·耶律淳》，第398页。

⑩ 《金史》卷75《康公弼传》，第1725页。

⑪ （宋）王称：《东都事略》卷123《辽国传上》，齐鲁书社2000年版，第1072页。

⑫ 《萧袍鲁墓志》，《载辽代石刻文编》，第423页。

仿照汉朝的[①]，辽代帝王的谥法也遥遵汉制[②]，辽代袭用近千年废弃之西汉独用的“翁主”名号，亦是如此[③]。而从萧割辇这条史料来看，誓券无疑也是辽朝仿汉的表现之一，即誓券只是作为功臣地位长久的象征而已。寿昌三年（1097），辽道宗在册封高丽国王的诏书中也表达了同样的态度：“铁券丹书，约坚带砺。”[④]

尽管在辽末已出现了“因功而世代获得赦宥特权”的思想[⑤]，但迄今为止，尚未见到有任何案例可以证明辽代誓券有赦宥免死的功用，所以笔者认为辽代的誓券应与赦宥无关。一个有趣的故事似乎也能为我们揭示出辽代誓券与唐宋的迥然不同：大中祥符五年（1012，辽开泰元年），宋使王曾听到契丹接伴使邢祥述说本朝赐亲贤铁券，哂笑之：

> 己酉，以主客郎中、知制诰王曾为契丹国主生辰使，……契丹使邢祥接伴。祥诧其国中亲贤赐铁券，曾折之曰：“铁券者，衰世以宠权臣，用安反侧，岂所以待亲贤耶？”祥愧不复语。[⑥]

邢祥不回答王曾的话，或有“不足为外人道也”的内情，不过辽朝誓券多颁给“亲贤”，确实是辽朝与唐宋的最大区别。

综上所述，我们可以得出这样的结论：辽代誓券系遥采汉制，与赦宥并无直接关联。

金代誓券形制在《金史》中有详细记载：“铁券，以铁为之，状如卷瓦。刻字画襕，以金填之。外以御宝为合，半留内府，以赏殊功也。”[⑦]金代誓券为铁质金字，可称为“金券”。从这段描述中不难看出，金代誓券与今天仍然能够见到的唐昭宗颁赐钱镠铁券（现藏中国历史博物馆）、明英宗颁赐李文铁券（现藏青海省档案馆）的形制毫无二致。

相较于契丹人的遵汉，女真人则更热衷于法唐。金代誓券的功用也与辽朝不同，而与唐宋一致，有着赦宥免死的内涵意义。不过总的来说，誓

---

① 陈泽珲：《廉政史鉴》，湖南人民出版社 2009 年版，第 481 页。

② 苗润博：《辽代帝王简谥钩沉——以王士点〈禁扁〉为中心》，《民族研究》2015 年第 3 期，第 90—94 页。

③ 《辽史》卷 78《萧海璃传》，第 1396 页：“天禄间，娶明王安端女蔼因翁主。”

④ 陈述：《全辽文》卷 2《遣耶律思齐等赐高丽国王册》，第 45 页。

⑤ 《辽史》卷 102《李处温传》，第 1587 页：“（李处温）欲挟萧后纳土归宋。后执处温问之，处温曰：‘臣父子于宣宗有定策功，宜世蒙宥容，可使因谗获罪？’”

⑥ 《长编》卷 79，大中祥符五年十月乙酉，第 3 册，第 1794 页。

⑦ 《金史》卷 58《百官志四》，第 1338 页。

券在金代长期遭到弃用，只是在金初与金哀宗时曾受到重视。

金初颁发誓券有两个高峰期。第一个高峰期是在灭辽亡宋战争期间，颁发的对象主要是军功大臣。金初获得誓券的名帅，见诸文献记载的有完颜娄室、完颜希尹、完颜宗翰等人。天会三年（1125），完颜娄室擒获辽天祚帝，归朝后获赐铁券，“惟死罪乃笞之，余罪不问”[①]。完颜希尹伐宋还，也有贷死铁券，“太宗嘉其功，赐誓券以宠异之”[②]，“除常赦不原之罪，余释不问”[③]。天会五年七月，伐宋主帅之一的完颜宗翰也获赐铁券，“除反逆外，余皆不问”[④]。

金初颁发誓券的另一个高峰期是在海陵王即位初。完颜亮以暴力杀死熙宗登基，主要参与弑君的同谋均获赐免死誓券。天德元年（1149）十二月甲子，在登基后的第六天，海陵王“誓太祖庙，召（完颜）秉德、（唐括）辩、（完颜）乌带、（仆散）忽土、（徒单）阿里出虎、（大）兴国六人赐誓券”[⑤]。但这六人之中只有大兴国在海陵朝得以全身。唐括辩、完颜秉德在七人宣誓一个月后便相继被处死，完颜乌带与仆散忽土也因其他缘故死于非命。而徒单阿里出虎自恃铁券在手，遂恣意妄为，后因蓄意谋反，虽有贷死誓券，仍被处死。从徒单阿里之死可以洞察金代誓券赦宥的实际效果：

> 亨之奴有自京师来者，具言徒单阿里出虎诛死。亨曰：“彼有贷死誓券，安得诛之。”奴曰：“必欲杀之，誓券安足用哉。”[⑥]

世宗即位以后直至宣宗朝，再未见誓券的使用记录[⑦]。金章宗时，有百姓献上唐藩镇铁券，金章宗特作《铁券行》七言长诗以破除人们对铁券贷死功用的迷信[⑧]。金亡前夕，哀宗为了打动国用安，无奈重新拾起了誓券这一“宝物”。金哀宗在《赐国用安铁券文》中，有“盖欲宥及于十

---

① 《金史》卷 72《娄室传》，第 1651 页。

② 《完颜希尹神道碑》，载《金代石刻辑校》，第 43 页。

③ 《金史》卷 73《完颜希尹》，第 1685 页。

④ 《金史》卷 74《宗翰传》，第 1697 页。

⑤ 《金史》卷 5《海陵纪》，第 93 页。

⑥ 《金史》卷 77《亨传》，第 1757 页。

⑦ （宋）佚名：《续编两朝纲目备要》卷 13，嘉定六年八月“是月”，第 243 页，载“（越王）长曰爱王，赵妃所生，葛王爱之，赐以铁券，璟恶之而不敢杀也”，谓金世宗曾赐孙爱王誓券。然“爱王”乃金宋民间谣传之人物，今不取。

⑧ （金）元好问：《遗山集》卷 15《章宗皇帝〈铁券行〉引》，第 176—177 页。

世”之语[①]，可见金代誓券免死的程度已远迈前朝。值得注意的是，兴定三年（1219），金朝民间盗掘唐王处存墓，出土古物中有铁券，乃唐哀帝所赐，券刻有金字“敕葬忠臣王处存，赐钱九万九千九百九十九贯九百九十九文”[②]，哀宗运用誓券笼络国用安，或是受此启发。不过历史早已无数次证明，失去了权威的皇家誓券对人们的吸引力是微乎其微的，国用安最终也没有真心挽救金朝。

六　赦书的申禁职能

大赦最初只是帝王下达的一纸诏令，内容仅仅是免去天下囚徒的刑罚。后来，又增添了“推恩”的内容，且推恩的范围越来越广。李唐以来，大赦赦书成为帝王颁布国家重大政策信息的载体，唐代赦书在传统赦宥囚徒、推恩万民的基础上，又增加了一些申明制度、禁断弊政的条令。这一变化被学界称作大赦的“申禁”职能[③]。戴建国先生认为，宋代赦文并不像唐代那么冗长复杂，因而唐代大赦中的申禁职能，在宋代虽然得到了继承，但其内容有所减弱[④]。而郭艳艳博士则通过对比唐宋赦书的内容，认为：宋代大赦的申禁职能在继承唐代的基础上还得到了进一步强化，具体表现在两个方面：一是宋代约束赦文在赦书中数量较多，特别是在南宋时期。二是宋代约束赦文约束对象明确，多为地方路、州、县官员[⑤]。那么，唐代赦书的这一职能，在辽金两个少数民族王朝中又是如何的呢？

从一些蛛丝马迹来看，辽代赦书是延续了唐代以来赦书的“申禁职能”的。最明显的证据是辽代赦书中包括了地方行政建置变化的内容，例如在大同元年（947）二月的肆赦中，升镇州为中京[⑥]；在开泰元年（1012）十一月的大赦中，改幽都府为析津府，蓟北县为析津县，幽都县为宛平县[⑦]。鉴于辽代赦书内容今已残缺不全，故下面笔者将着重讨论金代的情形。

---

① （元）王恽：《玉堂嘉话》卷4《赐国用安铁券文》，中华书局2006年版，第107页。
② （金）元好问：《续夷坚志》卷3《王处存墓》，中华书局1986年版，第61页。
③ 魏斌：《唐代赦书内容的扩展与大赦职能的变化》，《历史研究》2006年第4期，第21—35页。
④ 戴建国：《唐宋大赦功能的传承演变》，《云南社会科学》2009年第4期，第133—142页。
⑤ 详见郭艳艳《宋代赦书研究》，博士学位论文，河南大学，2011年，第56—57页。
⑥ 《辽史》卷4《太宗纪下》，第64页。
⑦ 《辽史》卷15《圣宗纪六》，第188页。

金世宗即位赦书是目前见到的最完整的金代赦书。现以金世宗即位赦书为例，探究金代赦书的申禁职能。从这封赦书来看，金代大赦的内容，大体上已经涵盖了明人丘濬所说的“蠲逋减税、省刑已责、弛工罢役、宽征招亡”[①] 等基本内容。同时，这封赦书中还包含了一些申禁条文：“一，据五岳四渎、名山大川、圣帝明王、忠臣烈士，载在祀典者，所在官司，岁时致祭。一，据诸处暴露骨骸，无人收葬者，并委所在官司，如法埋瘗。”[②] 这两条内容便是对相关部门和地方官员的具体命令。由此看来，金代赦书无疑也继承了唐以来赦书的申禁职能。相关证据还有金熙宗皇统元年的大赦，其中包含了换官、赎出北宋皇族宗室女等条款：

> 一，奉使洪皓，见在燕京等处住，金国已降赦，已令换官，往往不肯祗受。一，应被掳宗室女，见在北人家作奴婢者，金国已降赦，官中二人换一名出，令作百姓，自在居住。[③]

还有金哀宗即位大赦，赦书规定：“朕述先帝之遗意，有便于时欲行而未及者，悉奉而行之。国家已有定制，有司往往以情破法，使人罔遭刑宪，今后有本条而不遵者，以故入人罪罪之。草泽士庶，许令直言军国利害，虽涉讥讽无可采取者，并不坐罪。”[④] 其中也含有对官员不能依法断案的申禁内容。

不过，赦书的申禁职能在金代也有所削弱。其表征为申禁条文的减少。大定二十八年（1188）十二月，世宗病重肆赦，内容便仅仅是：“自大定二十八年十二月十九日昧爽以前，自杂犯死罪以下，已结正未结正，已发觉未发觉，咸赦除之。”[⑤] 并没有其他内容，甚至没有推恩的条文。

---

① （明）丘濬：《大学衍义补》卷109《慎刑宪·慎眚灾之赦》，第942页。

② 《三朝北盟会编》卷233，引《神麓记》，第1676页上栏。

③ 《三朝北盟会编》卷99，引《靖康皇族陷虏记》，第732页上栏。按，皇统元年二月，金朝“改封……昏德公赵佶为天水郡王，重昏侯赵桓为天水郡公”（《金史》卷4《熙宗纪》，第76页），对待北宋徽钦二帝的态度发生了明显转变：由贬义的公侯升格为中性名号的王公。这一举动如果与金朝善待北宋宗室女、扈从二帝亲属的行为结合起来考察，无疑会发现在皇统元年，金熙宗对北宋俘虏改变了态度。因此，换官赦应在皇统元年。

④ 《金史》卷17《哀宗纪上》，第373页。又，王鹗《汝南遗事》“总论”云“正大初赦文首一款：有司不得以私情破法”，当即指此赦文。

⑤ （宋）周必大：《文忠集》卷173《思陵录下》，淳熙十六年十二月丙申，文渊阁四库全书本。

即便是迄今为止保存最为完整的金世宗即位赦书，其中属于申禁内容的条款也不过两三条。要之，唐代赦书出现的申禁职能，在金代只是有限地得以延续。

之所以赦书的申禁职能在辽金两个王朝都得到了有限而不是全面的继承，其原因可能在于：辽金作为北方民族所建立的王朝，在吸收、模仿中原文明中，需要经历一个长期的过程，所以，赦书的申禁职能虽得到了传承，但却不似唐代那样条文众多。顺带一提，事实上，唐以来赦书的申禁职能，在后世王朝均得到了延续①。

七 录囚制度

与北方民族政权辽、金二朝相比，南方的汉族政权宋朝似乎是一个热衷于追求制度化的王朝。宋朝统治者为了加强统治，制定和完善了多项制度，例如户籍、兵籍、地籍等。除此之外，宋朝为防止在押囚徒淹滞，除了严令地方长官每五日一录囚之外，还专门建立了“囚帐”制度。太平兴国九年（984）三月，宋太宗下令诸州“十日一具囚帐及所犯罪、禁系日数以闻，刑部专加纠察”②。不过这种皇帝定期审查囚帐的制度，史料显示辽金并未建立。太平兴国六年三月，宋太宗还规定地方诸州长吏五日一录囚，雍熙元年（984）六月复改为十日一录囚③，但辽金也明显远未形成如此严格的录囚制度。

① 如（1）元代：至大四年（1311）十月，元仁宗即位大赦，赦书中的申禁内容有：“诸衙门及近侍人等，毋隔越中书奏事。诸上书陈言者，量加旌擢。其侥幸献地土并山场、窑冶及中宝之人，并禁止之。诸王、驸马经过州郡，不得非理需索，应和顾和买，随即给价，毋困吾民。”见《元史》卷24《仁宗纪一》，第540页。（2）明代：洪武元年（1368）八月，明太祖以天灾屡见、四方水旱，大赦天下，赦书中仍有申禁内容：“一，处决重刑，须待秋后，无得非时，以伤生意。一，各处造作物料，官给价值，务要随即对物支付，毋得一概科害于民。一，书籍、笔墨、农器等物，不得收取商税。”见（明）佚名《皇明诏令》卷1《初元大赦天下诏》，台北文海出版社1984年版，第36页。按此次大赦，《明史·太祖纪二》记作：“（洪武元年八月）己卯，赦殊死以下。”沈家本《历代刑法考》因《明史》而归之“赦”类。今据《皇明诏令》所记，则当为“大赦”。由此亦可见古代赦宥之难以分门别类。（3）清代：顺治五年（1648）十一月，清世祖大赦，赦书中涉及申禁的条文有：“一，地方灾伤，（已）［一］经察勘，即与蠲免，有司官不得仍行派征及冒免有力之家，致穷民不沾实惠。……一，各关抽税，俱照万历年间旧例。其天启、崇祯年间加额除免一半，不得踵习明季陋规，分外多抽，及多设委官巡拦，以察税为名，肆行科扰。”见（清）佚名《大清诏令》卷2《太祖武皇帝配祀南郊追尊列祖诏》，清钞本。

② （元）马端临：《文献通考》卷166《刑考五》，中华书局2011年版，第4977页。

③ 《宋史》卷4《太宗纪一》，第72页。

北宋还存在着善待囚徒的行为，如开宝二年（969），宋太祖下手诏命令地方官员善待囚徒:“两京、诸州，令长吏督掌狱掾五日一检视，洒扫狱户，洗涤杻械。贫不能自存者，给饮食，病者给医药。轻系小罪，即时决遣，无得淹滞。”① 这一做法在北方的辽朝也曾行用，如辽道宗曾多次下诏改善囚徒待遇：咸雍元年（1065），“诏狱囚无家者，给以粮”②；咸雍三年九月，“诏给诸路囚粮”③。金代的恤囚，据《南烬纪闻录》载，是在每年元旦疏放囚禁：“春正月一日，大金例以是日疏放囚禁，虽囚犯死罪亦得少出。”④ 按《南烬纪闻》一书虽是宋元之际成书的一部小说，不过书中也反映了金朝建国前期的一些风俗，如放偷日，《南烬纪闻》系于正月初三⑤，而洪皓《松漠记闻》则系于正月十六。日期虽异，然习俗确有其事⑥，故金朝正旦疏放囚禁的传统，虽然日期或有舛误，但恐真有其事⑦。

唐代录囚自建国初始，便已从“理冤消滞”的初衷迅速变成了皇帝的恩赦，这一变化在宋代彻底完成。相较而言，辽代的录囚制度，总体上尚未脱离“录囚”的本意，即多以天子重视刑狱的面貌出现，目的仍然是“理冤消滞”。此外，唐、宋时期都已出现因阴雨不绝而录囚的行为，而这一行为在辽金二朝基本绝迹，对其原因的探讨已见第五章第二节，此不复论。

第四节　辽金赦宥的影响

对于管控社会秩序来说，实行“法治”无疑是较为容易和公正的手段。这一手段从制度出发，按规章处理，弊病较少。不过这也并不是说法

① 《文献通考》卷166《刑考五》，第4977页。

② 《辽史》卷62《刑法志下》，第1047页。

③ 《辽史》卷22《道宗纪二》，第303页。

④ 旧题（宋）辛弃疾：《南烬纪闻录》，载《全宋笔记》第4编·四，第45页。

⑤ 出处同上：“初三日，例是日为偷日，虽妇女什物金宝，官中皆不禁也。他日则不论，必置于刑法。”

⑥ 契丹人也有类似放偷习俗，但在正月十三日。据《燕北杂记》载：“正月十三日，放契丹做贼三日。”见（宋）曾慥编纂，王汝涛等校注《类说校注》卷5，第132页。

⑦ 值得注意的是，蒙古建国之初，耶律楚材建议赦宥，窝阔台也是“诏自庚寅正月朔日前事勿治”，见《元史》卷146《耶律楚材传》，第3457页。由此可见，少数民族似乎对春节也十分重视，当日不宜再有刑杀。

治没有局限和缺点，甚至它的所谓“优点”，有时也会产生弊害。法律有一个“普遍适用”的原则，亦即法律运用的整齐划一性，不论是何人、不论在何种情况之下，都用同一把尺子来衡量。质言之，便是“王子犯法，与庶民同罪”。然而现实情况是如此错综复杂，以至于企图用一把法尺便能够衡量尽所有状况，无异于天方夜谭。法律可能存在着的公平问题自不必说，纵然是一部相对公平的法律，同样的罪行，也往往会由于犯罪主体的不同、社会条件的不同，对社会产生的危害及其可恶程度也有天差地别。世上既有善钻法律空子的人，也有被人引诱误入歧途的人，如果一概依律处断，固然应该，但我们也不得不承认，这是法治的死角。赦宥恰恰能够救济法治的这一弊病。

当然，恩赦也要有度。一味地宽恕罪犯，不仅伤害了受罪犯侵犯的主体，而且对于更多的守法公民来说也是不公正的。在中国历史上，赦宥扮演的正反两面角色在辽金时期同样展现着。

一　辽金赦宥的积极意义

辽金赦宥制度在巩固政权和稳定社会秩序、保证农业生产、弥补司法错误以及勉励人心等方面，有着积极意义。以下分而述之。

（一）巩固政权和稳定社会秩序

赦宥可以安定民心，稳定动荡局势。这一点在所有王朝都有体现，自然也包括辽和金。

在一个王朝初建之际，赦宥往往能够发挥出巩固政权和稳定社会秩序的作用。天辅六年（1122，辽保大二年）五月，金军破辽西京，因进展过速，立足不稳，都统完颜杲（太祖弟）遣宗望请金太祖临军，以抚定新降之民。当年十月，金太祖至奉圣州，两下诏书，曲赦山西诸部①。这两次赦宥缓和了“辽旧民”与“新统治者”之间的矛盾，促进了政权的平稳过渡。金世宗即位后，面对纷繁错乱的局势，大赦天下，有效地减轻了来自中原起义军的压力——“葛王雍已立，大赦曰：‘在山者为盗贼，下山者为良民。’中原忠义，所在保聚以待，而往来议和使命相踵于道，中原之民乃乘赦宥归保田里。”②

赦宥这方面的作用在王朝衰落之际表现得更为突出。天庆七年

---

① 《金史》卷2《太祖纪》，第38页。

② （宋）章颖著，（清）方功惠辑：《宋朝南渡十将传》卷4《魏胜传》，清宣统元年巴陵方氏刻本，第6叶。

（1117，金天辅元年）十二月，辽秦晋国王耶律淳所部被金军击溃，显州失守，显州旁近州县皆降金。面对这种人心不稳的局面，辽中京留守大公鼎建议天祚帝广布恩惠以安人心，天祚帝从之："时人心反侧，公鼎虑生变，请布恩惠以安之，为之肆赦。"① 这便是辽代降赦用以安人心的例子。金朝也如此。大定元年（1161）十月，金世宗即位于辽阳后，即遣通事萧恭持赦诏抚定州县②。贞祐四年（1216）十月，蒙古纲上奏："山东兵后，杨安儿党内有故淄王刁显、故留守术罗等家奴，不在赦原，据险作乱，至今未息，民多归之，乞普赐恩宥。"宣宗从其言，赦之③，于是时全、时青叔侄均"承赦来降"④。兴定元年（1217），金宣宗调东北将领入关，辽东人心浮动，留驻守臣彷徨不定，皆有意南逃，一时之间局势动荡，人心思变。辽东行省完颜阿里不孙矫制大赦辽东诸道，"众乃稍安"⑤。正大二年（1225）八月，田瑞据巩州反，陕西行省军围之，"矫制赦城中"⑥，于是田瑞母弟十哥杀瑞出降，乱平。赦宥稳定社会秩序之功用彰显无遗。

赦宥除了可以安定民心，稳定动荡局势外，对维护封建道德秩序的作用也不容忽视。

中国古代崇尚儒学。儒家学者追求"德主刑辅"，主张通过赦宥达到"以德化民"的目的。诚如儒家所云，赦宥在宣扬封建道德方面也有相当的价值。辽金统治者也意识到了这一点，他们常常借赦宥以树立封建道德风尚。例如辽圣宗时，宦官赵安仁谋归中原，齐天后欲诛之，圣宗认为赵安仁是因为思亲而谋归，"小喜言父母兄弟俱在南朝，每一念，神魂陨越。今为思亲，冒死而亡，亦孝子用心，实可怜悯"⑦，特赦之。重熙五年（1036）七月，耶律把八诬其弟弟欲害己，查明后反坐。其弟求免把八死罪，兴宗"悯而从之"⑧。辽道宗大安四年（1088）十一月，"庚申，兴中府民张化法以父兄犯盗当死，请代，皆免"⑨。三例皆是为奖励封建社会所谓的"孝顺友爱"。金代亦然。大定十年（1170），河中府人张锦

---

① 《辽史》卷105《大公鼎传》，第1608—1609页。
② 《建炎以来系年要录》卷193，绍兴三十一年十月戊辰，第3254页。
③ 《金史》卷102《蒙古纲传》，第2256页。
④ 《金史》卷117《时青传》，第2565页。
⑤ 《金史》卷103《完颜阿里不孙传》，第2299页。
⑥ （金）杨弘道：《小亨集》卷2《赠裕州防御》，小注，文渊阁四库全书本。
⑦ 《辽史》卷109《赵安仁传》，第1631页。
⑧ 《辽史》卷18《兴宗纪一》，第245页。
⑨ 《辽史》卷25《道宗纪五》，第335页。

自首为报父仇而杀人，法当死，世宗最后判定："彼复父仇，又自言之，烈士也。以减死论。"① 再如大定二十二年，巩州百姓马俊妻子安姐与管卓私通，马俊以斧击杀管卓，罪当死，世宗认为"可减死一等，以戒败风俗者"②。世宗还曾借赦宥嘉奖大义灭亲者：大兴府民赵无事酒后乱言，被父亲赵千扭送官府，法当死。世宗云："为父不恤其子而告捕之，其正如此，人所甚难。可特减死一等。"③ 兴定四年（1220），太子守绪的岳父镇南军节度使徒单顽僧有罪，宣宗以太子妃纯孝有声，特赦之，听其致仕④。这些赦宥都是金朝统治者为了倡导封建道德而降下的。

辽金皇帝通过赦宥，鼓励这些维护封建社会"伦理道德"的人，对于那些败坏风俗、图谋不轨者，形成了严重的警告。从这个意义上说，赦宥维护了封建道德秩序，巩固了封建统治。

（二）保证农业生产

在发挥稳定社会秩序作用的同时，赦宥还常常扮演着保证农业生产的角色。

传统中国是农业社会，农业是社会经济的支柱产业。在自给自足的小农经济中，劳动者是生产力三要素中最重要的部分。帝王降下赦宥，释放在押囚徒，无疑可以增添社会劳动人手，保障农业生产的顺利进行。古代君主多已领悟到此。在这方面，赦宥制度中"录囚"的作用最为明显。

古代帝王录囚，表面上是在祈求上苍降福，减轻灾情，实际原因则是增加劳动力，安定社会。例如唐先天二年（713）三月，太上皇李旦在一道录囚诏旨中说："恤刑缓狱，古之通义；务本劝农，国之常典。今阳和布气，膏泽顺时，凡厥黎民，咸事东作。而疲人罂法，自滞圜扉。言念于此，有轸于怀。宜从宽宥，使营稼穑。其京城内见禁囚除死罪以外，并特放免营农。天下诸州亦宜准此。"⑤ 此即古代帝王借录囚释放劳动人手以保障农业生产之例。

另外，中原王朝录囚的时间多选择在春夏时节⑥，原因之一也是为了

---

① 《金史》卷 44《刑志》，第 1016 页。

② 同上书，第 1018 页。

③ 同上书，第 1019 页。

④ 《金史》卷 64《后妃传下》，第 1535 页。

⑤ （宋）王钦若等：《册府元龟》卷 84《赦宥第三》，第 933 页。

⑥ 封建帝王在秋冬时分录囚，则多为重视刑狱的表现，如隋文帝与北周武帝等。相关研究参见陈俊强《皇权的另一面：北朝隋唐恩赦制度研究》，第 184—185 页。

保证农业生产。古人经营农业，讲究阴阳调和。春夏属阳，阳主生。经历过阴气笼罩的漫长冬季之后，人君常常选择在春夏降赦，以召和气。同时，春夏乃农民播种耕作的季节，需要释放囚徒进行劳作。宋仁宗在评价赦宥的作用时说："赦不欲数，然舍是无以召和气。"① 其中的"召和气"也是为了阴阳调和，风调雨顺，以求丰收。明人林希元提出救荒有"六急"，第六条便是"轻重系囚急宽恤"②。明末清初思想家王夫之总结道："省囚系以疏冤滞，宥过误以恤蠢愚，止讼狱以专农务，则君上应行之政。"③

辽朝统治者也清楚地意识到了这一点，其代表为辽圣宗。开泰三年（1014）四月，辽圣宗严厉要求："南京管内毋淹刑狱，以妨农务。"④金朝诸帝更加重视赦宥在保证农业生产方面的作用。金初，在占领了辽朝的大片土地后，第一要务便是恢复生产。天会二年（1124），太宗下诏给刘彦宗，宣布曲赦中京等地区："中京等两路先多拒命，故遣使抚谕，贳其官民之罪，所犯在降附前者勿论。卿等选官与使者往谕之，使勤于稼穑。"⑤金末，国土狭小，农业生产愈发重要。兴定元年（1217）五月，金宣宗免叛将宋子玉余党家属罪，悉数释放归农⑥，目的也是促使反抗的百姓参加农作，以资国用。

除此之外，辽金帝王在旱灾严重时降赦祈雨，此举在一定意义上，也是为了保证农业生产。

（三）纠正司法错误

现代社会呼唤依法治国，毋庸置疑，这是历史大势。但不可否认的是，无论科技多么发达，司法审判凭借的只能是证据和良知。但很多时候证据是片面的、缺失的。在这种情况下，一旦审判者被引入歧途，冤案就会发生。此时便亟须有一种制度来矫正、弥补法治的弊端。我们首先想到的补救措施当然是法治内的自救：上诉制度。诚然，在上诉后，许多冤假错案得到了平反，但上一级的审判机关仍然不得不面对依靠证据来断案的局面，如此一来，就仍然会有冤案被确认、执行。所以，上诉制度也有其先天的局限性。于是人类发明了赦宥制度。

---

① 《宋史》卷201《刑法志三》，第5027页。
② （明）徐光启：《农政全书》卷44《荒政》，中华书局1956年版，第907页。
③ （清）王夫之：《读通鉴论》卷20《唐太宗》，中华书局1975年版，第592页。
④ 《辽史》卷15《圣宗纪六》，第191页。
⑤ 《金史》卷78《刘彦宗传》，第1770页。
⑥ 《金史》卷15《宣宗纪中》，第329页。

赦宥制度之所以能够在一片反对声中顽强生存，并绵延数千年之久，一个重要原因便是它能弥补司法错误。这种错误的审判结果，不论是司法者有意还是无意制造的，在赦宥面前一律无效。开明的封建帝王都懂得如何利用赦宥纠正司法错误。如开元二十四年（736）四月，唐玄宗在《疏决禁徒诏》中清楚提道："仍虑持法者不谨，得罪者有冤，若无省察，何云哀矜？"① 此外，"天视自我民视，天听自我民听"② 是封建帝王的天人观，每逢天降灾异，封建帝王们都归因于民间有冤，怨气上达于天，导致天变示警。职是之故，封建皇帝因天变而降赦，目的也是弥补司法错误，减少冤案的执行。

辽金帝王颁布的赦宥，的确纠正了许多司法错误。重视刑狱的辽圣宗"数遣使诣诸道审决冤滞，如邢抱朴之属，所至，人自以为无冤"③。兴宗朝刘伸"明法而恕，案冤狱全活者众"④。道宗朝耶律俨"（大安）二年，改御史中丞，诏按上京滞狱，多所平反"⑤。

金末，在内外军事打击之下，金朝中央的行政、司法系统趋于瘫痪，地方官临机便宜处置之事逐渐增多，于是许多地方官员恣意妄为，出现了"行省、枢府、元帅府辄杖左右司、经历司官"⑥ 的非法情形，更有甚者，罔顾典宪，肆意制造冤狱，草菅人命。如韩玉案、高廷玉案等。这一司法极端混乱的局面，也能从金哀宗即位后发布的诏书中得窥一二。元光二年（1223）十二月，刚刚即位的哀宗下诏："朕述先帝之遗意，有便于时欲行而未及者，悉奉而行之。国家已有定制，有司往往以情破法，使人罔遭刑宪，今后有本条而不遵者，以故入人罪罪之。"⑦ 此处哀宗打起"先帝遗意"的旗号，认为宣宗以来有司的肆意执法情形相当严重，亟待整治。因此，面对地方官吏的"往往以情破法，使人罔遭刑宪"，宣宗频频颁赦，自身便具备了一定的纠偏作用。哀宗时，见诸史籍记载的赦宥纠正司法错误的例子，如正大二年（1225），刑部郎中蒲察元衡被诏审理冤狱，"时所在狱犴填满，官吏习于柄臣弄威之后，知有无辜，而彼系者亦莫敢言。公遍历郡邑，躬自临阅，非情有不可耐者，一切以诏旨出之，所活不

① （宋）王钦若等：《册府元龟》卷85《赦宥第四》，第943页。
② 姜建设注说：《尚书·泰誓中》，第354页。
③ 《辽史》卷61《刑法志上》，第1041页。
④ 《辽史》卷98《刘伸传》，第1559页。
⑤ 《辽史》卷98《耶律俨传》，第1558页。
⑥ 《金史》卷16《宣宗纪下》，第361页。
⑦ 《金史》卷17《哀宗纪上》，第373页。

啻千人"[①]。再如完颜陈和尚被人诬告以私忿杀人，下狱一年有余，哀宗赦之，金朝获一名将[②]。

（四）勉励人心

《周易·系辞下》曰："天地之大德曰生。"[③] 人非圣贤，孰能无过。适度宽宥，给予犯错者一个重来的机会，或可勉励对方，促其转变。宋神宗说："夫赦令，国之大恩，所以荡涤瑕秽，纳于自新之地，是以圣王重焉。"[④] 赦宥带给罪犯的最大恩惠就是一个自新的机会。尤其是沉冤得雪者，后来往往有着非凡的作为。这便是赦宥勉励人心的作用。

辽金赦宥在这方面的表现，例子很多。辽太祖平定渤海后，渤海将领高模翰自高丽来归，"坐使酒杀人下狱，太祖知其才，贳之"[⑤]。高模翰以才获得赦免，日后在辽朝的南征北战中立下了赫赫战功。辽道宗时，耶律陈家奴因长官死于非命而受到牵连，道宗赦之，陈家奴"由是感激，每事竭力。后诸部复来侵。陈家奴率兵三往，皆克，边境遂宁"[⑥]。

泰和末，金朝反击南宋，章宗以完颜璘有战功，特赦其罪，令其领兵专心作战[⑦]。元光二年（1223）三月，金宣宗从有罪而经过大赦原宥的职官中选拔人才："诏职官犯罪非死罪除名，遇赦幸免，有才干者中外并用。"[⑧] 宣宗还不时从死囚中选拔人才，如凤翔军总领爱申，有罪当死，宣宗听闻此人有将帅之才，且忠实可靠，"命驰赦之，以为德顺节度使、行元帅府事"[⑨]。爱申心怀感激，日后死于王事，金廷得一人才。

正大四年（1227）金哀宗赦免完颜陈和尚，可谓是赦宥在这方面发生功效的代表性事件。完颜陈和尚年轻时曾被蒙古军俘虏，后历尽千辛万苦逃回金朝，追随从兄斜烈在行伍之间，为总领。后因被人诬告以私忿杀人，下狱长达十八个月之久。哀宗以台谏有言，不敢赦。正大四年，斜烈

---

① （金）元好问：《遗山集》卷20《资善大夫集庆军节度使（富）［蒲］察公神道碑铭》，第240页。

② 《金史》卷123《完颜陈和尚传》，第2681页。

③ （商）姬昌撰、廖名春校点：《周易·系辞下》，辽宁教育出版社1997年版，第54页。

④ 《宋史》卷201《刑法志三》，第5027页。

⑤ 《辽史》卷76《高模翰传》，第1377页。

⑥ 《辽史》卷95《耶律陈家奴传》，第1530页。

⑦ 《金史》卷93《承裕传》，第2065页："诏完颜璘曰：'汝向在北边，以干勇见称，顷以过失，逮问有司。近知与宋人奋战，故特赦免，仍充副统，如能佐承裕立功业，朕于官赏，岂复吝惜。闻汝临事颇黠，若复自速罪，且不赦汝矣。'"

⑧ 《金史》卷16《宣宗纪下》，第365页。

⑨ 《金史》卷123《爱申传》，第2691页。

死，哀宗始赦之，并说："有司奏汝以私忿杀人。汝兄死，失吾一名将。今以汝兄故，曲法赦汝，天下必有议我者。他日，汝奋发立功名，国家得汝力，始以我为不妄赦矣。"陈和尚感动不已，"且泣且拜，悲动左右，不能出一言为谢"①。正是由于这次死而复生，完颜陈和尚在日后的金蒙战场上英勇作战，屡立奇功。正大五年，蒙古军逼近泾州，进入大昌原，兵势甚张。金平章政事完颜合达询问诸将谁敢为前锋迎敌，完颜陈和尚出列应命。战前，陈和尚沐浴更衣，擐甲上马之后不再反顾，以示决死。当日，陈和尚率忠孝军骑兵四百大破蒙古军八千之众，创造了金朝抗蒙战争以来最辉煌的胜利，极大地鼓舞了金国军民的抗蒙斗志。嗣后，陈和尚在解围卫州、倒回谷等战役中，也多次击败蒙古军，成为金末的一员骁将。正大九年，陈和尚在钧州壮烈殉国。哀宗赦免完颜陈和尚，获得了一位末代名将。

除完颜陈和尚之外，赦宥在勉励人心方面，颇值得一提的还有开兴元年（1232）的汴京保卫战。正大九年正月三峰山一战，金军精兵强将尽皆殒灭。消息传来，金朝上下皆惊，人心惴惴。四月，哀宗改元开兴，大赦天下。这次大赦是在蒙古军逼近京城之时颁布的，对于激励军民振奋士气、齐心抗敌，发挥了巨大作用。史称："开兴改元，北兵由汉中道袭荆襄，京师戒严。上命公（按，即赵秉文）为赦文，以布宣悔悟哀痛之意。公指事陈义，辞情俱尽，城下之役，国家所以感人心作士气者，公与有力焉。"②金朝汴京军民在赦书的鼓舞激励下，浴血奋战十六昼夜，终于击退了蒙古军的围攻。赦宥勉励人心的作用发挥到了极致。

二 辽金赦宥的消极作用

赦宥作为临时性手段，使用需慎，若赦宥过频，其消极作用将迅速凸显。滥赦之下，赦宥的消极作用表现在加速制度混乱、破坏社会秩序两大方面。具体表现为干扰司法公正、混乱官制、加剧社会动荡和败坏军纪。

（一）干扰司法公正

尽管赦宥有着纠正司法错误的效果，但前提是不能滥用。否则，赦宥只会扰乱司法公正。金初人赵元曾叹息说："如杀人者可宥，死者复何辜，

---

① 《金史》卷123《完颜陈和尚传》，第2681页。

② （金）元好问：《遗山集》卷17《闲闲公墓铭》，第192页。

何欲徼己福而乱天下法乎?”[①] 金大定十二年(1172),尚书省奏:“内丘令蒲察台补自科部内钱立德政碑,复有其余钱二百余贯,罪当除名。今遇赦当叙,仍免征赃。”世宗以蒲察台补贪伪,不叙,并且说:“乞取之赃,若有赦原,予者何辜?自今可并追还其主,惟应入官者免征。”[②] 其中“乞取之赃,若以赦原,予者何辜”一句话,也反映了世宗本人对滥用赦宥的警醒。尤其在末世滥赦,无异于饮鸩止渴。欧阳修曾云:“自古乱亡之国,必先坏其法制,而后乱从之,此势之然也。”[③] 可谓精辟。

辽朝赦宥干扰司法公正的情形,目前所见不多。辽圣宗朝,皇弟耶律隆庆镇守南京,处理案件时,“至杀人非理者”,“喜释而怒诛,无准绳矣”[④]。兴宗朝,钦哀后干预法治,“郡王贴不家奴弥里吉告其主言涉怨望,鞫之无验,当反坐,以钦哀皇后里言,竟不加罪,亦不断付其主,仅籍没焉。宁远军节度使萧白强掠乌古敌烈都详稳敌鲁之女为妻,亦以后言免死,杖而夺其官”[⑤]。

宋人对金朝法制的总体印象是“金法至严”[⑥],但这充其量是金朝前中期的情况。这一时期金代的赦宥频率的确很低,不过即便如此,也仍然存在着赦宥干预司法的现象。大定末,锦州龙官寺对大定二年(1162)金世宗“免二税户为民”[⑦] 的诏令不予理睬,仍然盘剥二税户不放,并诱杀诣官府投诉者多人。御史中丞李晏遣人查得其事,也已叹息寺院的“杀人之罪,累经赦宥,莫克究治”[⑧] 了。比及金末,赦宥趋于频繁,司法公正也难以维持,有的案件甚至在审理之中便被终止了。贞祐初,伯德文哥有不臣之心,“帅府方且收捕,而朝廷复赦之,且不令隶帅府”,完颜素兰对此痛切地向宣宗谏言说:“国家付方面于重臣,乃不信任,顾养叛贼之奸,不知谁为陛下画此计者。”[⑨] 兴定二年(1218),伯德玩因疏忽

① 《金史》卷90《赵元传》,第1994页。

② 《金史》卷45《刑志》,第1016页。

③ 《资治通鉴》卷288,后汉隐帝乾祐二年八月甲申,欧阳修史论,第9542页。

④ (宋)路振撰、贾敬颜疏证:《乘轺录》,《历史地理》第4辑,第195页。

⑤ 《辽史》卷62《刑法志下》,第1046页。

⑥ (宋)叶绍翁:《四朝闻见录》丙集《张通古》,中华书局1989年版,第125页。

⑦ 《金史》卷46《食货志一》,第1033页:“世宗大定二年,诏免二税户为民。初,辽人佞佛尤甚,多以良民赐诸寺,分其税一半输官,一半输寺,故谓之二税户。”

⑧ (明)胡谧:《山西通志》卷15《李文简公神道碑铭》,民国二十二年影钞明成化十一年刻本。

⑨ 《金史》卷109《完颜素兰传》,第2398—2399页。

战败，宣宗“遣官鞫玩，会赦而止”[①]。更有甚者，缘金宣宗以来赦宥太过频繁，哀宗即位初期，金朝居然出现了杀人者通过贿赂法官将自己滞留在狱中，以期等待减罪的情形：

> 伊阳民杨铎、郾城猾吏韩祖谦、舞阳捕盗提控刘汝楫，以杀人系狱，法官纳赂，宿留不为决，以俟末减。公廉得之，叹曰：“若辈漏网，则千金之子果不死于市矣！”乃奏其罪，竟致法。[②]

虽然这三人最终“不幸”被京东路司农少卿张正伦[③]廉察发现而遭依法论处，但施用类似伎俩的绝不仅仅只是这三个人，此类人等必然潜在不少。张正伦所能纠正的，也只能是个别案例罢了。赦宥的负面影响在此表现得极为明显。

（二）混乱官制

频繁大赦带来的覃恩，常常导致散官与职事官逐渐脱离。唐宪宗时，“因数赦，官多泛阶…… 每朝会，朱紫满庭，而少衣绿者，品服太滥，人不以为贵，帝亦恶之”[④]。这种情形在金末同样明显。

金制：散官高于职事者带“行”字，职事高于散官一品者带“守”字，职事高于散官二品者带“试”字，品同者皆否[⑤]。金末以来，由于频繁的赦宥，这种规律已遭破坏。例子甚多。如兴定二年四月，有中顺大夫、守绛州节判姬景文[⑥]。考中顺大夫为正五品下，绛州节判为正七品，职事官低于散官二品，却仍称“守”。再如元光元年（1222）九月，王若虚为“中议大夫、守平凉府判”[⑦]，中议大夫为正五品上，平凉府判官为从六品，职事官低于散官一品，也仍称“守”。死于兴定五年（1221）十

---

① 《金史》卷102《田琢传》，第2251页。

② （金）元好问：《遗山集》卷20《资善大夫吏部尚书张公神道碑铭》，第234页。

③ 按《遗山集》卷20《资善大夫吏部尚书张公神道碑铭》仅记墓主为张某，字公理，世为汤阴阳邑里人，名失载。查同书卷39《曹南商氏千秋录》有“相人张正伦公理”，考汤阴即相州（明昌三年十一月升为彰德府）下辖县，故知张某名正伦。另，王恽《秋涧集》卷42《王氏易学集说序》亦提到“尚书张公讳正伦字公理”，可资旁证。

④ （宋）洪迈：《容斋五笔》卷2《官阶服章》，中华书局2005年版，第844页。

⑤ 《金史》卷55《百官志一》，第1231页。

⑥ （清）胡聘之：《山右石刻丛编》卷23《增修云岩山崇庆院记》，载《辽金元石刻文献全编》，第1册，第244页上栏A面。

⑦ （金）王若虚：《滹南遗老集》卷44《扬子法言微旨序》，畿辅丛书本，中华书局1985年版，第292页。

二月的完颜从政在60岁的一生当中，“以覃恩从进义校尉（正九品下）至昭勇大将军（正四品下）”[①]，竟然共覃迁了23阶，而他担任的最高职事官只是临淄县令（从七品）而已。

针对职事官与散官脱节严重的现象，贞祐四年（1216）七月，监察御史陈规向金宣宗进言指出：“陛下即位以来，屡沛覃恩以均大庆，不吝官爵以激人心，至有未满一任而并进十级，承应未出职而已带骠骑、荣禄者，冗滥之极至于如此。”[②]滥赦带来了混乱官制的后果，并进一步削弱了中央的威信，加剧了地方上的离心倾向。

（三）加剧社会动荡

赦宥使用得当，则可以稳定社会秩序；若使用不得法，则会适得其反，加剧社会动荡。如果被赦宥者——无论是个人还是群体，事后没有收敛，则赦宥反而会促使其变本加厉，进一步破坏社会稳定。

辽代史料残缺，今着重讨论金代的情况。金代完颜文和纥石烈执中便属于赦免后更加放纵的人物。世宗时，宗望之子完颜文“进封王爵，委以大藩。顷在大名，以赃得罪，止削左迁，不知恩幸，乃蓄怨心，谋不轨”[③]。纥石烈执中在章宗末获得赦宥后怙恶不悛，愈发嚣张跋扈，御史中丞孟铸弹劾他“贪残专恣，不奉法令。释罪之后，累过不悛。既蒙恩贷，转生跋扈”[④]。纥石烈执中最终在蒙古大兵压境的情势下，导演了杀死卫绍王的一幕，令当时本已相当动荡的局面雪上加霜。

对群体的赦宥也是一样。贞祐二年（1214）十一月，宣宗下旨曲赦山东。次月，赦诏传至山东，官军停止了对大沫堌红袄军的攻击，红袄军趁势再起，官军之前所作努力化为乌有，山东仍然处于战乱之中[⑤]。再如元光元年（1222）六月，时为大司农的把胡鲁上言：

> 迩来群盗扰攘，侵及内地，陈、颍去京不及四百里，民居稀阔，农事半废，蔡、息之间十去八九。甫经大赦，贼起益多，动计数百，驱牛焚舍，恣行剽掠，田谷虽熟莫敢获者。所在屯兵率无骑士，比报至而贼已遁，丛薄深恶，复难追袭，则徒形迹而已。今向秋成，奈何

① （金）元好问：《遗山集》卷28《临淄县令完颜公神道碑》，第323页。

② 《金史》卷109《陈规传》，第2407页。

③ 《金史》卷74《京传》，第1709页。

④ 《金史》卷132《纥石烈执中传》，第2833页。

⑤ 《金史》卷102《仆散安贞传》，第2245页。

不为处置也。[1]

可见宣宗朝的赦宥并不能起到安抚红袄军的功效，却进一步加剧了社会动荡。

（四）败坏军纪

不适当的赦宥还会带来军队秩序的紊乱，表现为军纪的败坏。辽金赦宥导致的军纪败坏，主要出现在王朝末期。这方面以辽末的情形尤为明显。天庆四年（1114）十月，辽以司空萧嗣先、萧挞不也为统帅，发契丹、奚军等部队，屯出河店，防御女真的进攻。两军交锋，辽方军溃，散兵逃归。萧嗣先之兄奉先向天祚帝进言，“东征溃军所至劫掠，若不肆赦，恐聚为患”，天祚帝从之，嗣先仅仅被免官。这次赦宥直接导致辽朝军心涣散，士气下降，“诸军相谓曰：‘战则有死而无功，退则有生而无罪。’故士无斗志，望风奔溃”[2]。乱世治军，务必要严，否则无以击退强敌。辽金战事初起，天祚帝便赦宥战斗不力者，而无严厉惩罚，这无疑破坏了军纪，造成了辽兵对金作战中，习惯于一退再退。可以说，辽朝之所以会在短短的十年之内便土崩瓦解，与辽兵的战斗意志不强，有着很大关系。

金卫绍王以来，纲纪大坏。大安三年（1211）秋，蒙古伐金，金军统帅完颜承裕不敢拒战，率大军南撤，遭蒙古军踵击，大败于浍河堡，“识者谓金之亡，决于是役”，但“卫绍王犹薄其罪，除名而已”[3]。宣宗即位后，术虎高琪为逃避战败的责罚，杀死上级纥石烈执中，而宣宗竟然不问其战败之罪，赦之。卫绍王和宣宗的这两次赦宥战败之将，直接影响了金军的战斗意志。贞祐初，完颜弼指出，近来赏罚不当导致了军无斗志：“赏罚所以劝善惩恶，有功必赏，有罪必罚，而后人可使、兵可强。今外兵日增，军无斗志。亦有逃归而以战溃自陈者，有司从而存恤之，见闻习熟，相效成风。”[4] 但宣宗对这一进谏显然未加理会。兴定二年（1218），仆散安贞率诸将伐宋，纥石烈牙吾塔不受节制而擅自进兵，结果宋军坚壁不出，金军“野无所掠，军士疲乏，饿死相望”，参议官纥石烈胡失门慑于牙吾塔淫威，不敢纠正，安贞劾二人罪，宣宗竟特诏原免[5]。

---

① 《金史》卷108《把胡鲁传》，第2391—2392页。
② 《辽史》卷27《天祚皇帝纪一》，第367页。
③ 《金史》卷93《承裕传》，第2066页。
④ 《金史》卷102《完颜弼传》，第2253页。
⑤ 《金史》卷104《纥石烈胡失门传》，第2300—2301页。

嗣后金朝统治者尤其是金哀宗，对军纪的整顿才开始严格起来，尤其是打造了一支纪律严明的忠孝军。但这已经是迁都开封以后的事了，为时已晚。金末赦宥带来的军纪败坏，已经导致了金军在金蒙战争初期的大溃败。

结　　语

作为两个北方少数民族王朝，辽金在采纳中原王朝（尤其是汉、唐、宋）赦宥制度的基础上，建立了赦宥制度。这决定了它们的赦宥制度，有许多方面是沿袭自中原王朝的。例如，从赦宥的种类分析，辽金都有大赦、曲赦、德音和录囚四类赦宥形式，与中原王朝相近。从降赦原因来看，辽金践祚大赦、改元大赦、皇子生大赦、巡幸曲赦、灾异曲赦等，都是中原王朝通行的赦例。从赦书的内容来看，辽金大赦都包含着免罪、覃恩、申禁等条文。从赦书的传递速度来看，辽金也沿用了以往中原王朝“赦书日行五百里”的规定。辽金的录囚制度中，也都有奖励狱空的内容。再如金代赦仪对唐代“金鸡粟”的沿用、对北宋“木鹤仙人”的袭取，对郊赦的继承，无不证明金代赦宥制度是效仿中原王朝建立的。

只不过，因为辽金的治国指导思想有所不同，所以二者在构建各自的赦宥制度时，所选择仿照的中原王朝对象也有所差异。通过全书的考察，笔者认为，辽代赦宥制度受汉、唐影响最巨，金代赦宥制度则受唐、宋影响最深。

契丹建国于唐末，辽朝的主要制度都照抄唐朝，因而辽代赦宥制度必定也直接受到唐朝影响，这是顺理成章的事情。该方面最突出的证据是受尊号肆赦。这类始于唐代的赦例，在北宋中后期便被汉族君臣舍弃了，但在北方的辽朝一直得到了延续，而且大有愈演愈烈之势。不过相较于辽代赦宥制度受到唐朝影响那样自然，其受到两汉影响则显得奇特了。许多证据显示，辽朝是一个推崇两汉文化的少数民族王朝，辽朝政治文化中保留着大量的“仿汉”痕迹。元末史臣在《辽史·后妃传》序中有言：“太祖慕汉高皇帝，故耶律兼称刘氏；以乙室、拔里比萧相国，遂为萧氏。”①

① 蔡美彪先生《试说辽耶律氏萧氏之由来》（《历史研究》1993 年第 5 期）认为《辽史》的这段记载“当是汉人傅会”，对此笔者不尽同意。辽朝文化的许多方面皆可证实辽帝具有推崇两汉的心态，尽管元末史臣可能只是猜测，但以耶律兼称刘氏，却也能从一定程度上反映出汉代文化对辽朝的影响。

辽太宗率兵伐后晋，渤海人高模翰对敌作战有功，太宗“诏褒美，比汉之李陵”[①]，用的也是西汉典故。咸雍十年（1074）十月，辽道宗“诏有司颁行《史记》《汉书》”[②]。道宗在众多史籍中独独选择了《史记》和《汉书》颁行，反映了他对汉代的欣赏与向往。在笔者看来，辽代赦宥制度中的许多层面，也是辽朝“仿汉”特点的重要表征。首先，辽代赦宥一直呈现着极大的随意性，且名目繁多，制度化特征并不十分明显，这与两汉之际赦宥制度草创时期的特点是一致的[③]。而汉代“赦徒”之赦例在辽朝再度频频发生、辽代誓券皆颁给亲贤以寻山河之盟，无不折射出了辽朝“法汉”的治国理念。

金代赦宥较辽代要规范得多，更接近唐宋王朝的赦宥制度。金朝治国兼法唐、宋，如金朝的科举制度，主要因袭唐、宋[④]；明昌二年（1191）四月，“学士院新进唐杜甫、韩愈、刘禹锡、杜牧、贾岛、王建，宋王禹偁、欧阳修、王安石、苏轼、张耒、秦观等集二十六部”[⑤]，所举的代表性唐、宋文集各六部，处于均等地位。类似的证据举不胜举。具体到赦宥制度，金朝前期的受尊号大赦、郊祀大赦，都可溯源于唐朝；而受尊号大赦的赦例在章宗朝彻底断绝，则与北宋后期范祖禹等人的议论有着直接关系。此外，唐代郊赦毫无规律可循，而两宋郊赦已形成三年一次的常规，但金代只进行了三次郊赦，亦无任何规律，与唐代相同。

在吸纳中原文化的同时，辽金在构建赦宥制度的具体过程中，也将自身的民族特色融入其中。在这方面，契丹人的表现尤为突出。契丹人在借鉴汉制时，没有全盘照搬，例如中原王朝烦琐的赦仪，便被契丹人割弃了。契丹人始终旗帜鲜明地保持着自己的民族传统，并将其与中原赦宥制度相结合，创造出了譬如行再生礼赦宥、行柴册礼赦宥等中原王朝不曾有过的赦例。而且，辽代录囚的原因通常是君主重视刑狱或者崇佛，而非中原王朝那样因天旱、淫雨。女真人因本民族文化特色较少，因而金代赦宥制度的民族特色也比辽代为少，仅见金章宗为督促族人守法，颁行了“猛安谋克斗殴杀人遇赦免死罢世袭”的法令一例。

---

① 《辽史》卷 76《高模翰传》，第 1378 页。

② 《辽史》卷 23《道宗纪三》，第 314 页。

③ 邬文玲先生指出：“汉代赦免名目繁多，随意性比较大，内容也比较庞杂。”参见氏著《汉代赦免制度研究》，博士学位论文，中国社科院研究生院，2003 年，第 37 页。

④ 相关研究，参见都兴智《辽金史研究》第一章第七节，人民出版社 2004 年版，第 86—91 页。

⑤ 《金史》卷 9《章宗纪一》，第 218 页。

不过，在另一方面，契丹人这种对本族传统文化的保持，也导致了辽代赦宥制度虽起步较高，但后继乏力。反观金朝，女真人在建国以前，本民族文化很不发达，因此金代赦宥制度的起点很低。但到了太宗、熙宗时期，随着女真人汉化进程的启动，金代的赦宥制度也在迅速建立。世宗、章宗在位时期，是女真人汉化的黄金时期。这一时期，金代赦宥制度逐渐成形，相关规定也在臻于完备。我们有理由相信，如果不是蒙古铁蹄的突然闯入，金代赦宥制度会越来越多地向汉族王朝靠近。卫绍王、宣宗时期，女真人的汉化进程被金蒙战争中断，但汉化已深的女真君主已经学会如何运用赦宥来缓解危机了。这与辽末天祚帝在国势倾危之时尚不十分通晓赦宥可以稳定秩序的积极作用，形成了强烈的反差。辽金之所以会表现出这样的不同，根本原因在于契丹、女真在建国之前的文化底蕴不同——自身文化缺失的女真更容易被特别先进的汉文化所吸引，更何况相比于契丹，女真与汉人的生产方式更加接近。

少数民族王朝的赦宥，民族不平等的特点是一贯的。本书囿于史料过少所限，对辽代赦宥执行中的民族不平等的情形尚无法勾勒，但从柴册礼“汉人不得预”[①] 的限制来看，辽代赦宥中的覃恩也应当是契丹族优于汉人。而这种不平等的情况在金朝确曾有过。皇统五年（1145），金朝将肆赦，议覃恩只及女真人，门下侍郎宗宪奏曰：“莫非王臣，庆幸岂可有间邪？”熙宗后来“遂改其文，使均被焉”[②]。直至遭遇蒙古铁骑的沉重打击之后，金朝统治者才痛心刻骨地意识到唯有消弭民族歧视，才能齐心协力抗击外敌。贞祐三年（1215）二月，金宣宗“诏诸色人迁官并视女直人，有司妄生分别，以违制论”[③]。流传至今的史书中并没有提到此后金代赦书内是否仍存在民族歧视的情形，但可以料想，金代赦宥中民族歧视的颜色已经逐渐褪去。

最后需要回答美国学者 Brain E. McKnight（汉名马伯良）提出的一个问题。马伯良在其著作 *The Quality of Mercy*：*Amnesties And Traditional Justice*（汉译名《慈悲的力量——恩赦与中国传统司法》，夏威夷大学出版社 1981 年版）中指出，中国古代的大赦频率有这样一个现象：自两汉迄宋亡，帝王肆赦频率相当高，几乎是二年一赦，辽金元明清时期，肆赦频率却突然降低了。换言之，辽金两个少数民族政权，是中国古代大赦频

---

① 《长编》卷 110，天圣九年六月丁丑条，第 5 册，第 2561 页。

② 《金史》卷 70《宗宪传》，第 1616 页。

③ 《金史》卷 14《宣宗纪上》，第 306 页。

率急剧走低的一个转捩点。马伯良认为转折的原因在于：中国古代后期，官府办事效率低下，多数冲突纠纷均由民间私了，很少诉诸司法，所以国家监狱中的囚徒减少，因而朝廷也就不需要频繁赦宥了。这一解释显然是从微观角度出发的，具有一定合理性。不过，中国古代王朝后期之所以少赦，应与很多背景有关，绝非只受一两个原因影响，例如主张躬身实践道德修养的理学，在南宋、元、明、清成为官方思想后，对人们的犯罪心理产生了极大的影响；再如中国封建社会后期，随着中央集权的加强，帝王之下各部门的职责愈发细化与明确，三司会审分担了很大一部分录囚，便是一个有力的证据；此外还有统治者的个人因素、法律的执行力问题等。在笔者看来，辽金赦宥频率之所以很低，可归结于两个因素。

其一，辽金与两宋的立国背景不同。辽金皆属北方少数民族王朝，其法治总体上可谓是简易而宽松的。辽代法律虽经历了一个“从简到繁”的过程，但最终在“条约既繁，典者不能遍习，愚民莫知所避，犯法者众，吏得因缘为奸”的失败实践后，道宗遂不得不于大安五年（1089）下诏恢复旧法：“法者所以示民信，而致国治。简易如天地，不忒如四时，使民可避而不可犯。比命有司纂修刑法，然不能明体朕意，多作条目，以罔民于罪，朕甚不取。自今复用旧法，余悉除之。”[①] 据《金史·刑志》记载，金朝的法治，国初崇尚简易，此后除个别帝王在位期间外，主要也是以宽厚为主的。相比之下，两宋的情形却大不相同。宋初，太祖、太宗兄弟惩唐末五代之弊，提倡文治，立法频繁，法律的数量与种类都较唐代大为增加，出现了“细者愈细，密者愈密，摇手举足，辄有法禁”[②] 的现象。再加上政府司法腐败的推波助澜，至宁宗时的南宋已是“刑狱滋滥”，至理宗朝，更是“天下之狱不胜其酷”[③]。所以两宋治国名为“宽厚”，然实则是因法网太密，触犯者众，故不得不频降赦宥以平衡之。反观辽金则不然。辽金立国初期虽皆主重典，但旋即走向宽松。兹以盗窃处死之罪为例。对于窃盗赃满多少贯处死，辽金法律有一个明显的减轻过程。考唐朝，窃盗本无死罪，比及建中三年（782），唐德宗始对窃盗罪犯行重法，敕“窃盗赃满三匹已上决杀”，而武宗会昌元年（841）

① 《辽史》卷 62《刑法志下》，第 1047 页。
② （宋）叶适：《叶适集》之《水心别集》卷 12《法度总论二》，中华书局 1961 年版，第 789 页。
③ 《宋史》卷 200《刑法志二》，第 4995—4996 页。

的做法愈发严厉："窃盗赃至一贯文处死。"宣宗即位后，复改依建中之制[①]。辽旧法规定：窃盗赃满十贯，为首者处死。这已较唐制为轻。但开泰八年（1019），辽圣宗仍以旧法太重，"故增至二十五贯，其首处死，从者决流"[②]。咸雍六年（1070），辽官校定《重熙旧制》，"更窃盗赃二十五贯处死一条，增至五十贯处死"[③]，进一步提高了犯盗赃罪死的上限。金初沿用辽末之法，天会七年（1129），太宗诏"凡窃盗，……五十贯以上死，征偿如旧制"[④]。至大定十五年（1175），世宗再度提高盗窃死罪的金额下限："朕惟人命至重，而在制窃盗赃至五十贯者处死，自今可令至八十贯者处死。"[⑤] 两宋对应的情况则是建隆三年（962）二月定制的祖宗之法——"犯窃盗赃满五贯文者处死"[⑥]，该法律一直沿用至南宋[⑦]。所以，辽金法禁相对两宋来说整体更为宽松，从而触犯法律者减少，这或许才是辽金少赦的主要微观原因。

其二，少数民族王朝对中原文化有着与生俱来的排斥性，即契丹和女真族统治者对于汉文化存在着客观陌生与主观抵制。如果从具体表现来看，主要有以下两个方面。首先，辽金是中国北方少数民族王朝，在建国初期，这些少数民族统治者的汉文化修养并不高，他们对于中原地区发达的汉文化十分陌生，这是客观存在的。所以当他们打算仿照中原王朝建立赦宥制度时，总是要不可避免地花费一大段时间去学习中原的文化与制度。这就导致了辽金在建国后的相当长一段时间内，不会出现高频率的赦宥，从而拉低了它们的赦宥频率。其次，辽金的少数民族统治者对于汉文化，素多抵制之念。辽朝自始至终都坚持着草原本位政策，这方面学界成果极多，自毋庸多言；金朝在位时间最久的两位皇帝——世宗与章宗，也都对汉文化有过抵制[⑧]。金世宗在一次与近臣契丹人移剌子敬的对话中，

---

① 《旧唐书》卷18下《宣宗纪》，第627页。

② 《辽史》卷61《刑法志上》，第1041页。

③ 《辽史》卷62《刑法志下》，第1047页。

④ 《金史》卷45《刑志》，第1014—1015页。

⑤ 同上书，第1017页。

⑥ （宋）佚名：《宋大诏令集》卷200《改窃盗赃计钱诏》，第739页。

⑦ 《宋史》卷391《留正传》，第11972页："在法：劫盗赃满五贯死。"

⑧ 世宗和章宗目睹广大族人沉溺于汉文化糟粕中而无法自拔，夙夜忧虑，于是发动了一场"女真文化复兴运动"，以图保持本民族优良传统的不堕。相关研究，参见三上次男《金代中期における女真文化の作興運動》，《史学杂志》49卷第9号，1938年9月；刘浦江《女真的汉化道路与大金帝国的覆亡》，原载《国学研究》第7卷，北京大学出版社2000年版，后收入氏著《松漠之间——辽金契丹女真史研究》，第253—264页。

表达了他对辽朝坚持旧俗的肯定："亡辽不忘旧俗，朕以为是。海陵习学汉人风俗，是忘本也。若依国家旧风，四境可以无虞，此长久之计也。"[①]正是在这样的抵制心态下，辽金在吸收中原王朝的赦宥制度时，常常伴随着对赦例的选择性割弃。这些都极大地降低了赦宥发生的频率。例如立后、祀明堂、帝冠、籍田等中原王朝赦例，在辽金二朝，全都绝迹。再如郊赦，辽金一共只有三次（辽代无，金代仅世宗、章宗朝有三次），这与同时期的两宋制度化的频繁郊赦自然不可同日而语。这种抵制之念，在辽朝也催生出了一些新的赦例，如行柴册礼赦宥、行再生礼赦宥等，但其数量有限，仍远不足以抵消被割弃的中原赦例。

透过赦宥制度，我们可以看到契丹和女真族统治者在面对先进汉文化时的矛盾心理：一方面希望通过主动学习，以创建各种制度，更好地维持统治；另一方面又担心过多地学习汉文化，会影响到本民族的纯洁性，于是在学习的过程中又多了一些抵制。面对这种矛盾，契丹统治者采取了"一国两制"的做法；而女真帝王金世宗、金章宗则千方百计地试图寻找一条两全其美的中间路径：既通过学习汉文化，提高了本民族的素养，又不失本民族的固有优良传统。女真帝王的这种追求，同近代史上日本明治维新时期的"和魂洋才"、中国洋务运动时期的"中体西用"，目的如出一辙。这种矛盾心理注定了辽金不会全盘接受中原王朝的赦宥制度，其少赦已是必然。

历史的发展证明：赦宥应该存在，且适合社会稳定的赦宥制度，必然是慎赦、少赦的。辽金元明清是中国历史上少赦的时期，我们或许可以从中得到一些启示。契丹族建立的辽朝和女真族建立的金朝，有意无意，幸开其端。

---

① 《金史》卷89《移剌子敬传》，第1989页。

附　　录

一　辽金赦宥相关史实的考证

（一）辽圣宗改国号为“大契丹”应在乾亨四年

乾亨四年（982）九月，辽景宗死，幼子耶律隆绪即位，是为辽圣宗，景宗后萧氏摄政。十月，百官奉上两宫尊号，圣宗随即大赦天下①。那么这次大赦有无涉及改国号为“大契丹”呢？

之所以提出这个问题，是因为史籍中对辽圣宗改国号为“大契丹”的时间有不同的记载。《契丹国志》卷七将辽圣宗这次改国号的时间系于统和元年（983）：“统和元年，帝即位，复号大契丹。”② 这也是目前学术界普遍接受的观点。不过，有两条宋方史料却记载辽圣宗改国号的时间是在乾亨四年（982）③。其一，李焘《续资治通鉴长编》卷二三，太平兴国七年（辽乾亨四年）“是岁”条云：“契丹主明记卒，……有子三人曰隆绪、隆裕、隆庆。隆绪封梁王，继立，号天辅皇帝，尊母萧氏为承天太后，改大辽为大契丹。”其二，陈均《九朝编年备要》卷三，太平兴国七年末也提及：“是岁，明记死，子隆绪立，复号大契丹。”以上两部宋代史书均将辽圣宗改国号“大契丹”一事系于圣宗即位的当年，即乾亨四年。但是，对于宋方史料中的不同记载，学术界迄今尚表示怀疑。刘浦江先生虽曾指明《契丹国志》记载之不可靠，但他仍对宋人的不同记载持怀疑态度。刘先生最后总结道：辽朝改国号为“大契丹”，不大可能是在圣宗即位后就匆忙宣布的，宋人的记载未必很准确，“所以仍以维持目

---

① 《辽史》卷10《圣宗纪一》，第115页。

② 旧题（宋）叶隆礼：《契丹国志》卷7《圣宗天辅皇帝纪》，第71页。

③ 需要说明的是，刘浦江先生《辽朝国号考释》一文还注意到了《东都事略》卷123《辽国传上》的相同记载，参见刘浦江《辽朝国号考释》，原刊《历史研究》2001年第6期，后收入氏著《松漠之间——辽金契丹女真史研究》，第39页。笔者以为《东都事略》在记录辽代历史时，年代错讹太多，故暂不引用该材料。

前通行的统和元年改号说为宜”[①]。然而，笔者近日从一则辽代碑刻材料中发现：宋方史料的这一不同记载应当是可信的。

1984年出土于山西省大同市西南郊新添村南的《许从赟暨妻康氏墓志》[②]，碑文首行题“□契丹国故大同军节度管□观察处置等使、……赠太傅许公洎夫人康氏墓志铭并序”，其中第一个“□”当为“大”字。据碑文记载：“以乾亨四年十月二十七日，取公之神榇于燕，与夫人灵柩合葬于云中县宝权里。”从上可知，许氏夫妇合葬于乾亨四年十月二十七日，则碑文的撰写也应在此前后不久，说明此时辽朝的燕云汉地已开始使用“大契丹”国号了。另考辽景宗卒于乾亨四年九月，同月圣宗即位，那么圣宗改国号为“大契丹”一事，必是在即位后不久发生的。所以，辽圣宗改国号为“大契丹”，应在乾亨四年（982），或是当年十月大赦的伴随者之一。

（二）天庆七年十二月，辽天祚帝肆赦

本书第二章第一节已经指出，在天祚帝后期，辽朝还有一次肆赦，以下略考证之。

《辽史·大公鼎传》云：“天祚即位，历长宁军节度使、南京副留守，改东京户部使。时盗杀留守萧保先，……拜中京留守，赐贞亮功臣，乘传赴官。……时人心反侧，公鼎虑生变，请布恩惠以安之，为之肆赦。……保大元年卒，年七十九。”[③] 据此，知此次肆赦的时间介于天庆六年（1116）正月东京留守萧保先被杀后不久[④]至保大元年（1121）大公鼎卒，在1116—1121年。此间大公鼎任中京留守。考《辽史·天祚皇帝纪二》知，天庆七年（1117）十月初一日，天祚帝驻跸中京。同年十二月，辽对金战事吃紧，“丙寅，都元帅秦晋国王淳遇女直军，战于蒺藜山，败绩。女直复拔显州旁近州郡”。对于辽军这次兵败，《金史·太祖纪》也载：天辅元年（辽天庆七年）十二月，“斡鲁古等败耶律捏里（笔者注：即耶律淳）兵于蒺藜山，拔显州，乾、懿、豪、徽、成、川、惠等州皆降”。由上可知：天庆七年十二月，因耶律淳战败，辽中京东边诸州纷纷降金，人心浮动。有鉴于此，大公鼎担心生变，故请天祚帝降赦。于是天

---

① 刘浦江：《辽朝国号考释》，载《松漠之间——辽金契丹女真史研究》，第39—40页。

② 墓志拓片见王银田、解廷琦、周雪松《山西大同市辽代军节度使许从赟夫妇壁画墓》，《考古》2005年第8期，第45页。

③ 《辽史》卷105《大公鼎传》，第1608—1609页。

④ 《辽史》卷28《天祚皇帝纪二》，第374页。

祚帝在十二月“庚午，下诏自责。癸酉，遣夷离毕查剌与大公鼎诸路募兵”[①]。

综上，笔者以为天祚帝此次肆赦的时间，当在天庆七年十二月庚午下诏罪己之时。值得一提的是，这也是目前所见辽代皇帝仅有的一次降罪己诏。

（三）天辅七年二月金朝大赦，背景为升平州（辽兴府）为南京兴平府

平州在辽末战乱之际，由耶律淳政权升格为辽兴府[②]，借以捍卫燕京北陲。耶律淳以时立爱为首任辽兴府尹。天辅七年（1123）初，金军进占燕京后，权辽兴府尹时立爱率部降金，金太祖随即升辽兴府为南京[③]。但《金史·地理志》仅记载了金太祖升平州为南京，却未言南京是何府，此处必有脱漏。

王颋先生是第一位注意到这个问题的学者，他认为金升平州为“平山府”：“天会元年，更平州立平山府，辽兴军节度作南京留守，隶平山府路，治卢龙县。”[④] 然未言所据。检其下文，有引天会元年（1123）金太宗招降张觉之语“平山一郡今为南京，节度使今为留守”云云[⑤]，或系其证据，因为王先生在引用这段文字时，添加了自己的注释：“平山［府］一郡，今为南京，［本平州辽兴军］节度使，今为留守。”王先生的这一观点尚可找到更多证据。如《金史·张觉传》复有“宗望攻下平山”之句；天会三年十一月《元帅府左副元帅、右监军、右都监下所部事迹檄书》亦载“昔彼（笔者注：指北宋）纳平山，是图我疆”云云[⑥]。这样看来，似乎金初南京的府名是“平山”断然无疑。不过，窃以为王先生这个判断似可斟酌，“平山”应是地名而非府名，其所指便是平州一带地区。考辽代平州已有“平山”之称，如《辽史》载：“冯延休、韩绍勋相继以燕地、平山之法绳之，民不堪命。”[⑦] 即以“燕地”指代南京，以“平山”指代平州。辽代墓志中也有不少称平州地区为平山的例子，如道

---

① 《辽史》卷28《天祚皇帝纪二》，第376页。

② 相关讨论，参见拙文《“辽兴府”存废钩沉》，《中国边疆史地研究》2016年第3期，第68—76页。

③ （金）宇文虚中：《时立爱墓志铭》。墓志铭全文见于罗平、郑绍宗《河北新城县北场村金时立爱和时丰墓发掘记》，《考古》1962年第2期。

④ 王颋：《完颜金行政地理》，建置录一，香港天马出版有限公司2005年版，第53页。

⑤ 《金史》卷133《张觉传》，第2844页。

⑥ （金）佚名编，金少英校补、李庆善整理：《大金吊伐录校补》31《元帅府左副元帅右监军右都监下所部事迹檄书》，中华书局2001年版，第103页。

⑦ 《辽史》卷17《圣宗纪八》，第230页。

宗时的僧侣法均大师“乃受西楼、白霫、柳城、平山、云中、上谷泉、本地紫金之请……”①，撰于天庆二年的《萧义墓志》中也有“平山，孤竹之地，控带边防”之语②。金初的《时立爱墓志铭》也有“公方据平山重镇”云云，金代中叶仍有以“平山”指代平州的证据：滦州马城县倴城镇商酒都监赵珪“明昌三年十月初五日，于平山以身故”③。据以上材料，我们有理由相信，“平山”是辽金之际用来指代平州地区的地名，金太祖时期的南京府名，并不是平山府。那么金初南京的府号到底是什么？会是辽兴府吗？

《金史·地理志》既已失载府名，我们便需要寻觅其他蛛丝马迹。幸运的是，《金史·李瞻传》为我们留下了一条线索：

> 李瞻，……辽天庆二年进士，为平州望云令。张觉据平州叛，以瞻从事。宗望复平州，觉亡去，城中复叛，瞻逾城出降，其子不能出，为贼所害。宋王宗望嘉之，承制以为兴平府判官。④

这段史料提及：李瞻在金初曾任兴平府判官⑤。从其前后的经历来看，辽金鼎革之际，李瞻一直在平州（辽兴府）任职，所以，李瞻降金后的就职之所——兴平府，必是辽之平州，耶律淳政权之辽兴府。余蔚先生已留意到这条史料：“估计辽人的嘉名‘辽兴’被改为‘兴平’，应当在平州降金之初，即天辅七年。另外，天会二年金再克平州前后，有李瞻者，曾任‘兴平府判官’。或平州升南京之时，曾同时升州为府？然‘兴平府’仅此一见，暂且存疑。”⑥ 余先生的判断可谓洞见。笔者以为，若将《金史·李瞻传》与金太祖升辽兴府为南京的史实结合来看，“兴平府”正当是金初南京的府名。

顾名思义，“辽兴府”的名号，对于锐志灭辽的完颜阿骨打来说，必然十分刺耳。因此，金太祖在升其为南京之时，改其府名为“兴平”，也

---

① （辽）王鼎：《法均大师遗行碑铭》，载《辽代石刻文编》，第 438 页。

② （辽）孟初：《萧义墓志》，载《辽代石刻文编》，第 624 页。

③ 梅宁华：《北京辽金史迹图志》下册，北京燕山出版社 2004 年版，第 206—207 页。

④ 《金史》卷 128《李瞻传》，第 2762 页。

⑤ 施国祁认为此处的“兴平府”当为“兴平军”之误（施国祁：《金史详校》卷 10，中华书局 1991 年版，第 698 页），笔者不同意这种分析。辽金之际的节镇州确有“判官”之设，但史籍中往往记作“某某军节度判官”，而未见“某某军判官”者。

⑥ 余蔚：《中国行政区划通史·辽金卷》，第 699 页。

是顺理成章之事。关于金太祖升辽兴府为南京的具体日期，《金史·太祖纪》仅记："是月（天辅七年二月），改平州为南京。"考当月癸丑日曾颁布大赦，而颁赦背景不明，或即因升辽兴府为南京，故笔者推测金初升辽兴府为南京的日期在天辅七年（1123）二月癸丑日。

（四）皇统三年六月，金朝并无大赦

《大金国志》卷一一《熙宗孝成皇帝三》载皇统三年（1143）六月金朝有一次大赦：

（皇统三年）夏六月，国主生子，大赦，诏其境内童行有籍于官者，悉度为僧，道士亦如之。始许宋使洪皓等南归。①

对此，崔文印先生所出校勘记认为："此处本《建炎以来系年要录》卷一四九绍兴十三年六月庚戌条，然该条文字极为清楚：'先是，金主亶以生子大赦……'此处妄舍'先是'二字，故致讹。"在此，崔先生认为李心传是知道金熙宗生子大赦发生在皇统二年二月的，故引用《建炎以来系年要录》来校证《大金国志》之误，但实际上，李心传也误以为洪皓等人南归是因为皇统三年六月的大赦的。《建炎以来系年要录》卷一四四，绍兴十二年二月戊子条小注云：

洪适撰《行述》云：宇文虚中既换金官，欲扳先君分谴，乃力荐于金庭，辞获免。虚中为详定礼文使，始造赦，其文复及换授先君，诋于金相韩昉云云。昉怒，虚中赞其决，遂换副留守，又降承德郎。其后金议遣奉使人各还其乡，因赦及之。先君实以饶州闻，故在遣中。案：还奉使赦在十三年六月庚戌，则换官赦即今年也，故附于此日。②

即李心传也认为还奉使赦在绍兴十三年（金皇统三年）六月庚戌。所以《大金国志》的修撰者并没有误解李心传的意思。然而，《金史·熙宗纪》并未载有皇统三年六月大赦的事实。那么李心传何以会误认为洪皓等人南归是因为皇统三年六月的大赦呢？其原因就在于洪皓一行南归过程的复

---

① （宋）宇文懋昭撰，崔文印校证：《大金国志校证》卷11《熙宗孝成皇帝三》，第166页。

② 《建炎以来系年要录》卷144，绍兴十二年二月戊子，第2313页。

杂性。

《金史·熙宗纪》记载金朝遣还洪皓等人在皇统二年八月:“八月丁卯，诏归朱弁、张邵、洪皓于宋。”《金史·交聘表》所记与此同。但宋方记载金朝答应释放洪皓回归南宋的时间是在皇统三年六月，例如《宋史·高宗纪七》云:“(绍兴十三年六月)庚戌，金遣洪皓、张邵、朱弁来归。”[①] 当年八月洪皓一行人回到南宋，“(八月)戊戌，洪皓至自金国，入见”[②]。由是，金宋双方史料所记有歧。那么真相究竟如何?

洪皓在清代的后人洪汝奎所撰《洪忠宣公年谱》对洪皓归国始末有一段十分精彩的考证，其结论为:皇统二年二月，金熙宗以得子大赦，是年八月决定准许洪皓归国，但因考虑到洪皓掌握了金国境内大量情报，所以尚在犹豫，迟迟未真正释放洪皓南归。最终，洪皓在燕京副留守的保护下，于皇统三年六月启程离开金国，八月抵宋[③]。

所以，洪皓等人是凭借皇统二年二月的金朝大赦得以归国的，只不过归国一事在执行中曲折甚多，故洪皓等人迟至皇统三年六月才正式启程，于是造成了李心传误以为金朝在皇统三年六月也有一次大赦。综上可知，皇统三年六月，金朝并无大赦。

(五) 金代流刑考

唐宋五刑为笞、杖、徒、流、死，因此，在唐、宋大赦中，可以将死刑减一等，降为流刑。但金代是否存在流刑，学界尚有争议。清末法学名家沈家本认为:“金初徒刑四年以上决杖以代流役，而别无流刑，泰和律本于唐律，始定有流刑也。”[④] 意即金代直至《泰和律》制定以后方有流刑。当今法学界根据《金史·刑志》“流刑非今所宜，且代流役四年以上俱决杖”的记载，普遍认为金代虽仍列流刑为法定刑之一，但在实际执行中却采用“徒刑+杖刑”进行折代，金代并不存在流刑[⑤]。

对此，史学界研究者有不同看法。傅百臣先生将流刑列为金代刑罚之一[⑥];李玉君先生认为金代流刑并非有名无实，金廷把获罪宗室迁往于边

---

① 《宋史》卷30《高宗纪七》，第559页。

② 同上。

③ (清)洪汝奎:《洪忠宣公年谱》，载《北京图书馆藏珍本年谱丛刊》第22册，北京图书馆出版社1999年版，第278—281页。

④ (清)沈家本:《历代刑法考·刑法分考十》，中华书局1985年版，第276页。

⑤ 代表性的著作如:曾代伟《金律研究》，台北五南图书出版有限公司1995年版，第111页。

⑥ 傅百臣:《金代法制初探》，《史学集刊》1986年第4期，第15页:“金代的流刑虽然等级与里程上与唐相同，但又配役一年之规定，重于唐。”

远州县的行为，就是一种流刑的变体，并列举了几个宗室的例子作为证据[①]。

对于金代的流刑存在与否，笔者有以下两个认识。首先，金代有过真正意义上的流刑。沈家本认为金代直至《泰和律》制定以后方有流刑，有失稽考。金熙宗在位期间，"皇统颁制，兼用古律"[②]，流刑设置入律当在此时。曾滞留金朝十余年的宋使洪皓也追忆道："金国新制，大氐依仿中朝法律，至皇统三年颁行其法。"[③] 不过，金代流刑在更早的太宗朝便已出现，天会三年（1125），辽天祚帝被金军擒获后，便被"封海滨王，处之东海上"[④]。将天祚帝安置于海岛，可视为流刑。金朝前期存在流刑也是有史为证的。洪皓记录金朝"庙讳尤严，不许人犯。尝有一武弁经西元帅投牒，误斥其讳，杖背流递"[⑤]；"旧俗奸者不禁，近法益严，立赏三百千，它人得以告捕。尝有家室则许之归俗，通平民者杖背流递，僧尼自相通及犯品官家者皆死。"[⑥] 其中的"流递"，即流放、发配之意。所以笔者以为金代的确有过实际贯彻的流刑，只是数量极少。皇统七年（1147）六月，熙宗兴起田瑴党狱，"拟瑴与奚毅、邢具瞻、王植、高凤庭、王效、赵益兴、龚夷鉴死，其妻子及所往来孟浩等三十四人皆徙海上，仍不以赦原"[⑦]。田瑴好友奚毅等人的妻子和孟浩受到株连，被"徙海上"，其实也是流刑。另外，贞祐二年（1214）十二月，"登州刺史耿格伏诛，流其妻孥"[⑧]，此事《金史·仆散安贞传》记作"耿格伏诛，妻子皆远徙"。耿格作为朝廷命官，投降农民起义军，无异叛逆，因此遭到官府的诛杀，妻子也受到连累，被处以流刑[⑨]。另，金代宗室谋反，往往会被处以流刑。如大定中，完颜京、完颜文两兄弟因谋反罪而双双被诛，二人兄长完颜齐一家老小"皆当缘坐，有至大辟及流窜者"[⑩]。最终，完

---

① 李玉君：《金代宗室研究》，科学出版社 2016 年版，第 136 页。

② 《金史》卷 45《刑志》，第 1013 页。

③ （宋）洪皓：《松漠记闻》，第 11 页。

④ 同上书，第 7 页。

⑤ （宋）洪遵：《松漠记闻·补遗》，中华书局 1985 年版，第 23 页。

⑥ （宋）洪皓：《松漠记闻》，第 10 页。

⑦ 《金史》卷 89《田瑴传》，第 1979 页。

⑧ 《金史》卷 14《宣宗纪上》，第 306 页。

⑨ 曾代伟先生也注意到了这条史料，但他表示"未知是否执行时折抵为徒刑加杖"，见曾代伟《金元法制丛考》，社会科学文献出版社 2009 年版，第 255 页。按，从《金史·仆散安贞传》的记载来看，耿格的妻子儿女实际上是被执行了流刑的。

⑩ 《金史》卷 74《宗望附子齐传》，第 1707 页。

颜齐的家属因宋王完颜宗望之故，得以免罪。相比之下，耿格的家属因非皇亲国戚，被处以了流刑。田瑴案和耿格案是目前所见金朝的两个流刑贯彻案例。这证明金朝流刑并非皆如《刑志》所说的那样一概被徒刑和杖刑折代，而是确确实实存在着执行的情况，只是数量极少而已。

金代以前的流刑在执行过程中有时会以“实边”的形式呈现，这种形式差一点也发生在金代。章宗即位初年，漠北骚动，“朝议以流人实边”，礼部郎中兼左补阙许安仁言：“昔汉有募民实边之议，盖度地营邑，制为田宅，使至者有所居，作者有所用，于是轻去故乡而易于迁徙。如使被刑之徒寒饿困苦，无聊之心，靡所顾藉，与古之募民实塞不同，非所宜行。”① 在许安仁的劝阻下，此事终未实行。但透过章宗朝君臣的这次讨论，我们也能窥知金朝确实存在着实际执行的流刑。

其次，金代流刑的真正执行确属罕见。尽管金代流刑的确曾有执行的记录，但其在实际执行过程中多以“折杖法”代替，却是不争的事实。此外，金代流刑罕见真正执行，也可从另一个角度推测。在唐宋，与流刑对应的制度是量移，然而我们在金朝史料中却难觅其踪。可见，流刑在金代走向了衰微。

附表 1　　金代流刑折杖表②

金法定流刑	二千里	二千五百里	三千里
金流罪折代处罚	比徒四年 加杖九十	比徒四年半 加杖九十	比徒五年 加杖九十

那么金代流刑为何会走向衰微呢？学者们历来皆从流刑惩罚力度不足的角度对此进行分析③。的确，流刑自隋唐被确立为“五刑”之一以来，便有着天生的缺陷，作为仅次于死刑的处罚，流刑在执行中往往比第三等的徒刑还要轻。北宋熙宁中，大臣曾布上书抨击流刑的惩治力度不足时

① 《金史》卷 96《许安仁传》，第 2132 页。

② 本表引自曾代伟：《蒙元流刑考辨》，《内蒙古社会科学（汉文版）》2004 年第 5 期，第 46 页。

③ 如李玉君先生认为：“‘流刑非今所宜’并不能说明金朝没有流刑，而是指金朝建国于偏远的东北地区，流刑对于犯罪者来说并不能起到惩罚的目的。因为很多中原王朝实施流刑，多将犯罪者发配到自然条件恶劣、边防松弛的北方地区，对于北方这种相对恶劣的生活条件，金人早已经习惯了，而且不以为苦，所以金朝所实施的流刑并不是通常意义、传统意义上的流刑。”见氏著《金代宗室研究》，第 136 页。

说："大辟之次，处以流刑，代墨、劓、剕、宫，不惟非先王流宥之意，而又失轻重之差。古者乡田同井，人皆安土重迁。流之远方，无所资给，徒隶困辱，以至终身。近世之民，轻去乡土，转徙四方，固不为患，而居作一年，即听附籍，比于古亦轻矣。"[①] 流刑沿用至北宋，已经出现了"生存危机"，金朝的情况似乎也当如是观。

然而，笔者以为，导致金代流刑走向式微的原因，并不仅仅是其本身的惩罚力度有限，还与金朝特殊的国情有关。笔者以为，金人宣称"流刑非今所宜"的背后含义乃是金代缺乏合适的流放地。同样受制于这类原因，流刑在历史上的衰微，还曾出现在魏晋南朝时期。正如薛菁先生所指出的那样："魏晋南朝时期由于战乱频仍，政权及地域疆界不稳定，流徙或徙边之刑一度萎缩。"[②] 流刑自隋代成为五刑之一以来，其流放地的选择，一向是非远即偏。因为偏远地区地理气候条件恶劣，人烟稀少，能够对囚犯起到威慑、惩戒的作用。唐宋的流放地，皆选择在沿边一带。据有关研究，唐代的流放地主要分布在岭南、安南、黔中、剑南、越、江南等六大地区，而以实边与戍边为目的的流人则主要分布在西州、庭州、天德等边城重镇[③]。宋代流放地的分布，随着时间的推移，有所变化。宋初，由于全国尚未统一，故不得不将一部分囚犯流放至西北边陲：

> 太宗以国初诸方割据，沿五代之制，罪人率配隶西北边，然多亡投塞外，诱羌、戎为患。乃诏："自今当徙者，勿复隶秦州、灵武、通远军及缘边诸州。"时江南、湖广已平，于是罪人皆流南方。[④]

北宋占领江南、湖广后，罪人便皆改流于南方了。

但是，金朝显然缺乏像唐宋那样安全又合适的流刑发送地。金朝三面皆敌的立国背景，是导致金朝流刑式微的主要原因。唐宋咸以岭南地区为主要流刑地，但金朝的南方是南宋，是敌国；金朝与西部的西夏也是貌合神离；北方更有鞑靼诸部的不断侵扰。在这种局面下，金朝立国颇为艰难，对外战事绵延不绝，见下表。

---

① 《文献通考》卷167《刑考六》，第4999页。

② 薛菁：《论北朝的流刑制度》，《福建师范大学学报》（哲学社会科学版）2004年第4期，第98页。

③ 王雪玲：《两〈唐书〉所见流人的地域分布及其特征》，《中国历史地理论丛》2002年第4期，第79—85页。

④ 《文献通考》卷168《刑考七》，第5038页。

附表2　　金朝对外战争表

时间（年）	1115—1147	1156	1161—1165	1167—1172	1190—1198	1203—1204	1205—1208	1211—1234
对象	辽、宋、鞑靼诸部	鞑靼诸部	宋	鞑靼诸部	鞑靼诸部	鞑靼诸部	宋	蒙古、西夏、宋

从上表可见，金朝立国120年，其间只有35年没有对外战争，这还是在目前掌握的史料之下得出的结论，实际情形可能比这还要严重①。

受长期的对外战争影响，金朝的边疆地区已不再适合作为流刑的发送所。一个王朝边陲不宁究竟对流刑的执行有多大影响，我们可以从宋朝方面得到一些启示。宋神宗熙宁九年（1076）二月，“诏以交趾犯顺，其应配广南东、西路罪人，并权配三千里外”②。孝宗隆兴元年（1163），臣僚言：“诸州断配海贼，例送广南、远恶州军。缘濒海之郡，多为贼船啸聚，虑长奸恶，请自今并分隶两淮水军收管。”③ 孝宗从之。从这两条材料可以看出，边陲地区敌对势力的外来军事干扰，对流刑地的影响十分明显。金朝也是一样。

除了国情决定之外，金代流刑的式微也与某些女真帝王的治国思想有一定联系。除了前述的金章宗以外，海陵王也并不提倡以流放的方式处罚官员：“古者大臣有罪，贬谪数千里外，往来疲于奔走，有死道路者。朕则不然，有过则杖之，已杖则任之如初。如有不可恕，或处之死，亦未可知。”④

总而言之，金朝确实存在着流刑，但受到三面皆敌的国情影响，已走向衰微。入元以后，流刑出现了新的变化，即流远与出军相结合。迨至明朝，虽然名义上恢复了传统流刑，但在实际执行中却是废而不用，采用的仍然是元代的做法⑤。

---

① 如《金史》卷113《移剌窝斡传》载契丹人在面对海陵王派出的征兵使者时说：“西北路接近邻国，世世征伐，相为仇怨。若男丁尽从军，彼以兵来，则老弱必尽系累矣。”可知在熙宗朝金朝与蒙古部议和后，双方的军事冲突并未停止。

② 《长编》卷273，熙宁九年二月庚寅，第11册，第6678页。

③ 《文献通考》卷168《刑考七》，第5041页。

④ 《金史》卷76《宗翰附孙萧玉传》，第1734页。

⑤ 相关研究，参见吴艳红《明代流刑考》，《历史研究》2000年第6期，第33—43页。

二　辽金赦宥总表

以下二表为辽金赦宥情况的总表，对此笔者有几处说明：

1. 时间。对于有疑问的月份，概以“？”表示不确定。

2. 原因。本表尽量考实辽金赦宥的具体原因，若无法明确，则用“不明”代替。

3. 赦宥程度。尽可能地如实抄录史籍中的相关文字，适当加以剪裁。

4. 赦宥类型。按照本书界定的概念分类。

5. 出处。史源出处罗列的文献版本，均为本书参考文献所列版本。

按：本表是在笔者目所能及的史料范围内整理出来的，鉴于辽金史料贫乏，故本表统计必有脱漏之处，望读者明鉴。

（一）辽代部分

附表3　　辽代赦宥一览

编号	时间	原因	赦宥程度	赦宥类型	出处
1	神册元年（916）二月	即位、建国、受尊号、建国号	大赦	大赦	《辽史·太祖纪》
2	天赞元年（922）二月	改元	赦军前殊死以下	德音	《辽史·太祖纪》
3	天赞四年（925）十一月	幸安国寺、饭僧	赦京师囚	曲赦	《辽史·太祖纪》
4	天显元年（926）二月	平渤海	大赦	大赦	《辽史·太祖纪》
5	天显元年（926）二月	改渤海国为东丹国	赦其国内殊死以下	曲赦	《辽史·太祖纪》
6	天显二年（927）十一月	即位、受尊号	大赦	大赦	《辽史·太宗纪》
7	天显四年（929）四月	不明	录囚	录囚	《辽史·太宗纪》
8	天显四年（929）七月	观市	曲赦凉陉系囚	曲赦	《辽史·太宗纪》
9	天显十年（935）四月	不明	录囚	录囚	《辽史·太宗纪》

续表

编号	时间	原因	赦宥程度	赦宥类型	出处
10	会同元年（938）十一月	行再生柴册礼、受尊号	大赦	大赦	《辽史·太宗纪》
11	大同元年（947）二月	改国号	大赦	大赦	《辽史·太宗纪》
12	天禄元年（947）九月	行柴册礼、受尊号	大赦	大赦	《辽史·世宗纪》
13	天禄三年（949）正月	平乱	肆赦	大赦	《辽史·世宗纪》
14	应历二年（952）八月？	生日、饭僧	释系囚	德音	《辽史·穆宗纪》
15	应历三年（953）八月	生日	释囚	德音	《辽史·穆宗纪》
16	应历十一年（961）六月	老人星见	赦	大赦	《辽史·穆宗纪》
17	应历十三年（963）六月	不明	诏诸路录囚	录囚	《辽史·穆宗纪》
18	应历十四年（964）八月	生日值天赦	曲赦京师囚	曲赦	《辽史·穆宗纪》
19	应历十四年（964）八月	不明	录囚	录囚	《辽史·穆宗纪》
20	应历十八年（968）六月	为殿前都点检夷腊葛置神帐	曲赦京畿囚	曲赦	《辽史·穆宗纪》
21	保宁元年（969）二月	即位、受尊号	大赦	大赦	《辽史·景宗纪》
22	乾亨元年（979）十一月	不明	赦	大赦	《辽史·景宗纪》
23	乾亨四年（982）十月	即位、改国号、受尊号	大赦	大赦	《辽史·圣宗纪》
24	统和元年（983）六月	受尊号	大赦	大赦	《辽史·圣宗纪》

续表

编号	时间	原因	赦宥程度	赦宥类型	出处
25	统和元年（983）七月	不明	上亲录囚	录囚	《辽史·圣宗纪》
26	统和二年（984）四月	不明	皇太后临决滞狱	录囚	《辽史·圣宗纪》
27	统和二年（984）六月	不明	皇太后决狱	录囚	《辽史·圣宗纪》
28	统和三年（985）六月	不明	皇太后亲决滞狱	录囚	《辽史·圣宗纪》
29	统和四年（986）正月	不明	决滞讼	录囚	《辽史·圣宗纪》
30	统和五年（987）四月	受尊号	大赦	大赦	《辽史·圣宗纪》、考证
31	统和八年（990）正月	不明	诏决滞狱	录囚	《辽史·圣宗纪》
32	统和九年（991）闰二月	不明	遣邢抱朴等分决诸道滞狱	录囚	《辽史·圣宗纪》
33	统和九年（991）三月	不明	复遣马守琪等分决诸道滞狱	录囚	《辽史·圣宗纪》
34	统和十二年（994）六月	不明	录囚	录囚	《辽史·圣宗纪》
35	统和十二年（994）八月	不明	录囚，杂犯死罪以下释之	录囚	《辽史·圣宗纪》
36	统和十二年（994）十一月	不明	诏南京决滞狱	录囚	《辽史·圣宗纪》
37	统和十四年（996）五月	不明	诏参知政事邢抱朴决南京滞狱	录囚	《辽史·圣宗纪》
38	统和十五年（997）四月	不明	录囚	录囚	《辽史·圣宗纪》
39	统和十五年（997）五月	不明	诏平州决滞狱	录囚	《辽史·圣宗纪》

续表

编号	时间	原因	赦宥程度	赦宥类型	出处
40	统和十五年（997）七月	不明	诏南京疾决狱讼	录囚	《辽史·圣宗纪》
41	统和十五年（997）十月	上京狱讼繁冗	录囚	录囚	《辽史·圣宗纪》
42	统和十五年（997）十一月	不明	录囚	录囚	《辽史·圣宗纪》
43	统和十五年（997）十二月	不明	录囚	录囚	《辽史·圣宗纪》
44	统和十六年（998）七月	不明	录囚	录囚	《辽史·圣宗纪》
45	统和二十四年（1006）十月	受尊号	大赦	大赦	《辽史·圣宗纪》
46	统和二十七年（1009）十二月	皇太后不豫	肆赦	大赦	《辽史·圣宗纪》
47	开泰元年（1012）十一月	受尊号	大赦	大赦	《辽史·圣宗纪》
48	开泰二年（1013）正月	不明	录囚	录囚	《辽史·圣宗纪》
49	开泰二年（1013）二月	不明	遣北院枢密副使高正按察诸道狱	录囚	《辽史·圣宗纪》
50	开泰二年（1013）十一月	不明	录囚	录囚	《辽史·圣宗纪》
51	开泰三年（1014）正月	不明	录囚	录囚	《辽史·圣宗纪》
52	开泰五年（1016）六月	不明	以政事舍人吴克昌按察霸州刑狱	录囚	《辽史·圣宗纪》
53	开泰六年（1017）五月	不明	录囚	录囚	《辽史·圣宗纪》
54	开泰六年（1017）七月	不明	遣刘京等分路按察刑狱	录囚	《辽史·圣宗纪》

续表

编号	时间	原因	赦宥程度	赦宥类型	出处
55	开泰六年（1017）九月	皇子生	大赦	大赦	《辽史·圣宗纪》
56	开泰七年（1018）九月	不明	录囚	录囚	《辽史·圣宗纪》
57	开泰八年（1019）七月	观市	曲赦市中系囚	曲赦	《辽史·圣宗纪》
58	开泰八年（1019）九月	不明	壬申，录囚。甲戌，复录囚	录囚	《辽史·圣宗纪》
59	太平元年（1021）四月	不明	录囚	录囚	《辽史·圣宗纪》
60	太平元年（1021）十月	不明	录囚	录囚	《辽史·圣宗纪》
61	太平元年（1021）十一月	受尊号	大赦	大赦	《辽史·圣宗纪》
62	太平二年（1022）十月	至上京	曲赦畿内囚	曲赦	《辽史·圣宗纪》
63	景福元年（1031）六月	即位	大赦	大赦	《辽史·兴宗纪》
64	景福元年（1031）七月	不明	录囚	录囚	《辽史·兴宗纪》
65	重熙元年（1032）十一月	受尊号	大赦	大赦	《辽史·兴宗纪》
66	重熙四年（1035）十一月	行柴册礼	大赦	大赦	《辽史·兴宗纪》
67	重熙五年（1036）七月	不明	录囚	录囚	《辽史·兴宗纪》
68	重熙五年（1036）十月	幸南京	曲赦析津府境内囚	曲赦	《辽史·兴宗纪》
69	重熙六年（1037）五月	不明	录囚	录囚	《辽史·兴宗纪》

续表

编号	时间	原因	赦宥程度	赦宥类型	出处
70	重熙六年（1037）七月	皇太弟重元生子	曲赦死罪以下	德音	《辽史·兴宗纪》
71	重熙七年（1038）三月	不明	录囚	录囚	《辽史·兴宗纪》
72	重熙七年（1038）七月	不明	录囚	录囚	《辽史·兴宗纪》
73	重熙七年（1038）十月	不明	录囚	录囚	《辽史·兴宗纪》
74	重熙七年（1038）十一月	不明	录囚	录囚	《辽史·兴宗纪》
75	重熙七年（1038）十二月	不明	录囚，非故杀者减科	录囚	《辽史·兴宗纪》
76	重熙八年（1039）十一月	皇太后行再生礼	大赦	大赦	《辽史·兴宗纪》
77	重熙九年（1040）三月	应圣节	大赦	大赦	《辽史·兴宗纪》
78	重熙十年（1041）十月	皇子生	肆赦	大赦	《辽史·兴宗纪》
79	重熙十一年（1042）十一月	受尊号	大赦	大赦	《辽史·兴宗纪》
80	重熙十二年（1043）七月	北院枢密使萧孝忠薨	特释系囚	德音	《辽史·兴宗纪》
81	重熙十二年（1043）十月	不明	诏诸路上重囚，遣官详谳	录囚	《辽史·兴宗纪》
82	重熙十三年（1044）六月	不明	录囚	录囚	《辽史·兴宗纪》
83	重熙十四年（1045）十二月	不明	决滞狱	录囚	《辽史·兴宗纪》
84	重熙十五年（1046）十二月	圣宗在时生辰	曲赦徒以下罪	德音	《辽史·兴宗纪》

续表

编号	时间	原因	赦宥程度	赦宥类型	出处
85	重熙十六年（1047）三月	不明	遣使审决双州囚	录囚	《辽史·兴宗纪》
86	重熙十六年（1047）四月	皇太后病愈	肆赦	大赦	《辽史·兴宗纪》
87	重熙十六年（1047）十二月	太后愈	杂犯死罪减一等论，徒以下免	德音	《辽史·兴宗纪》
88	重熙十七年（1048）七月	不明	录囚，减杂犯死罪	录囚	《辽史·兴宗纪》
89	重熙十八年（1049）正月	不明	录囚	录囚	《辽史·兴宗纪》
90	重熙十八年（1049）三月	皇子耶律洪基病愈	赦杂犯死罪以下	德音	《辽史·兴宗纪》
91	重熙十八年（1049）六月	不明	录囚	录囚	《辽史·兴宗纪》
92	重熙十八年（1049）十二月	不明	录囚，有弟从兄为强盗者，兄弟俱无子，特原其弟	录囚	《辽史·兴宗纪》
93	重熙十九年（1050）七月	不明	录囚	录囚	《辽史·兴宗纪》
94	重熙十九年（1050）十月	不明	释临潢府役徒	曲赦	《辽史·兴宗纪》
95	重熙十九年（1050）十一月	不明	录囚	录囚	《辽史·兴宗纪》
96	重熙二十年（1051）十二月	皇太后行再生礼	大赦	大赦	《辽史·兴宗纪》
97	重熙二十一年（1052）十一月	不明	录囚	录囚	《辽史·兴宗纪》
98	重熙二十一年（1052）十二月	不明	释役徒限年者	德音	《辽史·兴宗纪》

续表

编号	时间	原因	赦宥程度	赦宥类型	出处
99	重熙二十二年（1053）十二月	应圣节	曲赦徒以下罪	德音	《辽史·兴宗纪》
100	重熙二十三年（1054）十月	开泰寺铸银佛像	曲赦南京囚	曲赦	《辽史·兴宗纪》
101	重熙二十三年（1054）十一月	不明	录囚	录囚	《辽史·兴宗纪》
102	重熙二十三年（1054）十一月	皇太后受尊号	大赦	大赦	《辽史·兴宗纪》
103	重熙二十四年（1055）三月	皇太弟重元生子	曲赦行在及长春、镇北二州徒以下罪	曲赦	《辽史·兴宗纪》
104	重熙二十四年（1055）八月	兴宗病危	大赦	大赦	《辽史·兴宗纪》
105	清宁元年（1055）八月	即位、改元	大赦	大赦	《辽史·道宗纪》
106	清宁元年（1055）十二月	圣宗在时生辰	赦上京囚	曲赦	《辽史·道宗纪》
107	清宁二年（1056）三月	应圣节	曲赦百里内囚	曲赦	《辽史·道宗纪》
108	清宁二年（1056）十一月	受尊号	大赦	大赦	《辽史·道宗纪》
109	清宁三年（1057）七月	南京地震	赦其境内	曲赦	《辽史·道宗纪》
110	清宁三年（1057）十二月	太皇太后不豫	曲赦行在五百里内囚	曲赦	《辽史·道宗纪》
111	清宁四年（1058）三月	不明	肆赦	大赦	《辽史·道宗纪》
112	清宁四年（1058）十一月	行再生柴册礼、受尊号	大赦	大赦	《辽史·道宗纪》

续表

编号	时间	原因	赦宥程度	赦宥类型	出处
113	清宁六年（1060）六月	不明	遣使录囚	录囚	《辽史·道宗纪》
114	清宁八年（1062）十二月	皇太后行再生礼	曲赦西京囚	曲赦	《辽史·道宗纪》
115	清宁十年（1064）七月	不明	诏决诸路囚	录囚	《辽史·道宗纪》
116	咸雍元年（1065）正月	受尊号、改元	大赦	大赦	《辽史·道宗纪》
117	咸雍二年（1066）七月	不明	录囚	录囚	《辽史·道宗纪》
118	咸雍三年（1067）十二月	行再生礼	赦死罪以下	德音	《辽史·道宗纪》
119	咸雍四年（1068）十月	水灾	曲赦南京徒罪以下囚	曲赦	《辽史·道宗纪》
120	咸雍五年（1069）十二月	皇太子行再生礼	减诸路徒以下罪一等	德音	《辽史·道宗纪》
121	咸雍六年（1070）十二月	坤宁节	赦死罪以下	德音	《辽史·道宗纪》
122	咸雍七年（1071）七月	不明	遣使按问五京囚	录囚	《辽史·道宗纪》
123	咸雍八年（1072）十二月	坤宁节	大赦	大赦	《辽史·道宗纪》
124	咸雍十年（1074）五月	不明	录囚	录囚	《辽史·道宗纪》
125	咸雍十年（1074）十二月	改明年元	大赦	大赦	《辽史·道宗纪》
126	大康元年（1075）六月	不明	遣使按问诸路囚	录囚	《辽史·道宗纪》
127	大康二年（1076）三月	皇太后崩	大赦	大赦	《辽史·道宗纪》

续表

编号	时间	原因	赦宥程度	赦宥类型	出处
128	大康三年（1077）六月	不明	遣使按五京诸道狱	录囚	《辽史·道宗纪》
129	大康四年（1078）八月	不明	诏有司决滞狱	录囚	《辽史·道宗纪》
130	大康五年（1079）六月	不明	遣使录囚	录囚	《辽史·道宗纪》
131	大康五年（1079）十二月	行再生礼	赦杂犯死罪以下	德音	《辽史·道宗纪》
132	大康九年（1083）十一月	耶律延禧进封燕国王	大赦	大赦	《辽史·道宗纪》
133	大康十年（1084）十二月	改明年元	赦杂犯死罪以下	德音	《辽史·道宗纪》
134	大安二年（1086）六月	不明	遣使按诸路狱	录囚	《辽史·道宗纪》
135	大安二年（1086）十一月	燕国王延禧行再生礼	曲赦上京囚	曲赦	《辽史·道宗纪》
136	大安四年（1088）正月	不明	曲赦西京役徒	曲赦	《辽史·道宗纪》
137	大安四年（1088）二月	春捺钵	曲赦春、泰州役徒	曲赦	《辽史·道宗纪》
138	大安四年（1088）五月	不明	诏免役徒，终身者五岁免之	德音	《辽史·道宗纪》
139	大安四年（1088）七月	不明	曲赦奉圣州役徒	曲赦	《辽史·道宗纪》
140	大安五年（1089）十一月	延禧生子	大赦	大赦	《辽史·道宗纪》
141	大安六年（1090）六月	不明	遣使决五京囚	录囚	《辽史·道宗纪》
142	大安八年（1092）三月	不明	曲赦中京、蔚州役徒	曲赦	《辽史·道宗纪》

续表

编号	时间	原因	赦宥程度	赦宥类型	出处
143	大安九年（1093）十月	延禧生子	肆赦	大赦	《辽史·道宗纪》
144	大安十年（1094）十二月	改明年元	减杂犯死罪以下	德音	《辽史·道宗纪》
145	寿昌四年（1098）十二月	燕国王延禧行再生礼	曲赦三百里内囚	曲赦	《辽史·道宗纪》
146	寿昌六年（1100）六月	不明	遣使决五京滞狱	录囚	《辽史·道宗纪》
147	乾统元年（1101）二月	即位、改元	大赦	大赦	《辽史·天祚皇帝纪》
148	乾统三年（1103）十一月	受尊号	大赦	大赦	《辽史·天祚皇帝纪》
149	乾统六年（1106）十一月	行柴册礼	大赦	大赦	《辽史·天祚皇帝纪》
150	天庆四年十月	战争	应系出河店溃军，并免罪归业	德音	《契丹国志·天祚皇帝纪上》
151	天庆七年（1117）十二月	战争	肆赦	大赦	《辽史·天祚皇帝纪》、《辽史·大公鼎传》
152	保大元年（1121）正月	改元	肆赦	大赦	《辽史·天祚皇帝纪》
153	保大二年（1122）三月	耶律淳即位、改元	大赦	大赦	《辽史·天祚皇帝纪》

（二）金代部分

附表 4　　金代赦宥一览

编号	时间	原因	赦宥程度	赦宥类型	出处
1	天辅四年（1120）五月	攻破辽上京	赦上京官民	曲赦	《金史·太祖纪》

续表

编号	时间	原因	赦宥程度	赦宥类型	出处
2	天辅六年（1122）十月	战乱	官民未附已前，罪无轻重及系官逋负，皆与释免，诸官各迁叙之	曲赦	《金史·太祖纪》
3	天辅七年（1123）正月	平州降	曲赦平州	曲赦	《金史·太祖纪》
4	天辅七年（1123）二月	升辽兴府为南京兴平府	大赦	大赦	《金史·太祖纪》、考证
5	天会元年（1123）九月	即位	大赦	大赦	《金史·太宗纪》
6	天会元年（1123）十二月	战争	赦南京官民，大小罪皆释之，官职如旧	曲赦	《金史·太宗纪》
7	天会二年（1124）	战争	曲赦中京等路	曲赦	《金史·刘彦宗传》
8	天会六年（1128）正月	北宋徽钦二帝行牵羊礼	肆赦	大赦	《呻吟语》
9	天会十年（1132）十月	平乱	大赦	大赦	《金史·太宗纪》《大金国志·太宗皇帝》
10	天会十五年（1137）十二月	改明年元	大赦	大赦	《金史·熙宗纪》
11	天眷三年（1140）六月	大旱	使萧彦让、田瑴决西京囚	录囚	《金史·熙宗纪》
12	皇统元年（1141）正月	受尊号	大赦	大赦	《金史·熙宗纪》
13	皇统元年（1141）五月	宗幹病危	赦野狐岭罪囚	曲赦	《金史·宗幹传》
14	皇统二年（1142）二月	皇子生	赦中外	大赦	《金史·熙宗纪》

续表

编号	时间	原因	赦宥程度	赦宥类型	出处
15	皇统二年（1142）十二月	皇子济安病危	曲赦京畿五百里内罪囚	曲赦	《金史·济安传》
16	皇统五年（1145）十二月	增谥祖先	赦	大赦	《金史·熙宗纪》
17	皇统七年（1147）七月	太白经天	曲赦畿内	曲赦	《金史·熙宗纪》
18	皇统九年（1149）五月	天变	肆赦	大赦	《金史·熙宗纪》
19	皇统九年（1149）五月	天变	曲赦上京囚	曲赦	《金史·熙宗纪》
20	皇统九年（1149）十月	平乱	大赦	大赦	《金史·熙宗纪》
21	天德元年（1149）十二月	即位	大赦	大赦	《金史·海陵纪》
22	贞元二年（1154）十月	不明	所在州郡，徒流之囚特与释禁	德音	《大金国志·海陵炀王》
23	正隆元年（1156）二月	改元	大赦	大赦	《金史·海陵纪》
24	大定元年（1161）十月	即位	大赦	大赦	《金史·世宗纪》
25	大定二年（1162）二月	战争	曲赦山东	曲赦	《金史·世宗纪》
26	大定二年（1162）十月	葬睿宗皇帝于景陵	大赦	大赦	《金史·世宗纪》
27	大定四年（1164）五月	旱	敕有司审冤狱	录囚	《金史·石琚传》
28	大定四年（1164）	战争	曲赦秦、陇	曲赦	《金史·石琚传》
29	大定五年（1165）二月	战争	赦河南诸州	曲赦	《大金国志·世宗皇帝》

续表

编号	时间	原因	赦宥程度	赦宥类型	出处
30	大定七年（1167）正月	受尊号	大赦	大赦	《金史·世宗纪》
31	大定八年（1168）夏	狱讼淹滞	疏决系囚	录囚	《大金国志·世宗皇帝》
32	大定十一年（1171）十一月	郊祀	大赦	大赦	《金史·世宗纪》
33	大定十九年（1179）十一月	改葬昭德皇后	大赦	大赦	《金史·世宗纪》
34	大定二十四年（1184）四月	路过东京	曲赦东京百里内犯徒二年以下罪	曲赦	《金史·世宗纪》
35	大定二十五年（1185）四月	巡幸上京	曲赦会宁府	曲赦	《金史·世宗纪》
36	大定二十七年（1187）三月	皇太孙受册	赦	大赦	《金史·世宗纪》
37	大定二十八年（1188）十二月	世宗病重	大赦	大赦	《金史·世宗纪》
38	大定二十九年（1189）五月	袝庙礼成	大赦	大赦	《金史·章宗纪》
39	明昌二年（1191）十月	河北、山东旱	应杂犯及强盗已未发觉减死一等，释徒以下	德音	《金史·章宗纪》
40	明昌三年（1192）四月	旱	遣御史中丞吴鼎枢等审决中都冤狱，外路委提刑司处决	录囚	《金史·章宗纪》
41	明昌四年（1193）五月	群臣累上尊号不受	徒罪以下递降一等，杖以下原之	德音	《金史·章宗纪》
42	明昌四年（1193）八月	星变	大赦	大赦	《金史·章宗纪》

续表

编号	时间	原因	赦宥程度	赦宥类型	出处
43	明昌五年（1194）六月	往冰井出猎，拜天	曲赦西北路	曲赦	《金史·章宗纪》
44	明昌六年（1195）四月	旱	遣使审决冤狱	录囚	《金史·章宗纪》
45	承安元年（1196）十一月	郊祀	大赦	大赦	《金史·章宗纪》
46	承安二年（1197）五月	皇子生	降死罪，释徒以下	德音	《金史·章宗纪》
47	承安二年（1197）十一月	郊祀	大赦	大赦	考证
48	承安三年（1198）十一月	边事定	减死罪，徒已下释之	德音	《金史·章宗纪》
49	承安四年（1199）五月	旱	审理冤狱	录囚	《金史·章宗纪》
50	泰和三年（1203）五月	定律令、正土德、凤凰来、皇嗣建	大赦	大赦	《金史·章宗纪》
51	泰和四年（1204）四月	久旱	遣使审系囚，理冤狱	录囚	《金史·章宗纪》
52	泰和六年（1206）五月	山东路灾（旱蝗）	曲赦山东路赦死罪已下	曲赦	《金史·章宗纪》《金史·张万公传》
53	泰和六年（1206）六月	升寿州为防御	释寿州死罪以下	曲赦	《金史·章宗纪》
54	泰和六年（1206）八月	战争	赦唐、邓、颍、蔡、宿、泗六州	曲赦	《金史·章宗纪》
55	泰和六年（1206）九月	战争	曲赦京兆、凤翔、临洮三路	曲赦	《金史·完颜纲传》
56	泰和七年（1207）二月	南宋吴曦献款	赦凤、成、西和、阶、山五州	曲赦	《金史·完颜纲传》

续表

编号	时间	原因	赦宥程度	赦宥类型	出处
57	泰和八年（1208）夏	旱	遣众监察御史分理冤狱	录囚	《遗山集》卷18《嘉议大夫陕西东路转运使刚敏王公神道碑铭》
58	大安元年（1209）正月	改元	大赦	大赦	《金史·卫绍王纪》
59	大安元年（1209）三月	道陵礼成	大赦	大赦	《金史·卫绍王纪》
60	大安二年（1210）六月	大旱	曲赦西京、太原两路杂犯，死罪减一等，徒以下免	曲赦	《金史·卫绍王纪》
61	崇庆元年（1212）正月	改元	赦	大赦	《金史·卫绍王纪》
62	崇庆元年（1212）十月	战争	曲赦西京、辽东、北京	曲赦	《金史·卫绍王纪》
63	贞祐元年（1213）九月	即位、改元	大赦	大赦	《金史·宣宗纪》
64	贞祐二年（1214）三月	中都艰危	赦国内	大赦	《金史·宣宗纪》
65	贞祐二年（1214）四月	以蒙古允和议	大赦国内	大赦	《金史·宣宗纪》
66	贞祐二年（1214）六月	路过彰德府	曲赦其境内	曲赦	《金史·宣宗纪》
67	贞祐二年（1214）七月	至南京	赦南京属县	曲赦	晓山老人《太乙统宗宝鉴》
68	贞祐二年（1214）十月	战争	曲赦中都路	曲赦	《金史·宣宗纪》
69	贞祐二年（1214）十一月	战争	曲赦山东路、辽东路	曲赦	《金史·宣宗纪》

续表

编号	时间	原因	赦宥程度	赦宥类型	出处
70	贞祐三年（1215）二月	军队哗变	曲赦，招抚北京作乱者	曲赦	《金史·宣宗纪》《金史·奥屯襄传》
71	贞祐三年（1215）四月	战争	曲赦山东路	曲赦	《金史·宣宗纪》《金史·奥屯襄传》
72	贞祐三年（1215）八月	不明	大赦	大赦	《金史·宣宗纪》
73	贞祐四年（1216）三月	战争	曲赦中都、河北等路	曲赦	《金史·宣宗纪》
74	贞祐四年（1216）三月	战争	曲赦辽东路	曲赦	《金史·宣宗纪》
75	贞祐四年（1216）六月	旱	诏参知政事李革审决京师冤狱	录囚	《金史·宣宗纪》
76	贞祐四年（1216）十月	祔享礼成	赦	大赦	《金史·宣宗纪》
77	兴定元年（1217）九月	改元	赦国内	大赦	《金史·宣宗纪》
78	兴定二年（1218）四月	战争	曲赦辽东等路	曲赦	《金史·宣宗纪》
79	兴定二年（1218）四月	旱	遣重臣审理京师冤狱	录囚	《金史·宣宗纪》
80	兴定二年（1218）六月	久旱	谕宰臣治京狱冤	录囚	《金史·宣宗纪》
81	兴定二年（1218）十一月	不明	大赦	大赦	《金史·宣宗纪》
82	兴定三年（1219）六月	战争	曲赦河东南、北路	曲赦	《金史·宣宗纪》
83	兴定三年（1219）七月	战争	曲赦山东西路	曲赦	《金史·宣宗纪》

续表

编号	时间	原因	赦宥程度	赦宥类型	出处
84	兴定四年（1220）六月	京畿不雨	敕有司阅狱，杂犯死罪以下皆释之	录囚	《金史·宣宗纪》
85	兴定四年（1220）夏	关中旱	诏璧与吏部侍郎畏忻审理冤狱	录囚	《金史·冯璧传》
86	兴定五年（1221）二月	蒙古军撤东平围	曲赦东平府	曲赦	《金史·宣宗纪》
87	兴定六年（1222）五月	陕西旱甚	遣赵思文前往审冤狱	录囚	《遗山集》卷18《通奉大夫礼部尚书赵公神道碑》
88	兴定六年（1222）六月	不明	大赦	大赦	《金史·宣宗纪》
89	元光元年（1222）八月	天变、改元	大赦	大赦	《金史·宣宗纪》《金史·天文志》
90	元光二年（1223）二月	不明	大赦	大赦	《金史·宣宗纪》
91	元光二年（1223）十二月	即位	大赦	大赦	《金史·哀宗纪》
92	正大元年（1224）三月	宣宗祔庙	大赦中外	大赦	《金史·哀宗纪》
93	正大二年（1225）正月	战争	河南、关陕、山东诸路，罪无轻重，皆与蠲除	曲赦	《大金国志·义宗皇帝》
94	正大二年（1225）四月	京畿旱	遣使虑囚	录囚	《金史·哀宗纪》
95	正大二年（1225）五月	旱	赦罪	德音	《金史·哀宗纪》
96	正大三年（1226）四月	旱、河南大雨雹	遣使虑囚	录囚	《金史·哀宗纪》

续表

编号	时间	原因	赦宥程度	赦宥类型	出处
97	正大三年（1226）十一月	夏全等来降	赦诸路从宋及淮、楚官吏军民，并其家属	曲赦	《金史·哀宗纪》
98	正大四年（1227）七月	战争	赦陕西东、西两路	曲赦	《金史·哀宗纪》
99	正大五年（1228）六月	旱	赦杂犯死罪已下	德音	《金史·哀宗纪》
100	正大八年（1231）四月	旱	赦	大赦	《金史·哀宗纪》
101	开兴元年（1232）正月	两省军兵败三峰山	肆赦	大赦	《金史·哀宗纪》
102	天兴元年（1232）四月	蒙古军撤汴京围	肆赦	大赦	《金史·哀宗纪》
103	天兴二年（1233）正月	北伐	赦河朔	曲赦	《金史·哀宗纪》
104	天兴二年（1233）正月	巡幸归德府	赦在府囚	曲赦	《金史·哀宗纪》
105	天兴二年（1233）六月	平乱	赦忠孝军以安反侧。除崔立不赦外，其余常所不原者咸赦之	大赦	《金史·哀宗纪》《金史·蒲察官奴传》
106	天兴二年（1233）七月	巡幸蔡州	赦蔡州管内支郡属县杂犯死罪以下，并行释免	曲赦	《汝南遗事》卷1

参考文献

古籍文献

1. （西汉）司马迁：《史记》，修订本，中华书局 2014 年版。
2. （东汉）班固：《汉书》，中华书局 1962 年版。
3. （西晋）陈寿撰，（南朝宋）裴松之注：《三国志》第 2 版，中华书局 1982 年版。
4. （南朝宋）范晔：《后汉书》，中华书局 1965 年版。
5. （北齐）魏收：《魏书》，中华书局 1974 年版。
6. （唐）房玄龄等：《晋书》，中华书局 1974 年版。
7. （唐）长孙无忌等：《唐律疏议》，中华书局 1983 年版。
8. （后晋）刘昫：《旧唐书》，中华书局 1975 年版。
9. （辽）王鼎：《焚椒录》，丛书集成初编本，中华书局 1991 年版。
10. （宋）佚名：《宋大诏令集》，中华书局 1962 年版。
11. （宋）欧阳修、宋祁：《新唐书》，中华书局 1975 年版。
12. （宋）江少虞：《宋朝事实类苑》，上海古籍出版社 1981 年版。
13. （宋）洪皓：《松漠记闻》，中华书局 1985 年版。
14. （宋）宇文懋昭撰，崔文印校证：《大金国志校证》，中华书局 1986 年版。
15. （宋）宇文懋昭撰：《大金国志》，文渊阁四库全书本。
16. （宋）李焘撰，（清）黄以周等辑补：《续资治通鉴长编附拾补》，上海古籍出版社 1986 年版。
17. （宋）王应麟：《玉海》，江苏古籍出版社，上海书店出版社 1987 年版。
18. （宋）苏辙：《栾城集》，上海古籍出版社 1987 年版。
19. （宋）李心传：《建炎以来系年要录》，中华书局 1988 年版。
20. （宋）宋敏求：《唐大诏令集》，学林出版社 1992 年版。
21. （宋）佚名：《续编两朝纲目备要》，中华书局 1995 年版。
22. （宋）李心传：《建炎以来朝野杂记》，中华书局 2000 年版。

23.（宋）苏颂：《苏魏公文集》，中华书局2004年版。
24.（宋）沈括：《梦溪笔谈》，齐鲁书社2007年版。
25.（宋）徐梦莘：《三朝北盟会编》，上海古籍出版社2008年版。
26.（宋）司马光：《资治通鉴》，第2版，中华书局2011年版。
27.（宋）马端临：《文献通考》，中华书局2011年版。
28.（宋）曾巩：《隆平集》，中华书局2012年版。
29.（宋）叶隆礼撰，贾敬颜、林荣贵点校：《契丹国志》，中华书局2014年版。
30.（宋）薛居正等：《旧五代史》，修订本，中华书局2015年版。
31.（宋）欧阳修：《新五代史》，修订本，中华书局2015年版。
32.（宋）程卓：《使金录》，北京大学图书馆藏：清光绪巴陵方氏广东刻，宣统元年印，碧琳琅馆丛书本。
33.（金）孔元措：《孔氏祖庭广记》，四部丛刊续编本，商务印书馆1934年版。
34.（金）佚名：《大金集礼》，丛书集成初编本，商务印书馆1936年版。
35.（金）刘祁：《归潜志》，中华书局1983年版。
36.（金）王寂撰，张博泉注释：《辽东行部志注释》，黑龙江人民出版社1984年版。
37.（金）王寂撰，罗继祖、张博泉注释：《鸭江行部志注释》，黑龙江人民出版社1984年版。
38.（金）王寂：《拙轩集》，中华书局1985年版。
39.（金）赵秉文：《闲闲老人滏水文集》，中华书局1985年版。
40.（金）王若虚：《滹南遗老集》，中华书局1985年版。
41.（金）佚名撰，金少英校补，李庆善整理：《大金吊伐录校补》，中华书局2001年版。
42.（金）元好问：《遗山集》，四库全书荟要本，吉林出版集团有限责任公司2005年版。
43.（金）元好问：《中州集》，四库全书荟要本，吉林出版集团有限责任公司2005年版。
44.（金）李俊民：《庄靖集》，山西古籍出版社2006年版。
45.（金）杨奂：《还山遗稿》，适园丛书本。
46.（金）佚名：《大金德运图说》，文渊阁四库全书本。
47.（元）脱脱：《金史》，中华书局1975年版。
48.（元）脱脱：《宋史》，中华书局1977年版。

49. （元）王恽：《玉堂嘉话》，中华书局2006年版。
50. （元）佚名撰，陈高华等点校：《元典章》，中华书局，天津古籍出版社2011年版。
51. （元）脱脱：《辽史》，修订本，中华书局2016年版。
52. （元）晓山老人：《太乙统宗宝鉴》，明抄本。
53. （明）宋濂等：《元史》，中华书局1976年版。
54. （明）黄淮、杨士奇：《历代名臣奏议》，上海古籍出版社1989年版。
55. （明）丘濬：《大学衍义补》，京华出版社1999年版。
56. （清）厉鹗：《辽史拾遗》，丛书集成初编本，商务印书馆1936年版。
57. （清）毕沅：《续资治通鉴》，中华书局1957年版。
58. （清）张廷玉等：《明史》，中华书局1974年版。
59. （清）沈家本：《历代刑法考》，中华书局1985年版。
60. （清）孙诒让：《周礼正义》，中华书局1987年版。
61. （清）张金吾：《金文最》，中华书局1990年版。
62. （清）施国祁：《金史详校》，中华书局1991年版。
63. （清）钱大昕：《廿二史考异》，凤凰出版社2008年版。
64. （清）徐松：《宋会要辑稿》，上海古籍出版社2014年版。
65. （朝鲜）郑麟趾等著，孙晓主编：《高丽史》，西南师范大学出版社，人民出版社2014年版。
66. 陈述：《全辽文》，中华书局1982年版。
67. 金毓黻：《辽海丛书》，辽沈书社1985年版。
68. 北京图书馆金石组：《北京图书馆藏中国历代石刻拓本汇编》，中州古籍出版社1989年版。
69. 薛瑞兆、郭明志：《全金诗》，南开大学出版社1995年版。
70. 向南：《辽代石刻文编》，河北教育出版社1995年版。
71. 李修生：《全元文》，江苏古籍出版社（凤凰出版社）1998—2005年版。
72. 史金波、聂鸿音、白滨：《天盛改旧新定律令》，法律出版社1999年版。
73. 阎凤梧：《全辽金文》，山西古籍出版社2002年版。
74. 国家图书馆善本金石组：《辽金元石刻文献全编》，北京图书馆出版社2003年版。
75. 李希泌、毛华轩：《唐大诏令集补编》，上海古籍出版社2003年版。
76. 王新英：《金代石刻辑校》，吉林人民出版社2009年版。
77. 向南、张国庆、李宇峰：《辽代石刻文续编》，辽宁人民出版社2010

年版。
78. 王新英：《全金石刻文辑校》，吉林文史出版社 2012 年版。
79. ［韩］金渭显：《〈高丽史〉中中韩关系史料汇编》，台北：食货出版社 1983 年版。

研究成果

专著

1. 徐式圭：《中国大赦考》，商务印书馆 1934 年版。
2. 金毓黻：《宋辽金史》，商务印书馆 1946 年版。
3. 冯家昇：《辽史证误三种》，中华书局 1964 年版。
4. 叶潜昭：《金律之研究》，台北：商务印书馆 1972 年版。
5. 姚从吾：《姚从吾先生全集·辽金元史讲义》，乙·金朝史，台北：正中书局 1973 年版。
6. 道润梯步：《新译简注〈蒙古秘史〉》，内蒙古人民出版社 1978 年版。
7. 张正明：《契丹史略》，中华书局 1979 年版。
8. 金光平、金启孮：《女真语言文字研究》，文物出版社 1980 年版。
9. 陶晋生：《女真史论》，台北：食货出版社 1981 年版。
10. 谭其骧：《中国历史地图集》，第六册，中国地图出版社 1982 年版。
11. 华山：《宋史论集》，齐鲁书社 1982 年版。
12. 傅乐焕：《辽史丛考》，中华书局 1984 年版。
13. 张博泉：《金史简编》，辽宁人民出版社 1984 年版。
14. 韩儒林：《元朝史》，人民出版社 1986 年版。
15. 陈述：《辽金史论集》，上海古籍出版社 1987 年版。
16. 陈述：《辽金史论集·第二辑》，书目文献出版社 1987 年版。
17. 刘子健：《两宋史研究汇编》，台北：联经出版事业公司 1987 年版。
18. 刘肃勇：《金世宗传》，三秦出版社 1987 年版。
19. 王明荪：《宋辽金史论文稿》，台北：明文书局 1988 年版。
20. 王可宾：《女真国俗》，吉林大学出版社 1988 年版。
21. 南京大学元史研究室：《韩儒林文集》，江苏古籍出版社 1990 年版。
22. 王承礼：《辽金契丹女真史译文集》，吉林文史出版社 1990 年版。
23. 杨若薇：《契丹王朝政治军事制度研究》，中国社会科学出版社 1991 年版。
24. 胡昭曦等：《宋蒙（元）关系史》，四川大学出版社 1992 年版。
25. 张博泉等：《金史论稿》，吉林文史出版社 1992 年版。

26. 董克昌等:《大金诏令释注》,黑龙江人民出版社 1993 年版。
27. 蔡美彪等:《中国通史》,第 6 册,人民出版社 1994 年版。
28. 曾代伟:《金律研究》,台北:五南图书出版有限公司 1995 年版。
29. 陈芳芝:《东北史探讨》,中国社会科学出版社 1995 年版。
30. 李桂芝:《辽金简史》,福建人民出版社 1996 年版。
31. 徐连达、朱子彦:《中国皇帝制度》,广东教育出版社 1996 年版。
32. 刘俊文:《唐律疏议笺解》,中华书局 1996 年版。
33. 邓广铭:《邓广铭治史丛稿》,北京大学出版社 1997 年版。
34. 漆侠、乔幼梅:《中国经济通史》,辽夏金经济卷,经济日报出版社 1998 年版。
35. 李华瑞:《宋夏关系史》,河北人民出版社 1998 年版。
36. 朱瑞熙等:《宋辽西夏金社会生活史》,中国社会科学出版社 1998 年版。
37. 刘浦江:《辽金史论》,辽宁大学出版社 1999 年版。
38. 何忠礼、徐吉军:《南宋史稿》,杭州大学出版社 1999 年版。
39. 韩茂莉:《辽金农业地理》,社会科学文献出版社 1999 年版。
40. 郭东旭:《宋朝法律史论》,河北大学出版社 2001 年版。
41. 李锡厚:《临潢集》,河北大学出版社 2001 年版。
42. 宋德金、史金波:《中国风俗通史·辽金西夏卷》,上海文艺出版社 2001 年版。
43. 张志勇:《辽代法律史研究》,高等教育出版社 2002 年版。
44. 刘锋焘:《宋金词论稿》,中国社会科学出版社 2002 年版。
45. 周峰:《完颜亮评传》,民族出版社 2002 年版。
46. 曹家齐:《宋代交通管理制度研究》第 2 版,河南大学出版社 2002 年版。
47. 武玉环:《辽制研究》,吉林大学出版社 2002 年版。
48. 邓拓:《邓拓全集》,花城出版社 2002 年版。
49. 李锡厚、白滨:《辽金西夏史》,上海人民出版社 2003 年版。
50. 陈学霖:《金宋史论丛》,香港:中文大学出版社 2003 年版。
51. 陈东升:《赦免制度研究》,中国人民公安大学出版社 2004 年版。
52. 都兴智:《辽金史研究》,人民出版社 2004 年版。
53. 张邦炜:《宋代政治文化史论》,人民出版社 2005 年版。
54. 赵永春:《金宋关系史》,人民出版社 2005 年版。
55. 陈得芝:《蒙元史研究丛稿》,人民出版社 2005 年版。
56. 黄惠贤、陈峰:《中国俸禄制度史》,武汉大学出版社 2005 年版。

57. 王庆生：《金代文学家年谱》，凤凰出版社 2005 年版。
58. 张一兵：《明堂制度研究》，中华书局 2005 年版。
59. 阴建峰：《现代赦免制度论衡》，中国人民公安大学出版社 2006 年版。
60. 包伟民、吴铮强：《宋朝简史》，福建人民出版社 2006 年版。
61. 邓小南：《祖宗之法》，生活·读书·新知三联书店 2006 年版。
62. 余嘉锡：《四库提要辨证》第 2 版，中华书局 2007 年版。
63. 陈俊强：《皇权的另一面——北朝隋唐恩赦制度研究》，北京大学出版社 2007 年版。
64. 萧启庆：《内北国而外中国：蒙元史研究》，中华书局 2007 年版。
65. 张中秋：《中华法系国际学术研讨会文集》，中国政法大学出版社 2007 年版。
66. 刘浦江：《松漠之间——辽金契丹女真史研究》，中华书局 2008 年版。
67. 王娜：《刑事赦免制度》，法律出版社 2008 年版。
68. 漆侠：《漆侠全集》，河北大学出版社 2009 年版。
69. 曾宪义：《百年回眸：法律史研究在中国》，中国人民大学出版社 2009 年版。
70. 邵方：《西夏法制研究》，人民出版社 2009 年版。
71. 杨果：《宋辽金史论稿》，商务印书馆 2010 年版。
72. 王曾瑜：《辽金军制》，河北大学出版社 2011 年版。
73. 王德朋：《金代商业经济研究》，社会科学文献出版社 2011 年版。
74. 余蔚：《中国行政区划通史·辽金卷》，复旦大学出版社 2012 年版。
75. 王孝俊：《中国人口通史·辽金卷》，人民出版社 2012 年版。
76. 薛瑞兆：《金代艺文叙录》，中华书局 2014 年版。
77. 武玉环：《辽金社会与文化研究》，中国社会科学出版社 2014 年版。
78. 熊鸣琴：《金人"中国观"研究》，上海古籍出版社 2014 年版。
79. 陈侃理：《儒学、数术与政治：灾异的政治文化史》，北京大学出版社 2016 年版。
80. ［波斯］拉施特：《史集》，余大钧、周建奇译，商务印书馆 1983 年版。
81. ［日］瀧川政次郎、島田正郎：《遼律之研究》，東京：大阪屋號書店 1944 年版。
82. ［日］島田正郎：《遼制之研究》第 2 版，東京：汲古書院 1973 年版。
83. ［日］西田太一郎：《中国刑法史研究》，东京：岩波书店 1974 年版。
84. ［日］三上次男：《金代女真研究》，金启孮译，黑龙江人民出版社

1984 年版。
85. ［日］外山军治：《金朝史研究》，李冬源译，黑龙江朝鲜民族出版社 1988 年版。
86. ［日］佐竹昭：《古代王權と恩赦》，東京：雄山閣 1998 年版。
87. ［日］岛田正郎：《大契丹国——辽代社会史研究》，何天明译，内蒙古人民出版社 2003 年版。
88. 刘俊文主编：《日本学者研究中国史论著选译·第五卷》，索介然译，中华书局 1993 年版。
89. ［德］傅海波、［英］崔瑞德：《剑桥中国辽西夏金元史》，史卫民等译，中国社会科学出版社 1998 年版。
90. Brain E. McKnight, *The Quality of Mercy*: *Amnesties And Traditional Justice*, Honolulu: University of Hawaii, 1981.

论文

1. 时昭瀛：《中国古代赦宥权》，见《国立武汉大学社会科学季刊》1930 年第 1 期（2）。
2. 钱健夫：《论大赦及赦典》，《东方杂志》1948 年第 44 期（10）。
3. 舒焚：《辽朝法律与刑罚概述》，《武汉师范学院学报》（哲学社会科学版）1981 年第 2 期。
4. 刘令舆：《中国大赦制度》，见《中国法制史论文集》，台北：中国法制史学会出版委员会编印，1981 年。
5. 嵇训杰：《辽代刑法概述》，《民族研究》1982 年第 1 期。
6. 吴刚：《中国古代赦宥制度的历史考察》，《中南政法学院学报》1988 年第 3 期。
7. 苗泼：《试谈辽礼及其与唐礼宋礼的关系》，《昭乌达蒙族师专学报》（汉文哲学社会科学版）1989 年第 2 期。
8. 傅百臣：《女真法与金朝法制》，载于志耿、王可宾主编《辽金史论集》（第 8 辑），吉林文史出版社 1994 年版。
9. 董念清：《论中国古代的赦免制度》，《兰州大学学报》（社会科学版）1996 年第 3 期。
10. 王继忠：《论辽法二元现象及其融合趋势》，《安徽大学学报》（哲社版）1997 年第 6 期。
11. 杨黛：《辽代刑法与唐律比较研究》，《杭州大学学报》1998 年第 2 期。
12. 沈厚铎：《试析中国古代的赦》，《中外法学》1998 年第 2 期。

13. 武玉环：《辽代刑法制度考述》，《中国史研究》1999 年第 1 期。
14. 赵克生：《中国古代赦免制度的演变及其影响》，《淮南师范学院学报》2001 年第 1 期。
15. 张志勇：《契丹习惯法研究》，《徐州师范大学学报》2001 年第 1 期。
16. 赵克生：《金鸡、青衣与赦免》，《华夏文化》2001 年第 2 期。
17. 邵治国：《浅析唐代赦宥实施的仪式、程序及赦书》，《常德师范学院学报》（社科版）2002 年第 2 期。
18. 胡晓明：《大赦渊源考论》，《南京社会科学》2002 年第 4 期。
19. 关志国：《试论辽金元三朝法律的特点》，《史学集刊》2003 年第 2 期。
20. 曾代伟：《民族法文化与中华法系——以金代为例》，《现代法学》2003 年第 5 期。
21. 杨国誉、晋文：《汉代赦制略论》，《学海》2004 年第 3 期。
22. 范立舟、蒋启俊：《两宋赦免制度新探》，《暨南学报》（人文社科版）2005 年第 1 期。
23. 张志勇：《论辽圣宗时期的法制改革》，《辽宁工程技术大学学报》（社科版）2005 年第 6 期。
24. 魏斌：《“伏准赦文”与晚唐行政运作》，《中国史研究》2006 年第 1 期。
25. 魏斌：《唐代赦书内容的扩展与大赦职能的变化》，《历史研究》2006 年第 4 期。
26. 邵治国：《论唐太宗的慎赦思想》，《湛江师范学院学报》2006 年第 4 期。
27. 霍存福：《敦煌吐鲁番借贷契约的抵赦条款与国家对民间债负的赦免——唐宋时期民间高利贷与国家控制的博弈》，《甘肃政法学院学报》2007 年第 2 期。
28. 邬文玲：《赦令与汉代政治的良性运行》，《河北学刊》2007 年第 5 期。
29. 胡兴东：《赦宥在中国古代死刑适用中的作用》，《现代法学》2008 年第 5 期。
30. 戴建国：《唐宋大赦功能的传承演变》，《云南社会科学》2009 年第 4 期。
31. 于赓哲、吕博：《中古放赦文化的象征——金鸡考略》，《陕西师范大学学报》（哲社版）2010 年第 3 期。
32. 张志勇、孙振江：《论金世宗的法律思想与实践》，见《辽金历史与考古》（第2辑），辽宁教育出版社2010年版。
33. 杨高凡：《宋代金鸡肆赦制度研究》，《焦作师范高等专科学校学报》2011年第2期。
34. 彭炳金：《唐宋时期安置刑的发展变化》，《晋阳学刊》2011年第4期。
35. 林鹄：《大辽本非契丹国号说》，《中华文史论丛》2014年第4期。
36. 苗润博：《辽代帝王简谥钩沉——以王士点〈禁扁〉为中心》，《民族研究》2015年第3期。
37. 邬文玲：《试析秦始皇"于是急法，久者不赦"》，载中国政法大学法律古籍整理研究所《中国古代法律文献研究》（第9辑），社会科学文献出版社2015年版。
38. ［日］佐竹昭：《中国古代的赦——日中比较之试论》，载《地域文化研究》，广岛大学综合科学部纪要1第7卷，1982年。
39. ［日］久保田和男：《关于宋代地方赦书的传达——以出迎和宣读为中心》，《文书·政令·信息沟通国际学术研讨会》，北京大学中国古代史研究中心，2010年。
40. ［韩］任大熙：《从恩赦实施看唐代政治》，载《大丘史学》（第40辑），大丘史学会，1990年。
41. ［韩］禹成旼：《唐代赦文颁布的演变》，载《唐史论丛》（第8辑），三秦出版社2006年版。
42. ［韩］禹成旼：《唐代德音考》，《中国史研究》2006年第2期。
43. ［韩］金渭显：《辽代自然灾害与虫害》，《辽金历史与考古国际学术研讨会》，辽宁省博物馆，2011年。
44. 田红玉：《唐代大赦研究》，硕士学位论文，首都师范大学，2002年。
45. 宋黎黎：《论"常赦所不原"》，硕士学位论文，中国政法大学，2006年。
46. 王辉：《赦宥制度与魏晋南北朝政治》，硕士学位论文，上海师范大学，2009年。
47. 宋鑫鑫：《宋代赦宥制度研究》，硕士学位论文，山东大学，2009年。
48. 邬文玲：《汉代赦免制度研究》，博士学位论文，中国社会科学院研究生院历史系，2003年。
49. 魏斌：《晚唐大赦申禁职能研究》，博士学位论文，武汉大学，2004年。

50. 郭艳艳：《宋代赦书研究》，博士学位论文，河南大学，2011 年。
51. 李鸣飞：《金元散官制度研究》，博士学位论文，北京大学，2011 年。
52. ［韩］禹成旼：《唐代赦文研究》，博士学位论文，北京大学，2002 年。

后　　记

本书是在我的博士学位论文基础上加以修补写成的。从 2013 年 6 月博士答辩至今，已历四个春秋。现在，它终于出版了，我想借此机会，对所有帮助过我的人，表示感谢。

首先由衷感谢我的博士导师王东平教授。这是一位和蔼可亲的老师。在我三年的读博期间，他和师母在学业和生活上都对我悉心指导、关怀有加，令我终生难忘。尤其是本书初稿完成后，王老师在批改时字斟句酌，一丝不苟，更是凝聚着他务实求真的治史精神。

还要感谢北师大历史学院的其他老师。张升教授对我提出的疑问总是能够耐心地解答，游彪、倪玉平、去年刚刚仙逝的罗炳良三位老师，参加了我的开题报告和预答辩会议，他们的意见对我博士学位论文的顺利写作有很大帮助。北京大学历史系的邓小南教授、中国人民大学历史学院的王子今教授，在我的博士学位论文答辩会上，指明了本书进一步完善的方向。在此，对她们表示深深的感谢。

特别感谢的还有已故的北大历史系刘浦江教授。刘教授是影响我治学道路最深的老师，他对我这个本非他门下弟子的学生的道义关怀，早已远超其职责范围。如今刘老师虽已仙去，但种种往事回味起来，我依然动容，不能自已。

博士室友赵琪、陈安民，好友杨俊光、孟凡港、王广坤等，同门师兄金鑫，师妹方华玲、宋文汐、柴小君、刘惠，师弟肖超宇、张伯国、孙虎、陈新元等，也为本书的完成做出了各种贡献，是他们的日常陪伴，才让我的博士生活丰富多彩。

感谢康鹏、林鹄、陈晓伟、孙昊、邱靖嘉、苗润博、李浩楠诸兄，你们对我科研上的帮助弥足珍贵。尤其是康鹏和晓伟两位仁兄，还在就业和生活中给予了我很多热心的照顾。2013 年秋工作以来，辽宁师范大学历史文化旅游学院的诸位领导与同事，也十分关心和爱护我的成长，感谢你们!!

本书的出版，获得了国家社科基金的资助，五位外审专家热心提出了许多切中肯綮的建议，令本书润色不少，谨致谢忱！中国社会科学出版社的编辑孙萍女士，在本书的申报基金之时、出版之际，也付出了许多心血，在此一并致谢。

人生二十多岁的美好时光，从 25 岁以后，便显得非常易逝。回首自己走过的求学路，尽管路上多是独自奋力前行，但若离开师长好友的鞭策与鼓励，我仍将寂寂无闻。再次衷心地感谢你们！必须感谢我的家人，是你们给了我亲情的温暖与温馨，是你们给了我最坚强的后盾。最后，以我在博士期间写的一首诗作为结束吧：

万里山川万片湖，平生未叹一帆孤。
男儿不展四方志，焉得百花香满途！

作者

2017 年 5 月 28 日

大连市，天颂阁